O.N.U.

Fondée en 1945
Siège : New York
170 États membres en 1992

AFGHANISTAN

p. 25
L 5
(AFG)

S 647 497 km^2
P 16 560 00 hab.
♦ Kaboul
○ Afghani
□ Très faible
Asie méridionale

AFRIQUE DU SUD

p. 33
DE 7
(ZA)

S 1 227 200 km^2
P 35 000 000 hab.
♦ Prétoria
○ Rand
□ Moyen
Afrique australe

ALBANIE

p. 23
G 5
(AL)

S 28 748 km^2
P 3 250 000 hab.
♦ Tirana
○ Lek
□ Faible
Europe méridionale

ALGÉRIE

p. 34
FG 4
(DZ)

S 2 381 740 km^2
P 26 500 000 hab.
♦ El Djazair (Alger)
○ Dinar
□ Moyen
Afrique septentrionale

ALLEMAGNE

p. 20
(D)

S 356 945 km^2
P 80 00
♦ Berl
○ Mar
□ Très
Europe

p. 00 : page atlas
X 2 : repérage
( ) codification international
S : Superficie
P : Population (fin 1990)

ANDORRE

p. 12
FG 10
(AND)

S 453 km^2
P 52 000 hab.
♦ Andorre
○ Franc et Peseta
□ Élevé
Europe occidentale

ANGOLA

P. 33
C 3
( )

S 1 246 700 km^2
P 10 000 000 hab.
♦ Luanda
○ Kwanza
□ Faible
Afrique centrale

ANTILLES *(du Nord au Sud)*

- Turks et Caicos (3 BL 7) colonie britannique
  S 430 km^2, **P** 12 000 hab.
- Cayman (38 J 8) colonie britannique
  S 260 km^2, **P** 25 5000 hab.
- Porto Rico (38 M 8) Commonwealth associé aux États-Unis.
- Îles Vierges britanniques (36 HJ 9)
  S 153 km^2, **P** 14 000 hab.
- Îles Vierges américaines (36 HJ 9)
  S 344 km^2, **P** 117 000 hab.
- Anguilla (39 H 1) colonie britannique
  S 91 km^2, **P** 8 000 hab.
- St-Barthélemy et St-Martin (39 H 1) dépendances de la Guadeloupe
- St-Christophe et Niévès (39 H 1)
  S 276 km^2, **P** 48 000 hab.
- Antigua et Barbuda (39 J 1)
  S 422 km^2, **P** 850 000 hab.
- Montserrat (39 H 1) colonie britannique
  S 106 km^2, **P** 12 000 hab.
- Guadeloupe (voir le mot)
- Dominique (39 J 1)
  S 751 km^2, **P** 82 000 hab.
- Martinique (voir le mot)
- Ste-Lucie (39 J 1)
  S 616 km^2, **P** 150 000 hab.
- St-Vincent (39 E 1)
  S 388 km^2, **P** 125 000 hab.
- Barbade (39 F 1)
  S 431 km^2, **P** 255 000 hab.
- Grenade (39 E 1)
  S 344 km^2, **P** 115 000 hab.
- Trinité et Tobago (voir le mot)
  S 5 128 km^2, **P** 1 281 000 hab.

ARABIE SAOUDITE

p. 26
F 7
( )

S 2 240 000 km^2
P 13 000 000 hab.
♦ Riyad
○ Rial
□ Élevé
Asie occidentale

ARGEN

P. 37
C 14
(RA)

S 2 780 092 km^2
P 33 000 000 hab.
♦ Buenos Aires
○ Peso
□ Moyen
Amérique du Sud

en dollars
Très élevé :
plus de 10 000
Élevé :
de 3 000 à 9 999
Moyen :
de 1 000 à 2 999
Faible :
de 400 à 999
Très faible :
moins de 400

ATLANTIQUE (Îles) et GROENLAND

- Groenland (G E1) Territoire associé au Danemark
  S 186 000 km^2 , **P** 55 600 hab.
- Féroé (16 B1) possessions danoises
  S 1400 km^2, **P** 50 000 hab.
- Bermudes (38 MU)
  S 53 km^2, **P** 60 000 hab.
- Bahamas (38 JK 7)
  S 13 864 km^2, **P** 260 000 hab.
- Ascension (6 F 4) Royaume-Uni
  S 88 km^2, **P** 1 000 hab.
- Ste-Hélène (6 F4) Royaume-Uni
  S 122 km^2, **P** 6 000 hab.
- Tristan da Cunha (6 F5) Royaume-Uni
- Falkland (Malouines) (37 D 17) Royaume-Uni
  S 12 170 km^2, **P** 1 920 hab

ARMÉNIE

p. 25
H 14
( )

S 29 800 km^2
P 3 500 000 hab.
♦ Erevan
○
□ Moyen
Asie occidentale

AUSTRALIE

p. 31
CD 5
(AUS)

S 7 682 300 km^2
P 17 300 000 hab.
♦ Canberra
○ Dollar australien
□ Très élevé
Australasie

AUTRICHE

p. 21
CD 11
(A)

S 83 857 km^2
P 7 500 000 hab.
♦ Vienne
○ Schilling
□ Très élevé
Europe occidentale

AZERBAÏDJAN

p. 25
J 14
( )

S 86 600 km^2
P 7 100 000 hab.
♦ Bakou
○
□ Moyen
Asie occidentale

BAHREIN

p. 26
H 7
(BRN)

S 690 km^2
P 490 000 hab.
♦ Manama
○ Dollar de Bahrein
□ Élevé
Asie occidentale

BANGLADESH

p. 27
R 7
(BD)

S 143 998 km^2
P 115 000 000 hab.
♦ Dacca (Dhaka)
○ Taka
□ Très faible
Asie méridionale

BELGIQUE

p. 18
JK 7
(B)

S 30 518 km^2
P 10 000 000 hab.
♦ Bruxelles
○ Franc belge
□ Très élevé
Europe occidentale

BELIZE

p. 38
G 9
(BH)

S 22 965 km^2
P 195 000 hab.
♦ Belmopan
○ Dollar de Belize
□ Moyen
Amérique centrale

BÉNIN

p. 34
F 9
(DY)

S 112 622 km^2
P 4 800 000 hab.
♦ Porto Novo
○ Franc C.F.A.
□ Très faible
Afrique occidentale

BHOUTAN

p. 27
R 6
( )

S 47 000 km^2
P 1 400 000 hab.
♦ Thimbu
○ Ngultrum
□ Très faible
Asie méridionale

BIÉLORUSSIE

p. 24
( )

S 207 600 km^2
P 10 200 000 hab.
♦ Minsk
○
□ Moyen
Europe orientale

BIRMANIE

p. 28
A 9
(BUR)

S 676 577 km^2
P 41 700 000 hab.
♦ Rangoon
○ Kyat
□ Très faible
Asie du Sud-Est

BOLIVIE

p. 39
DE 7
( )

S 1 098 581 km^2
P 6 500 000 hab.
♦ La Paz
○ Boliviano
□ Faible
Amérique du Sud

BOTSWANA

p. 33
DE 6
(RB)

S 582 000 km^2
P 1 300 000 hab.
♦ Gaborone
○ Pula
□ Moyen
Afrique australe

BRÉSIL

p. 29
EK 6
(BR)

S 8 511 996 km^2
P 156 000 000 hab.
♦ Brasilia
○ Cruzeiro
□ Moyen
Amérique du Sud

BRUNEI

p. 29
F 14
( )

S 5 765 km^2
P 270 000 hab.
♦ Bandar Seri Begawan
○ Dollar de Brunei
□ Très élevé
Asie du Sud- Est

BULGARIE

p. 23
K 4
(BG)

S 110 912 km^2
P 9 000 000 hab.
♦ Sofia
○ Lev
□ Moyen
Europe orientale

BURKINA FASO

p. 34
EF 8
( )

S 274 200 km^2
P 8 900 000 hab.
♦ Ouagadougou
○ Franc C.F.A.
□ Très faible
Afrique occidentale

BURUNDI

p. 35
MN 12
(WAG)

S 27 834 km^2
P 5 600 000 hab.
♦ Bujumbura
○ Franc burundi
□ Très faible
Afrique orientale

CAMBODGE

p. 29
C 11
( )

S 181 035 km^2
P 8 300 000 hab.
♦ Pnom Penh
○ Riel
□ Très faible
Asie du Sud-Est

CAMEROUN

p. 34
HJ 10
( )

S 475 442 km^2
P 11 600 000 hab.
♦ Yaoundé
○ Franc C.F.A.
□ Moyen
Afrique centrale

CANADA

p. 36
DG 5
(CND)

S 9 970 000 km^2
P 26 600 000 hab.
♦ Ottawa
○ Dollar canadien
□ Très élevé
Amérique du Nord

CAP VERT

p. 32
A 3
(GR)

S 4 033 km^2
P 370 000 hab.
♦ Praia
○ Escudo
□ Faible
Afrique occidentale

CENTRAFRIQUE

p. 35
KL 10
(RCA)

S 622 984 km^2
P 3 000 000 hab.
♦ Bangui
○ Franc C.F.A.
□ Faible
Afrique centrale

CHILI

p. 37 A13 (RCH)
S 756 945 km²
P 13 00 000 hab.
♦ Santiago
○ Peso chilien
□ Faible
Amérique du Sud

CHINE

p. 28 CG 6
S 9 572 900 km²
P 1 134 000 000 hab.
♦ Beijing (Pékin)
○ Yuan
□ Faible
Asie extrême-orientale

CHYPRE

p. 25 C 16 (CY)
S 9 251 km²
P 700 000 hab.
♦ Nicosie
○ Livre chypriote
□ Faible
Asie occidentale

COMMUNAUTÉ ÉCONOMIQUE EUROPÉENNE

(EUR)
C. É. E. S 72 366 247 km²
P 346 478 500 hab.
○ Écu

Douze États membres :

Allemagne, Belgique, Danemark, Espagne, France, Grèce, Italie, Luxembourg, Pays-Bas, Portugal, Royaume-Uni

La construction de l'Europe

18 avril 1951 : les "Six" signent le traité instituant la Communauté Européenne du charbon et de l'acier (C. É. C. A.)
25 mars 1957 : Traité de Rome, C. É. E. et Euratom
22 janvier 1972 : Traité de Bruxelles, élargissant la Communauté : Royaume-Uni, Irlande et Danemark seront admis le 1er janvier 1973
10 juin 1977 : élection du Parlement européen au suffrage universel
1er janvier 1981 : entrée de la Grèce
1er janvier 1986 : entrée de l'Espagne et du Portugal
9-10 décembre 1991 : Maastricht, Union économique et monétaire

COMMUNAUTÉ DES ÉTATS INDÉPENDANTS

Depuis le 21 décembre 1991 la C. É. I. regroupe onze des quinzes ex-Républiques Soviétiques

Fédération de Russie	(7 JK 2)	S 17 075 000 km²	P 147 386 000 hab.
Ukraine	(25 C 10)	S 603 700 km²	P 51 700 000 hab.
Biélorussie	(24 AB 8)	S 207 600 km²	P 10 200 000 hab.
Moldavie	(25 C 11)	S 33 700 km²	P 4 341 000 hab.
Arménie	(25 H 14)	S 29 800 km²	P 3 500 000 hab.
Azerbaïdjan	(25 J 14)	S 86 600 km²	P 7 100 000 hab.
Turkménistan	(27 K 3)	S 488 100 km²	P 3 534 000 hab.
Ouzbékistan	(27 L 3)	S 447 400 km²	P 19 906 000 hab.
Tadjikistan	(27 MN 3)	S 143 100 km²	P 5 112 000 hab.
Kazakhstan	(27 M 2)	S 2 717 300 km²	P 16 538 000 hab.
Kirghizistan	(27 N 3)	S 198 500 km²	P 4 291 000 hab.
C. É. I.		**S 22 030 000 km²**	**P 273 612 000 hab.**

Se sont déclarées indépendantes :
Lituanie (le 11-03-1990), Estonie (le 25-03-1990), Lettonie (le 04-05-1990), Géorgie (le 09-04-1991)

COLOMBIE

p. 39 BC 3 (CO)
S 1 138 914 km²
P 33 700 000 hab.
♦ Bogota
○ Peso de Colombie
□ Moyen
Amérique du Sud

COMORES

p. 33 JK 3
S 1 862 km²
P 503 000 hab.
♦ Moroni

MAYOTTE
S 362 km²
P 58 000 hab.
Afrique orientale

CONGO

p. 34 J 12 (RCB)
S 342 000 km²
P 2 300 000 hab.
♦ Brazzaville
○ Franc C.F.A.
□ Moyen
Afrique centrale

CORÉE DU NORD

p. 28 J 4
S 120 538 km²
P 22 800 000 hab.
♦ Pyong Yang
○ Won
□ Moyen
Asie extrême-orientale

CORÉE DU SUD

p. 28 J 5 (ROK)
S 98 484 km²
P 43 500 000 hab.
♦ Séoul
○ Won
□ Élevé
Asie extrême-orientale

COSTA RICA

p. 37 F 10 (CR)
S 51 100 km²
P 3 000 000 hab.
♦ San José
○ Colón
□ Moyen
Amérique centrale

CÔTE-D'IVOIRE

p. 34 D 10 (CI)
S 322 463 km²
P 12 200 000 hab.
♦ Yamoussoukro
○ Franc C.F.A.
□ Faible
Afrique occidentale

CROATIE

p. 23 F 2
S 56 538 km²
P 4 700 000 hab.
♦ Zagreb
○
□ Moyen
Europe méridionale

CUBA

p. 38 J 7 (C)
S 110 860 km²
P 10 800 000 hab.
♦ La Havane
○ Peso cubain
□ Moyen
Caraïbes

DANEMARK

p. 17 J 5 (DK)
S 43 069 km²
P 5 200 000 hab.
♦ Copenhague
○ Couronne danoise
□ Très élevé
Europe septentrionale

DJIBOUTI

p. 35 Q 9 (RDD)
S 22 300 km²
P 500 000 hab.
♦ Djibouti
○ Franc de Djibouti
□ Faible
Afrique orientale

DOMINICAINE (République)

p. 38 L 8 (DOM)
S 48 734 km²
P 7 700 000hab.
♦ Saint-Domingue
○ Peso dominicain
□ Faible
Caraïbes

ÉGYPTE

p. 35 MN 5 (ET)
S 1 002 000 km²
P 54 000 000 hab.
♦ Le Caire
○ Livre égyptienne
□ Faible
Afrique septentrionale

ÉMIRATS ARABES UNIS

p. 26 HJ 8 (UAE)
S 83 650 km²
P 1 600 000 hab.
♦ Abou Dhabi
○ Dirham
□ Très élevé
Asie occidentale

ÉQUATEUR

p. 39 A 4 (EC)
S 270 670 km²
P 11 000 000 hab.
♦ Quito
○ Sucre
□ Faible
Amérique du Sud

ESPAGNE

p. 22 DH 5 (E)
S 504 750 km²
P 40 000 000 hab.
♦ Madrid
○ Peseta
□ Très élevé
Europe méridionale

ESTONIE

p. 24 C 6
S 45 100 km²
P 1 573 000 hab.
♦ Tallin
○
□ Élevé
Europe septentrionale

ÉTATS-UNIS

p. 38 CG 4 (USA)
S 9 363 123 km²
P 250 000 000 hab.
♦ Washington
○ Dollar
□ Très élevé
Amérique du Nord

ÉTATS-UNIS (Territoires extérieurs)

Guam	(7 L 3)	S 541 km²	P 106 000 hab.
Johnston	(6 L 3)	S 1,5 km²	P 300 hab.
Mariannes	(7 LM 3)	S 477 km²	P 20 600 hab.
Marshall	(7 M 3)	S 181 km²	P 40 600 hab.
Mironésie	(31 F 1)	S 702 km²	P 108 600 hab.
Midway	(6 A 2)	S 1,5 km²	P 330 hab.
Palau	(7 L 3)	S 487 km²	P 12 000 hab.
Porto Rico	(38 M 8)	S 8 900 km²	P 3 480 000 hab.
Samoa	(31 M 4)	S 197 km²	P 32 300 hab.
Vierges (îles)	(36 HJ 9)	S 352 km²	P 106 000 hab.
Wake	(7 M 3)	S 8 km²	P 300 hab.

ÉTHIOPIE

p. 35 OQ 9
S 1 221 900 km²
P 50 000 000 hab.
♦ Addis-Abeba
○ Birr
□ Très faible
Afrique orientale

FIDJI

p. 31 L 4 (FJI)
S 18 333 km²
P 730 000 hab.
♦ Suva
○ Dollar des îles Fidji
□ Faible
Mélanésie

FINLANDE

p. 24 C 4 (SF)
S 337 145 km²
P 5 000 000 hab.
♦ Helsinki
○ Markka
□ Très élevé
Europe septentrionale

FRANCE

pp. 8 à15 (F)
S 547 026 km²
P 56 500 000 hab.
♦ Paris
○ Franc
□ Très élevé
Europe occidentale

GABON

p. 34 J 11 (G)
S 267 667 km²
P 1 330 000 hab.
♦ Libreville
○ Franc C.F.A.
□ Élevé
Afrique centrale

GAMBIE

p. 34 B 8 (WAG)
S 11 295 km²
P 880 000 hab.
♦ Banjul
○ Dalasi
□ Faible
Afrique occidentale

GÉORGIE
p. 25 G 13
S 69 700 km²
P 5 449 000 hab.
♦ Tbilissi
○
□ Moyen
Asie occidentale

GHANA

p. 34 EF 9 (GH)
S 239 460 km²
P 15 000 000 hab.
♦ Accra
○ Cédi
□ Faible
Afrique occidentale

GIBRALTAR
Territoire dépendant du Royaume-Uni
p. 22 E 8
S 6,5 km²
P 31 000 hab.
♦ Gibraltar
○ Livre de Gibraltar
□ Élevé
Europe méridionale

GRÈCE

p. 23 H 7 (GR)
S 131 944 km²
P 10 200 000 hab.
♦ Athènes
○ Drachme
□ Faible
Europe méridionale

GUADELOUPE

p. 36 L 2 (F)
S 1 780 km²
P 345 000 hab.
♦ Basse-Terre
○ Franc
□ Élevé
Caraïbes

GUATEMALA
p. 38
FG 9
GCA

S 108 889 km²
P 9 000 000 hab.
♦ Guatemala
○ Quetzal
☐ Faible
Amérique centrale

GUINÉE
p. 34
C 9

S 245 857 km²
P 6 000 000 hab.
♦ Conakry
○ Franc guinéen
☐ Très faible
Afrique occidentale

GUINÉE-BISSAU
p. 34
B 8

S 36 125 km²
P 1 000 000 hab.
♦ Bissau
○ Peso
☐ Très faible
Afrique occidentale

GUINÉE ÉQUATORIALE
p. 34
H 11

S 28 050 km²
P 420 000 hab.
♦ Malabo
○ Franc C.F.A.
☐ Très faible
Afrique centrale

GUYANA
p. 39
F 2
GUY

S 214 970 km²
P 990 000 hab.
♦ Georgetown
○ Dollar guyanais
☐ Faible
Amérique du Sud

GUYANE
p. 36
G 2
F

S 91 000 km²
P 93 600 hab.
♦ Cayenne
○ Franc
☐ Moyen
Amérique du Sud

HAÏTI
p. 38
L 8
RH

S 27 750 km²
P 6 500 000 hab.
♦ Port-au-Prince
○ Gourde
☐ Très faible
Caraïbes

HONDURAS
P. 38
GH 9

S 112 088 km²
P 5 200 000 hab.
♦ Tegucigalpa
○ Lempira
☐ Faible
Amérique centrale

HONG KONG
P. 28
F 9
HK

S 1 045 km²
P 5 900 000 hab.
♦ Hong Kong
○ Dollar H.K.
☐ Élevé
Asie extrême-orientale

HONGRIE
P. 21
F 11
H

S 93 032 km²
P 10 700 000 hab.
♦ Budapest
○ Forint
☐ Moyen
Europe centrale

INDE
P. 27
UP 7
IND

S 3 287 590 km²
P 844 000 000 hab.
♦ New Delhi
○ Roupie indienne
☐ Très faible
Asie méridionale

INDONÉSIE
P. 29
CM 16
RI

S 1 919 440 km²
P 187 800 000 hab.
♦ Djakarta
○ Rupiah
☐ Faible
Asie Sud-Est

IRAK
P. 25
G 17
IRK

S 434 924 km²
P 19 600 000 hab.
♦ Bagdad
○ Dinard irakien
☐ Moyen
Asie occidentale

IRAN
P. 26
J 5
IR

S 1 648 000 km²
P 56 100 000 hab.
♦ Téhéran
○ Rial
☐ Moyen
Asie méridionale

IRLANDE (EIRE)
p. 17
B 8
IRL

S 70 283 km²
P 3 700 000 hab.
♦ Dublin
○ Livre irlandaise
☐ Élevé
Europe septentrionale

ISLANDE
p. 17
AB 1
IS

S 103 000 km²
P 254 000 hab.
♦ Rekjavik
○ Krona
☐ Très élevé
Europe septentrionale

ISRAËL
p. 26
B 6
IL

S 20 770 km²
P 4 900 000 hab.
♦ Tel-Aviv
○ Shekel
☐ Élevé
Asie occidentale

ITALIE
p. 23
CD 4
I

S 301 225 km²
P 57 700 000 hab.
♦ Rome
○ Lire
☐ Très élevé
Europe méridionale

JAMAÏQUE
p. 38
J 8
JA

S 10 991 km²
P 2 500 000 hab.
♦ Kingston
○ Dollar jamaïcain
☐ Moyen
Caraïbes

JAPON
p. 28
L 4
J

S 372 313 km²
P 124 000 000 hab.
♦ Tokyo
○ Yen
☐ Très élevé
Asie extrême-orientale

JORDANIE
p. 26
E 5
HKJ

S 89 206 km²
P 4 000 000 hab.
♦ Amman
○ Dinar jordanien
☐ Moyen
Asie occidentale

KAZAKHSTAN
p. 27
MN 2

S 2 717 300 km²
P 16 538 000 hab.
♦ Tachkent
○
☐ Moyen
Asie centrale

KENYA
p. 35
DP 11
EAK

S 582 600 km²
P 25 800 000 hab.
♦ Nairobi
○ Shilling kenyan
☐ Très faible
Afrique orientale

KIRGHIZISTAN
p. 27
N 3

S 198 500 km²
P 4 291 000 hab.
♦ Pichpek
○
☐ Moyen
Asie centrale

KIRIBATI (Îles Gilbert)
p. 31
L 1

S 717 km²
P 67 000 hab.
♦ Tarawa
○ Dollar australien
☐ Faible
Micronésie

KOWEIT
p. 26
GH 6
KWT

S 17 818 km²
P 2 050 000 hab.
♦ Koweit
○ Dinar koweitien
☐ Très élevé
Asie occidentale

LAOS
p. 29
CD 10
LAO

S 236 800 km²
P 4 100 000 hab.
♦ Vientiane
○ Kip
☐ Très faible
Asie du Sud-Est

LESOTHO
p. 33
E 8
LS

S 30 355 km²
P 1 740 000 hab.
♦ Maseru
○ Maloti
☐ Faible
Afrique australe

LETTONIE
p. 24
C 7

S 63 700 km²
P 2 681 000 hab.
♦ Riga
○
☐ Moyen
Europe septentrionale

LIBAN
p. 26
E 4
RL

S 10 400 km²
P 2 850 000 hab.
♦ Beyrouth
○ Livre libanaise
☐ Moyen
Asie occidentale

LIBERIA
p. 34
CD 10
LB

S 111 370 km²
P 2 600 000 hab.
♦ Monrovia
○ Dollar du Libéria
☐ Faible
Afrique occidentale

LIBYE
p. 35
K 5
LAR

S 1 759 540 km²
P 4 200 000 hab.
♦ Tripoli
○ Dinar libyen
☐ Élevé
Afrique septentrionale

LIECHTENSTEIN
p. 19
HJ 2
FL

S 160 km²
P 29 000 hab.
♦ Vaduz
○ Franc suisse
☐ Très élevé
Europe occidentale

LITUANIE
p. 24
B 7

S 65 200 km²
P 3 690 000 hab.
♦ Vilnius
○
☐ Moyen
Europe septentrionale

LUXEMBOURG
p. 18
L 9
L

S 2 586 km²
P 378 500 hab.
♦ Luxembourg
○ Franc luxemb.
☐ Très élevé
Europe occidentale

MADAGASCAR
p. 33
JK 6
RM

S 587 041 km²
P 11 800 000 hab.
♦ Antananarivo
○ Franc malgache
☐ Très faible
Afrique orientale

MALAISIE
p. 29
CF 13
MAL

S 329 749 km²
P 18 300 000 hab.
♦ Kuala Lumpur
○ Ringgit
☐ Moyen
Asie du Sud-Est

MALAWI
p. 33
G 4
MW

S 118 486 km²
P 8 820 000 hab.
♦ Lilongwe
○ Kwacha
☐ Très faible
Afrique orientale

MALDIVES
p. 27
N 12

S 298 km²
P 214 200 hab.
♦ Mahé
○ Rufiyaa
☐ Faible
Asie méridionale

MALI
p. 34
EF 7
RMM

S 1 240 000 km²
P 9 600 000 hab.
♦ Bamako
○ Franc C.F.A.
☐ Très faible
Afrique occidentale

MALTE
p. 23
D 9
M

S 316 km²
P 360 000 hab.
♦ La Valette
○ Livre maltaise
☐ Élevé
Europe méridionale

MAROC
p. 34
E 3
MA

S 660 000 km²
P 25 700 000 hab.
♦ Rabat
○ Dirham
☐ Faible
Afrique septentrionale

MARTINIQUE
p. 36 L 5 — F
S 1 102 km^2
P 360 000 hab.
♦ Fort de France
○ Franc
□ Élevé
Caraïbes

MAURICE
p. 33 M 6 — MS
S 2 040 km^2
P 1 113 000 hab.
♦ Port Louis
○ Roupie
□ Moyen
Afrique orientale

MAURITANIE
p. 34 CD 7 — RIM
S 1 032 455 km^2
P 1 980 000 hab.
♦ Nouakchott
○ Ouguiya
□ Faible
Afrique occidentale

MEXIQUE
p. 38 CE 7 — MEX
S 1 958 201 km^2
P 86 700 000 hab
♦ Mexico
○ Peso
□ Moyen
Amérique centrale

MOLDAVIE
p. 25 C 10
S 33 700 km^2
P 4 341 000 hab.
♦ Chisinau
○
□ Moyen
Europe orientale

MONACO
p. 13 P 7 — MC
S 2 km^2
P 30 000 hab.
♦ Monaco
○ Franc
□ Très élevé
Europe occidentale

MONGOLIE
p. 28 CE 2
S 1 565 000 km^2
P 2 300 000 h.
♦ Oulan Bator
○ Tugrik
□ Faible
Asie extrême orientale

MOZAMBIQUE
p. 33 G 5
S 783 030 km^2
P 15 700 000 hab.
♦ Maputo
○ Metical
□ Très faible
Afrique orientale

NAMIBIE
p. 33 C 7 — ZA
S 824 292 km^2
P 1 800 000 hab.
♦ Windhoek
○ Rand sud africain
□ Moyen
Afrique australe

NÉPAL
p. 27 PR 6
S 140 797 km^2
P 18 500 000 hab.
♦ Katmandu
○ Roupie népalaise
□ Très faible
Asie méridionale

NICARAGUA
p. 36 F 10 — NIC
S 127849 km^2
P 3 900 000 hab.
♦ Managua
○ Cordoba
□ Faible
Amérique centrale

NIGER
p. 34 H 7 — RN
S 1 267 000 km^2
P 7 700 000 hab.
♦ Niamey
○ Franc C.F.A.
□ Très faible
Afrique occidentale

NIGERIA
p. 34 GH 9 — WAN
S 923 768 km^2
P 130 000 000 hab.
♦ Abuja
○ Naira
□ Très faible
Afrique occidentale

NORVÈGE
p. 16 E 2 — N
S 324 219 km^2
P 4 300 000 hab.
♦ Oslo
○ Couronne
□ Très élevé
Europe septentionale

N^{elle}-CALÉDONIE
p. 31 HJ 5 — F
S 19 058 km^2
P 160 000 hab.
♦ Nouméa
○ Franc
□ Élevé
Mélanésie

N^{elle}-ZÉLANDE
p. 31 J 7 — NZ
S 267 844 km^2
P 3 400 000 hab.
♦ Wellington
○ Dollar néo-zélandais
□ Très élevé
Australasie

OMAN
p. 26 J 8
S 300 000 km^2
P 2 000 000 hab.
♦ Mascate
○ Rial omanais
□ Élevé
Asie occidentale

OUGANDA
p. 35 N 11 — EAU
S 236 860 km^2
P 1 820 000 hab.
♦ Kampala
○ Shilling
□ Très faible
Afrique orientale

OUZBÉKISTAN
p. 27 L 3
S 447 400 km^2
P 19 906 000 hab.
♦ Tachkent
○
□ Moyen
Asie centrale

PACIFIQUE (Entités du)
AU ROYAUME-UNI :
Nauru (31 J1)
S 21 km^2 **P** 9 000 hab.
Pitcairn (6 B5)
S 5 km^2 **P** 18 000 hab.
À LA NOUVELLE-ZÉLANDE :
Cooks(6A4)
S 293 km^2 **P** 18 000 hab.
Niu (6 A4)
S 258 km^2 **P** 2 200 hab.
Tokelau (6 A3)
S 10 km^2 **P** 1 700 hab.
AU PORTUGAL :
Macao (28 E9)
S 17 km^2 **P** 440 000 hab.

PAKISTAN
p. 27 LM 6 — PAK
S 796 095 km^2
P 127 000 000 hab.
♦ Islamabad
○ Roupie pakistan.
□ Très faible
Asie méridionale

PANAMA
p. 39 A 2 — PA
S 77 082 km^2
P 2 450 000 hab.
♦ Panama
○ Balboa
□ Moyen
Amérique centrale

PAPOUASIE-N^{elle}-GUINÉE
p. 31 EF 2 — PNG
S 462 840 km^2
P 3 900 000 hab.
♦ Port Moresby
○ Kina
□ Faible
Mélanésie

PARAGUAY
p. 39 F 9 — PY
S 406 752 km^2
P 2 400 000 hab.
♦ Asuncion
○ Guarani
□ Moyen
Amérique du Sud

PAYS-BAS
p. 18 KL 2 — NL
S 41 864 km^2
P 15 000 000 hab.
♦ Amsterdam
○ Gulden
□ Très élevé
Europe occidentale

PÉROU
p. 39 BC 6 — PE
S 1 285 216 km^2
P 22 800 000 hab.
♦ Lima
○ Sol
□ Moyen
Amérique du Sud

PHILIPPINES
p. 29 HJ 11 — RP
S 300 000 km^2
P 63 500 000 hab.
♦ Manille
○ Peso philippin
□ Faible
Asie du Sud-Est

POLOGNE
p. 31 EG 6 — PL
S 312 683 km^2
P 38 500 000 hab.
♦ Varsovie
○ Zloty
□ Moyen
Europe orientale

POLAIRES (régions NORD)
Groenland, Féroé voir **ATLANTIQUE**
Jan Mayen (30 C1) (Norvège) **S** 380 km^2
Spitzberg (30 D2) (Norvège) **S** 62 000 km^2

POLAIRES (régions SUD)
pas de peuplement permanent
Continent antarctique **S** 13 918 000 km^2,
Bouvet (7 G5) (Norvège) **S** 59 km^2
Crozet (7 H5) (France) **S** 325 km^2
Géorgie du Sud (6 E5) (Royaume-Uni) **S** 3 592 km^2
Kerguelen (7 J5) (France) **S** 7 215 km^2
Orcades Sud (6 E5) (Royaume-Uni) **S** 622 km^2
Sandwich Sud (6 E5) (Royaume-Uni) **S** 311 km^2

POLYNÉSIE FRANÇAISE
p. 6 B 4 — F
S 4 200 km^2
P 190 000 hab.
♦ Papeete
○ Franc
□ Élevé
Polynésie

PORTUGAL
p. 22 C 7 — P
S 9 1985 km^2
P 10 400 000 hab.
♦ Lisbonne
○ Escudo
□ Élevé
Europe méridionale

QATAR
p. 26 H 7 — Q
S 11 437 km^2
P 420 000 hab.
♦ Doha
○ Riyal
□ Très élevé
Afrique occidentale

QUÉBEC
p. 36 G 5 — CDN
S 1 667 926 km^2
P 6 700 000 hab.
♦ Québec
○ Dollar canadien
□ Très élevé
Amérique du Nord

RÉUNION
p. 33 L 2 — F
S 2 510 km^2
P 600 000 hab.
♦ Saint-Denis
○ Franc
□ Élevé
Afrique orientale

ROUMANIE
p. 23 JK 2 — R
S 237 500 km^2
P 23 300 000 hab.
♦ Bucarest
○ Leu
□ Moyen
Europe orientale

ROYAUME-UNI
p. 17 DE 6 — GB
S 244 046 km^2
P 57 400 000 hab.
♦ Londres
○ Livre sterling
□ Très élevé
Europe septentrionale

RUSSIE
p. 6
S 17 075 000 km^2
P 147 386 000 hab.
♦ Moscou
○ Rouble
□ Moyen
Eurasie

RWANDA
p. 35 N 12 — RWA
S 26 338 km^2
P 7 500 000 hab.
♦ Kigali
○ Franc du Rwanda
□ Très faible
Afrique orientale

SAINT-MARIN
p. 23 C 3 — RSM
S 61 km^2
P 23 000 hab.
♦ San Marino
○ Lire italienne
□ Trés élevé
Europe méridionale

St-PIERRE-ET-MIQUELON
p. 38 LM 1 — F
S 242 km^2
P 6 400 hab.
♦ Saint-Pierre
○ Franc
□ Moyen
Amérique du Nord

SALOMON
p. 31 HJ 3
S 27 556 km^2
P 340 000 hab.
♦ Honiara
○ Dollar de Salomon
□ Faible
Mélanésie

SALVADOR

p. 37 E 10 — ES
S 21 393 km²
P 5 300 000 hab.
♦ San Salvador
○ Colon
□ Faible
Amérique centrale

SAMOA OCCID.

p. 31 M 4
S 2 831 km²
P 165 000 hab.
♦ Apia
○ Tala
□ Faible
Polynésie

SÃO TOMÉ ET PRINCIPE

p. 34 BC 8 — CY
S 1 000 km²
P 120 000 hab.
♦ Sao Tomé
○ Dobra
□ Très faible
Afrique occidentale

SÉNÉGAL

p. 34 BC8 — SN
S 196 192 km²
P 7 500 000 hab.
♦ Dakar
○ Franc C.F.A.
□ Faible
Afrique occidentale

SEYCHELLES

p. 32 J 6 — SY
S 239 km²
P 67 500 hab.
♦ Victoria
○ Roupie des Seychelles
□ Élevé
Afrique orientale

SIERRA LEONE

p. 34 C 9 — WAL
S 73 326 km²
P 4 200 000 hab.
♦ Freetown
○ Leone
□ Très faible
Afrique occidentale

SINGAPOUR

p. 29 C 14 — SGP
S 625 km²
P 2 750 000 hab.
♦ Singapour
○ Dollar de Singapour
□ Élevé
Asie du Sud-Est

SLOVÉNIE

P. 23 E 2 — CO
S 20 251 km²
P 2 000 000 hab.
♦ Ljubljana
○
□ Moyen
Europe méridionale

SOMALIE

P. 35 R 10 — SO
S 637 657 km²
P 7 500 000 hab.
♦ Muqdisho
○ Shilling de Somalie
□ Très faible
Afrique occidentale

SOUDAN

P. 35 MN 9
S 2 505 813 km²
P 28 500 000 hab.
♦ Khartoum
○
□ Très faible
Afrique orientale

SRI LANKA

p. 27 P 12 — CL
S 65 610 km²
P 17 300 000 hab.
♦ Colombe
○ Roupie
□ Très faible
Asie méridionale

SUÈDE

p. 16 F 3 — S
S 449 964 km²
P 8 500 000 hab.
♦ Stockholm
○ Couronne suéd.
□ Très élevé
Europe septentrionale

SUISSE

p. 19 — CH
S 41 293 km²
P 6 700 000 hab.
♦ Berne
○ Franc suisse
□ Très élevé
Europe occidentale

SURINAME

p. 39 FG 2 — SME
S 163 820 km²
P 420 000 hab.
♦ Paramaribo
○ Guilder
□ Moyen
Amérique du Sud

SWAZILAND

p. 33 F 7
S 17 400 km²
P 800 000 hab.
♦ Mbabane
○ Lilangeni
□ Faible
Afrique australe

SYRIE

p. 26 EF 4 — SYR
S 185 180 km²
P 12 600 000 hab.
♦ Damas
○ Livre syrienne
□ Faible
Asie occidentale

TADJIKISTAN
p. 27 M 3
S 143 100 km²
P 5 112 000 hab.
♦ Douchambe
○
□ Moyen
Asie centrale

TAIWAN

p. 28 H 9 — RC
S 36 169 km²
P 20 400 000 hab.
♦ Taibei
○ Dollar de Taiwan
□ Élevé
Asie extrême-orientale

TANZANIE

p. 33 G 2
S 945 037 km²
P 27 000 000 hab.
♦ Dodoma
○ Shilling
□ Très faible
Afrique orientale

TCHAD

p. 35 K 8
S 1 284 000 km²
P 5 700 000 hab.
♦ N'Djamena
○ Franc C.F.A.
□ Très faible
Afrique centrale

TCHÉCOSLOVAQUIE
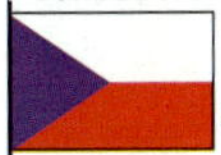
p. 21 DG 9
S 127 899 km²
P 15 700 000 hab.
♦ Prague
○ Koruna
□ Élevé
Europe centrale

THAÏLANDE

P. 29 B 11 — T
S 514 000 km²
P 57 600 000 hab.
♦ Bangkok
○ Baht
□ Moyen
Asie du Sud-Est

TOGO

p. 34 F 9 — TG
S 56 785 km²
P 3 500 000 hab.
♦ Lomé
○ Franc C.F.A
□ Très faible
Afrique occidentale

TONGA

p. 31 M 5
S 748 km²
P 96 000 hab.
♦ Nuku'alofa
○ Pa'anga
□ Faible
Polynésie

TRINITÉ-ET-TOBAGO

p. 39 EF 1
S 5 124 km²
P 1 250 000 hab.
♦ Port-of-Spain
○ Dollar Trinité-et-Tobago
□ Élevé
Caraïbes

TUNISIE

p. 34 J 3 — TN
S 163 610 km²
P 8 200 000 hab.
♦ Tunis
○ Dinar tunisien
□ Moyen
Afrique septentrionale

TURKMÉNISTAN
p. 27 K 3
S 488 100 km²
P 3 534 000 hab.
♦ Achkhabad
○
□ Moyen
Asie centrale

TURQUIE

p. 25 CG 14 — TR
S 780 576 km²
P 56 100 000 hab.
♦ Ankara
○ Livre turque
□ Élevé
Europe centrale

TUVALU

p. 31 L 2
S 24 km²
P 9 000 hab.
♦ Fongafale
○ Dollar australien
□ Faible
Polynésie

UKRAINE
p. 25 C 10
S 603 700 km²
P 51 704 000 hab.
♦ Kiev
○
□ Moyen
Europe orientale

URUGUAY

p. 39 KL 2 — U
S 176 215 km²
P 3 100 000 hab.
♦ Montevideo
○ Peso
□ Moyen
Amérique du Sud

VANUATU
Nouvelles-Hébrides

p. 31 K 4
S 12 190 km²
P 145 000 hab.
♦ Port-Vila
○ Vatu
□ Faible
Mélanésie

VATICAN

p. 23 C 5 — V
S 0,44 km²
P 1 000 hab.
♦ État souverain enclavé dans Rome
○ Monnaie à parité avec la lire italienne

VENEZUELA

p. 39 C E 2 — YV
S 912 050 km²
P 19 800 000 hab.
♦ Caracas
○ Bolivar
□ Élevé
Amérique du Sud

VIÊT-NAM

p. 29 D 11 — VN
S 329 566 km²
P 68 000 000 hab.
♦ Hanoï
○ Dong
□ Très faible
Asie du Sud-est

WALLIS-ET-FUTUNA

p. 31 M 4
S 274 km²
P 15 400 hab.
♦ Matu Utu
○ Franc
□ Moyen
Polynésie

YÉMEN

p. 26 FG 10
S 531 000 km²
P 12 400 000 hab.
♦ Sana'a
○ Riyal
□ Faible
Asie occidentale

(EX-) YOUGOSLAVIE
(moins la Croatie et la Slovénie)

p. 23 FG 4
S 175 015 km²
P 17 000 000 hab.
♦ Belgrade
○ Dinar
□ Moyen
Europe méridionale

L'ex-État comprenait six républiques : Bosnie-Herzégovine, Croatie, Macédoine, Monténégro, Serbie, Slovénie ; et des provinces autonomes : Kosovo et Voïvodine.
Se sont déclarées indépendantes : Slovénie, Croatie.

ZAÏRE

p. 33 DE 1 — ZRE
S 2 345 409 km²
P 36 000 000 hab.
♦ Kinshasa
○ Zaire
□ Très faible
Afrique centrale

ZAMBIE

p. 33 F 4 — Z
S 752 614 km²
P 8 800 000 hab.
♦ Lusaka
○ Kwacha
□ Très faible
Afrique orientale

ZIMBABWE

p. 33 F 5 — RSR
S 390 580 km²
P 10 000 000 hab.
♦ Harare
○ Dollar du Zimbabwe
□ Faible
Afrique orientale

Une image déformée

■ Seul un globe donne de la Terre une image fidèle. La correspondance entre une surface courbe et sa représentation plane sur une carte s'obtient par des relations d'ordre mathématique. Il existe une infinité de **systèmes de projection :** ceux qui conservent les valeurs angulaires sont « conformes », et ceux qui respectent les surfaces sont « équivalents ».

■ Un accord international a prévu l'utilisation d'un système dit « U.T.M. » (Universal Transverse Mercator) apparenté à l'un des plus anciens systèmes, celui de Mercator (1569). La terre a été divisée en 60 fuseaux de 6° de longitude chacun. La France est située dans le 31e fuseau, elle mord à l'Est sur le 32e et à l'Ouest sur le 30e fuseau.

■ **L'échelle** d'une carte est le rapport d'une longueur mesurée sur la carte à la longueur correspondante mesurée sur le terrain. Dire qu'une carte est à l'échelle 1/50 000, c'est dire que 1 mm sur la carte représente 50 000 millimètres (ou 50 mètres) sur le terrain. Ainsi, 3 c sur une carte au 1/250 000 correspondent à $3 \times 250\,000 = 750\,000$ cm = 7,5 km.

■ Les cartes à **grandes échelles** sont celles q rapetissent le moins le monde réel : le **dénom nateur** de la fraction est donc **petit.** Les carte touristiques sont à grandes échelles.

■ Les cartes à **petites échelles** représentent vastes régions sur des surfaces réduites : **dénominateur** de la fraction est donc un **grar nombre.** Dans cet atlas, toutes les cartes sont

petites échelles et le planisphère est à très petite échelle.

■ Sur ce planisphère, en projection Van der Grinten, l'échelle n'est exacte que le long de l'équateur, et les rapports de surface sont à peu près conservés.

Les dimensions de la Terre

Superficie de la sphère : 510 100 800 km².
Circonférence équatoriale : 40 076 594 mètres.
Circonférence méridienne : 40 009 152 mètres ; (dans la pratique on dit que la Terre est une sphère de 40 000 km de circonférence).
Rayon moyen de la sphère : 6 366 200 mètres.
Volume de la sphère : 1 083 320 × 10⁶ km³.

Les terres et les mers

■ Les mers et les océans occupent une surface de 361 000 000 km², soit 70,8 % de la planète. Le volume des eaux marines est de 1 301 millions de km³.

■ Avec leurs mers adjacentes, l'océan Pacifique occupe 179 679 000 km², l'océan Atlantique 104 463 000 km², et l'océan Indien 74 917 000 km². Rien ne limite les océans Arctique et Antarctique dont les surfaces sont incluses dans celles des trois grands océans cités ci-dessus. La mer Méditerranée occupe 2 969 000 km².

■ Si on ajoute aux surfaces liquides celles des calottes glaciaires, les surfaces des terres n'occupent que 26 % de la sphère avec 133 739 000 km².

FRANCE : RÉGIONS ET DÉPARTEMENTS

Échelle 1/6 000 000
1 cm représente 60 km — 0 50 100 150 km

Départements métropolitains

numéros codes minéralogiques		indicatifs téléphoniques interurbains
01	Ain	74, 79 ou 50
02	Aisne	23
03	Allier	70
04	Alpes de Haute-Provence	92
05	Alpes (Hautes)	92
06	Alpes-Maritimes	93
07	Ardèche	75
08	Ardennes	24
09	Ariège	61
10	Aube	25
11	Aude	68
12	Aveyron	65
13	Bouches-du-Rhône	42, 90 ou 91
14	Calvados	31
15	Cantal	71
16	Charente	45
17	Charente-Maritime	46
18	Cher	36
19	Corrèze	55
2A	Corse-du-Sud	95
2B	Haute-Corse	95
21	Côte-d'Or	80
22	Côtes-d'Armor	96
23	Creuse	55
24	Dordogne	53
25	Doubs	81
26	Drôme	75
27	Eure	32
28	Eure-et-Loir	37
29	Finistère	98
30	Gard	66
31	Garonne (Haute)	61
32	Gers	62
33	Gironde	56
34	Hérault	67
35	Ille-et-Vilaine	99
36	Indre	54
37	Indre-et-Loire	47
38	Isère	74 ou 76
39	Jura	84
40	Landes	58
41	Loir-et-Cher	54
42	Loire	77
43	Loire (Haute)	71
44	Loire-Atlantique	40
45	Loiret	38
46	Lot	45
47	Lot-et-Garonne	58
48	Lozère	66
49	Maine-et-Loire	41
50	Manche	33
51	Marne	26
52	Marne (Haute)	25
53	Mayenne	43
54	Meurthe-et-Moselle	28
55	Meuse	29
56	Morbihan	97
57	Moselle	87
58	Nièvre	86
59	Nord	20
60	Oise	4
61	Orne	33
62	Pas-de-Calais	21
63	Puy-de-Dôme	73
64	Pyrénées-Atlantiques	59
65	Pyrénées (Hautes)	62
66	Pyrénées-Orientales	68
67	Rhin (Bas)	88
68	Rhin (Haut)	89
69	Rhône	74 ou 78
70	Saône (Haute)	84
71	Saône-et-Loire	85
72	Sarthe	43
73	Savoie	79
74	Savoie (Haute)	50
75	Ville de Paris	1
76	Seine-Maritime	
77	Seine-et-Marne	
78	Yvelines	
79	Sèvres (Deux)	
80	Somme	
81	Tarn	
82	Tarn-et-Garonne	
83	Var	
84	Vaucluse	
85	Vendée	
86	Vienne	
87	Vienne (Haute)	
88	Vosges	
89	Yonne	
90	Belfort (Territoire de)	
91	Essonne	
92	Hauts-de-Seine	
93	Seine-Saint-Denis	
94	Val-de-Marne	
95	Val-d'Oise	

Échelle 1/6 000 000
1 cm représente 60 km 0 50 100 150 km

onnées climatiques
moyenne sur 30 ans)

1er chiffre : moyenne journalière des températures ; 2e chiffre : nombre d'heures de soleil dans le mois ;
3e chiffre : précipitations mensuelles en millimètres dans le mois ; 4e chiffre : nombre de jours de pluie.

Ajaccio

n	19,8°	336	21	4
l.	22,0°	382	10	1
ût	22,0°	342	16	2
pt.	20,3°	275	50	6

Annecy

Juin	16,6°	255	130	15
Juil.	19,0°	285	100	15
Août	18,0°	255	128	15
Sept.	15,1°	200	126	14

Biarritz

Juin	17,8°	218	100	14
Juil.	19,7°	227	90	13
Août	19,9°	215	125	13
Sept.	18,5°	176	140	14

Bourges

Juin	17,6°	225	60	12
Juil.	19,4°	250	52	11
Août	19,0°	220	63	13
Sept.	16,2°	180	57	12

Brest

Juin	14,4°	209	56	14
Juil.	15,6°	210	62	13
Août	16,0°	207	80	14
Sept.	14,7°	156	90	15

Briançon

Juin	13,9°	236	58	11
Juil.	16,7°	275	40	9
Août	16,2°	251	64	10
Sept.	13,5°	214	72	9

Deauville

n	14,7°	225	53	13
l.	16,4°	235	63	12
ût	16,5°	200	70	13
pt.	14,9°	168	86	14

La Baule

Juin	16,3°	257	33	8
Juil.	18,1°	289	29	7
Août	18,0°	251	44	9
Sept.	16,5°	190	52	10

Lille

Juin	15,3°	205	51	12
Juil.	17,1°	201	66	13
Août	17,1°	179	66	13
Sept.	14,7°	150	59	14

Limoges

Juin	16,8°	237	67	12
Juil.	18,4°	240	71	12
Août	17,8°	225	74	12
Sept.	15,3°	183	84	12

Lyon

Juin	18,5°	258	85	11
Juil.	20,7°	284	56	10
Août	20,2°	254	89	11
Sept.	17,2°	198	83	11

Marseille

Juin	20,5°	325	29	4
Juil.	22,8°	369	14	2
Août	22,5°	326	33	4
Sept.	19,9°	254	69	6

Nancy

n	16,5°	212	80	13
l.	18,3°	234	60	12
ût	17,7°	212	69	13
pt.	14,7°	169	67	12

Nice

Juin	20,1°	312	35	5
Juil	22,7°	363	20	2
Août	22,5°	324	27	4
Sept.	20,3°	263	77	7

Rennes

Juin	16,2°	229	45	11
Juil.	17,9°	231	51	12
Août	17,8°	212	57	12
Sept.	15,7°	163	58	13

Paris (Observatoire)

Juin	17,5°	243	54	12
Juil.	19,1°	241	55	12
Août	18,7°	219	61	13
Sept.	16,0°	179	53	13

Perpignan

Juin	21,1°	279	38	7
Juil.	23,8°	322	24	5
Août	23,3°	282	31	6
Sept.	20,5°	236	82	7

Toulouse

Juin	18,6°	238	61	10
Juil.	20,8°	258	44	9
Août	20,7°	245	54	9
Sept.	18,0°	200	64	10

FRANCE : LE NORD-OUEST

Échelle 1/2 700 00…
1 cm représente 27 k…

Numéros codes minéralogiques	Densité moyenne (hab/km²)		Densité moyenne (hab/km²)		Densité moyenne (hab/km²)		Densité moyenne (hab/km²)		Densité moyenne (hab/km²)
		08 Ardennes	57	**23** Creuse	24	**36** Indre	35	**49** Maine-et-Loire	98
		10 Aube	49	**25** Doubs	93	**37** Indre-et-Loire	85	**50** Manche	8…
		14 Calvados	108	**27** Eure	81	**39** Jura	49	**51** Marne	68
01 Ain	78	**18** Cher	44	**28** Eure-et-Loir	64	**41** Loir-et-Cher	47	**52** Marne (Haute-)	33
02 Aisne	72	**21** Côte-d'Or	54	**29** Finistère	124	**44** Loire-Atlantique	149	**53** Mayenne	53
03 Allier	49	**22** Côtes-d'Armor	79	**35** Ille-et-Vilaine	115	**45** Loiret	83	**54** Meurthe-et-Moselle	135

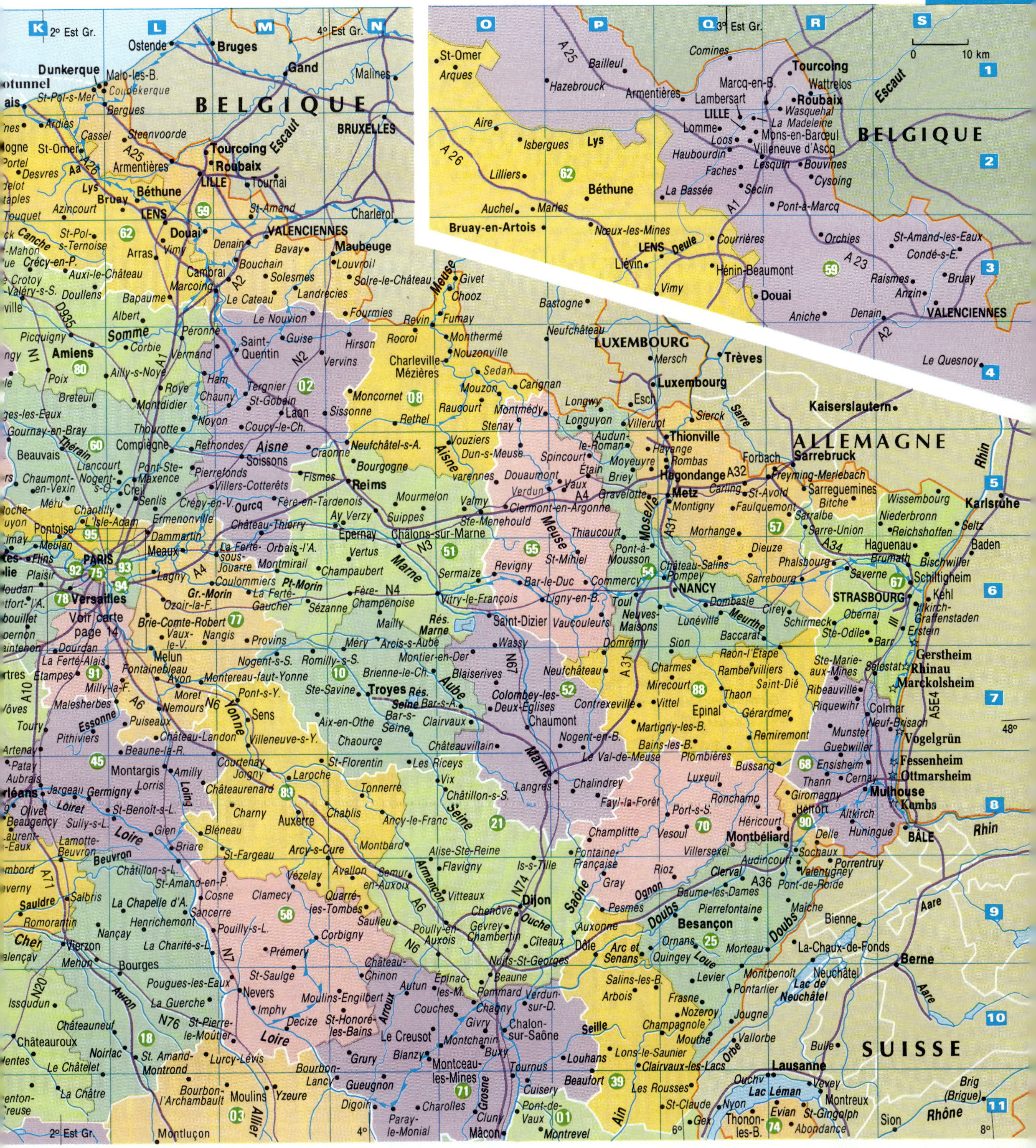

5	Meuse	32	**61**	Orne	48	**72**	Sarthe	83	**79**	Sèvres (Deux-)	57	**90**	Belfort (Ter. de)	215
6	Morbihan	89	**62**	Pas-de-Calais	212	**74**	Savoie (Haute-)	122	**80**	Somme	89	**91**	Essonne	578
7	Moselle	164	**67**	Rhin (Bas-)	198	**75**	Paris	19 866	**85**	Vendée	74	**92**	Hauts-de-Seine	7 824
8	Nièvre	35	**68**	Rhin (Haut-)	188	**76**	Seine-Maritime	190	**86**	Vienne	54	**93**	Seine-Saint-Denis	5 712
9	Nord	436	**70**	Saône (Haute-)	43	**77**	Seine-et-Marne	165	**88**	Vosges	67	**94**	Val-de-Marne	4 918
0	Oise	119	**71**	Saône-et-Loire	67	**78**	Yvelines	553	**89**	Yonne	42	**95**	Val-d'Oise	792

FRANCE : LE SUD-OUEST

Échelle 1/2 700
1 cm représente 27

Numéros codes minéralogiques	Densité moyenne (hab/km²)
01 Ain	78
2A Corse-du-Sud	27
2B Corse (Haute-)	29
03 Allier	49
04 Alpes de Haute-Provence	18

05 Alpes (Hautes-)	19
06 Alpes-Maritimes	211
07 Ardèche	49
09 Ariège	28
11 Aude	47
12 Aveyron	31
13 Bouches-du-Rhône	345
15 Cantal	28
16 Charente	58

17 Charente-Maritime	77
18 Cher	44
19 Corrèze	41
21 Côte-d'Or	54
23 Creuse	24
24 Dordogne	42
25 Doubs	93
26 Drôme	63
30 Gard	97

31 Garonne (Haute-)	136
32 Gers	28
33 Gironde	115
34 Hérault	127
36 Indre	35
37 Indre-et-Loire	85
38 Isère	132
39 Jura	49
40 Landes	33

42 Loire	15
43 Loire (Haute-)	4
46 Lot	3
47 Lot-et-Garonne	5
48 Lozère	1
58 Nièvre	3
63 Puy-de-Dôme	7
64 Pyrénées-Atlantiques	7
65 Pyrénées (Hautes-)	5

50 100 km

66	Pyrénées-Orientales	88
69	Rhône	445
71	Saône-et-Loire	67
73	Savoie	55
74	Savoie (Haute-)	122
79	Sèvres (Deux-)	57
81	Tarn	59
82	Tarn-et-Garonne	52
83	Var	126
84	Vaucluse	129
85	Vendée	74
86	Vienne	54
87	Vienne (Haute-)	65

• La République française comprend, d'une part, 96 départements métropolitains et d'autre part, 4 départements d'Outre-Mer et des Territoires d'Outre-Mer (D.O.M./T.O.M.).

• Les départements d'Outre-Mer sont : Guadeloupe (carte p. 36), Martinique (carte p. 36), Guyane (carte p. 36) et la Réunion (carte p. 33). Les Territoires d'Outre-Mer comprennent la Nouvelle-Calédonie, la Polynésie française, Wallis et Futuna, les terres australes et antarctiques. Saint-Pierre-et-Miquelon et Mayotte ont un statut spécial.

Échelle 1/275 000 000
1 cm représente 2,75 km
0 5 10 k

Les forêts et les parcs naturels

- Régions forestières
- Massifs forestiers
- Parcs nationaux
- Parcs naturels régionaux

■ Bois et forêts occupent, en France, 14 800 000 hectares, soit plus du quart du territoire (70 % sont propriété privée). Les plus vastes massifs forestiers sont, en milliers d'hectares : Landes 1 000, Ardenne 100, Vosges 95, Maures 67, Orléans 45, Argonne 25, Fontainebleau 25, Estérel 21, Ventoux 20.

■ Chaque hectare de forêt libère annuellement de 12 à 20 tonnes d'oxygène et fixe au sol environ 10 tonnes de carbone. Dans le monde 13 milliards de tonnes de carbone sont ainsi fixés.

■ Élément d'équilibre naturel, la forêt régularise la température, favorise l'humidité, protège les sols contre l'érosion. Les arbres filtrent l'air : un hectare de forêt absorbe de 30 à 80 tonnes de poussières nocives chaque année.

■ En France une meilleure exploitation des taillis et autres résidus pourrait produire l'équivalent énergétique de 7 millions tonne-équivalent pétrole (tep) par an.

▲ **Une futaie de hêtres, en automne, dans la forêt d'Halatte, dans l'Oise entre Chantilly et Compiègne.** *Photo M. Bazire*

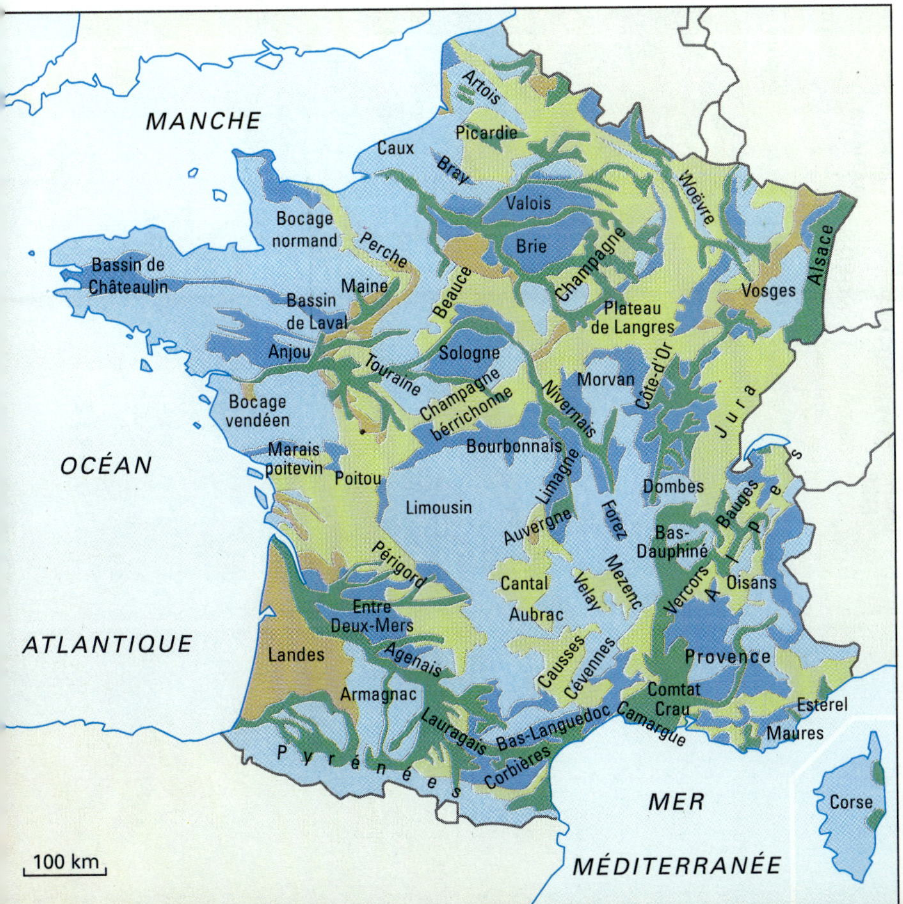

La vulnérabilité des nappes d'eau à la pollution

- Terrains où la vulnérabilité des nappes est la plus grande
- Terrains où la pollution se propage rapidement
- Terrains où la pollution se propage plus lentement
- Terrains où la pollution se propage de manière variable
- Terrains où seules les eaux de surface sont affectées

EUROPE : RELIEF

Échelle 1/25 000 000
1 cm représente 250 km
0 250 500 750 km

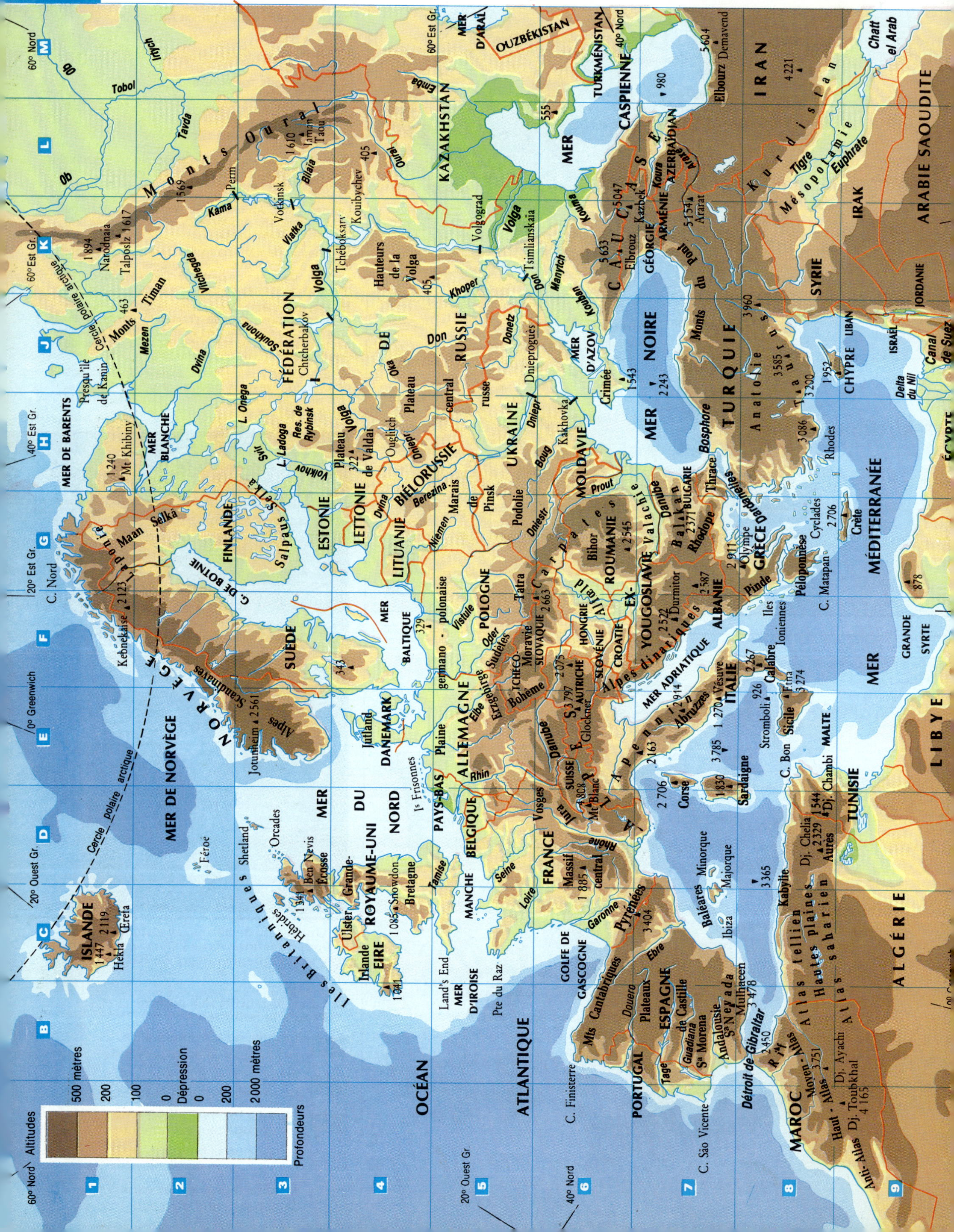

Echelle 1/8 000 000
1 cm représente 80 km 0 100 200 300 km

ANGLETERRE ET BENELUX

Échelle 1/3 000 000
1 cm représente 30 km 0 50 100 km

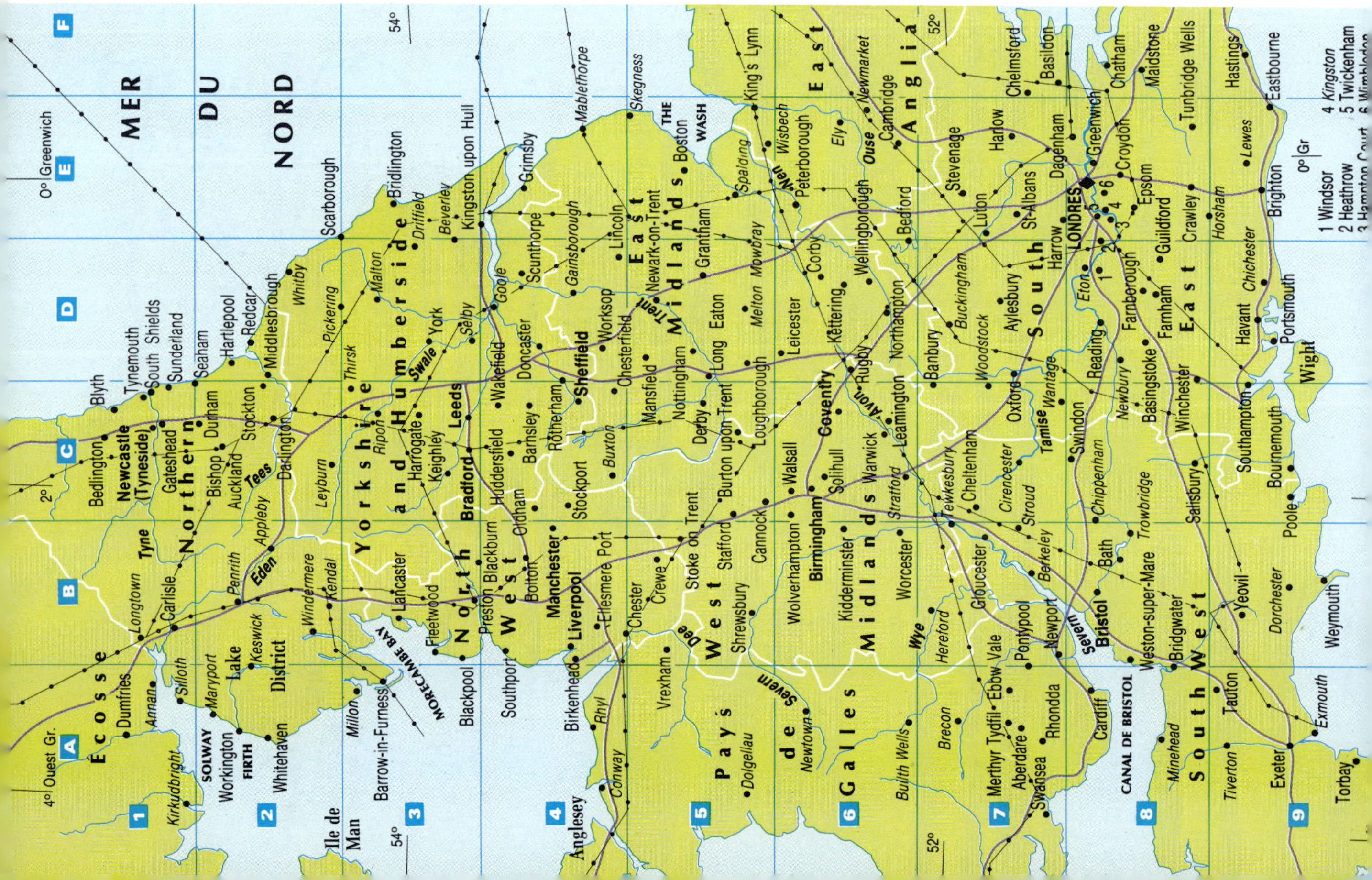

0 50 100 km
Echelle 1/2 000 000
1 cm représente 20 km

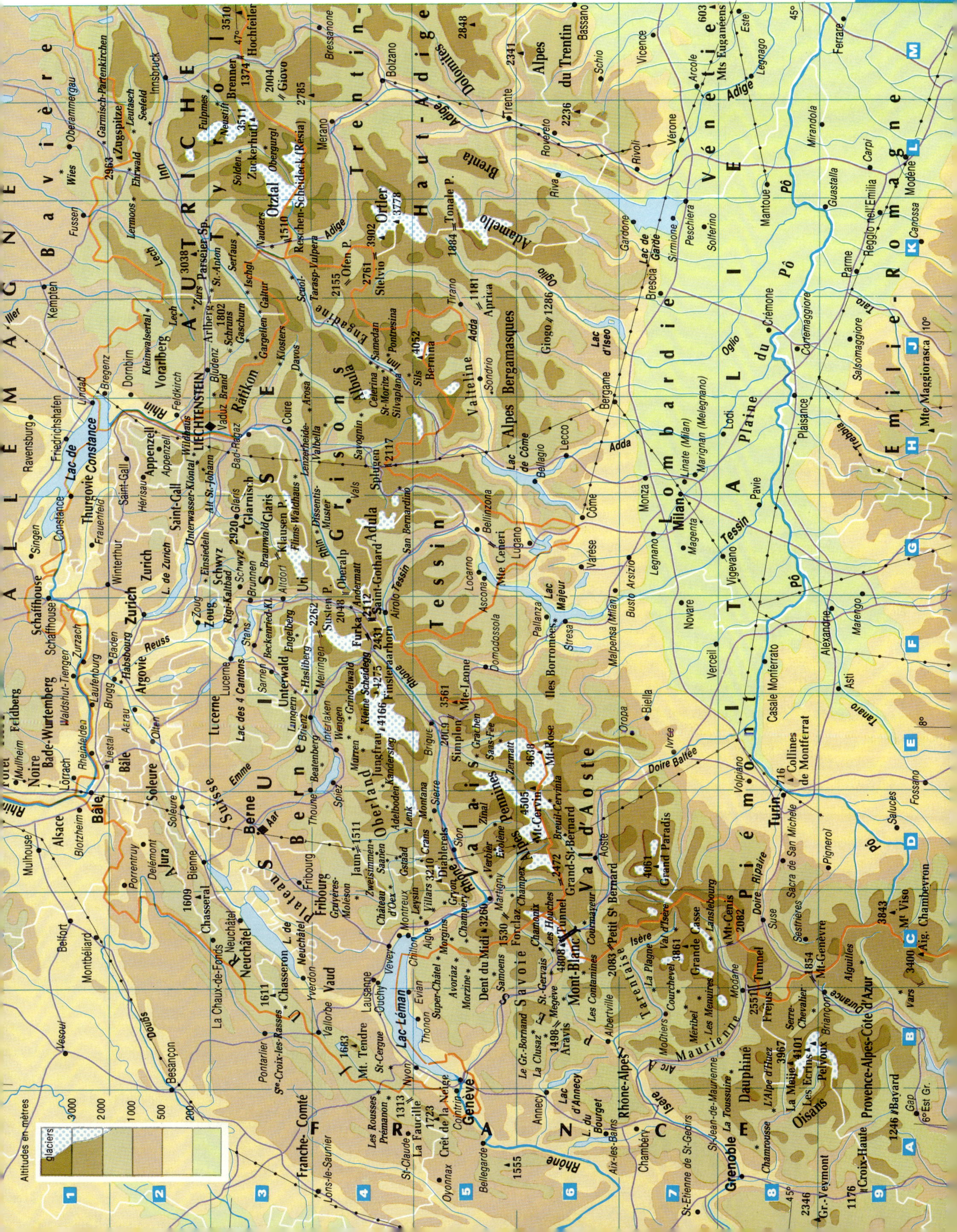

ALLEMAGNE

Echelle 1/4 000 000
1 cm représente 40 km
0 50 100 km

Échelle 1/6 000 000
1 cm représente 60 km
0 100 200 300 km

PÉNINSULE IBÉRIQUE

Échelle 1/6 000 000
1 cm représente 60 km
0 100 200 300 km

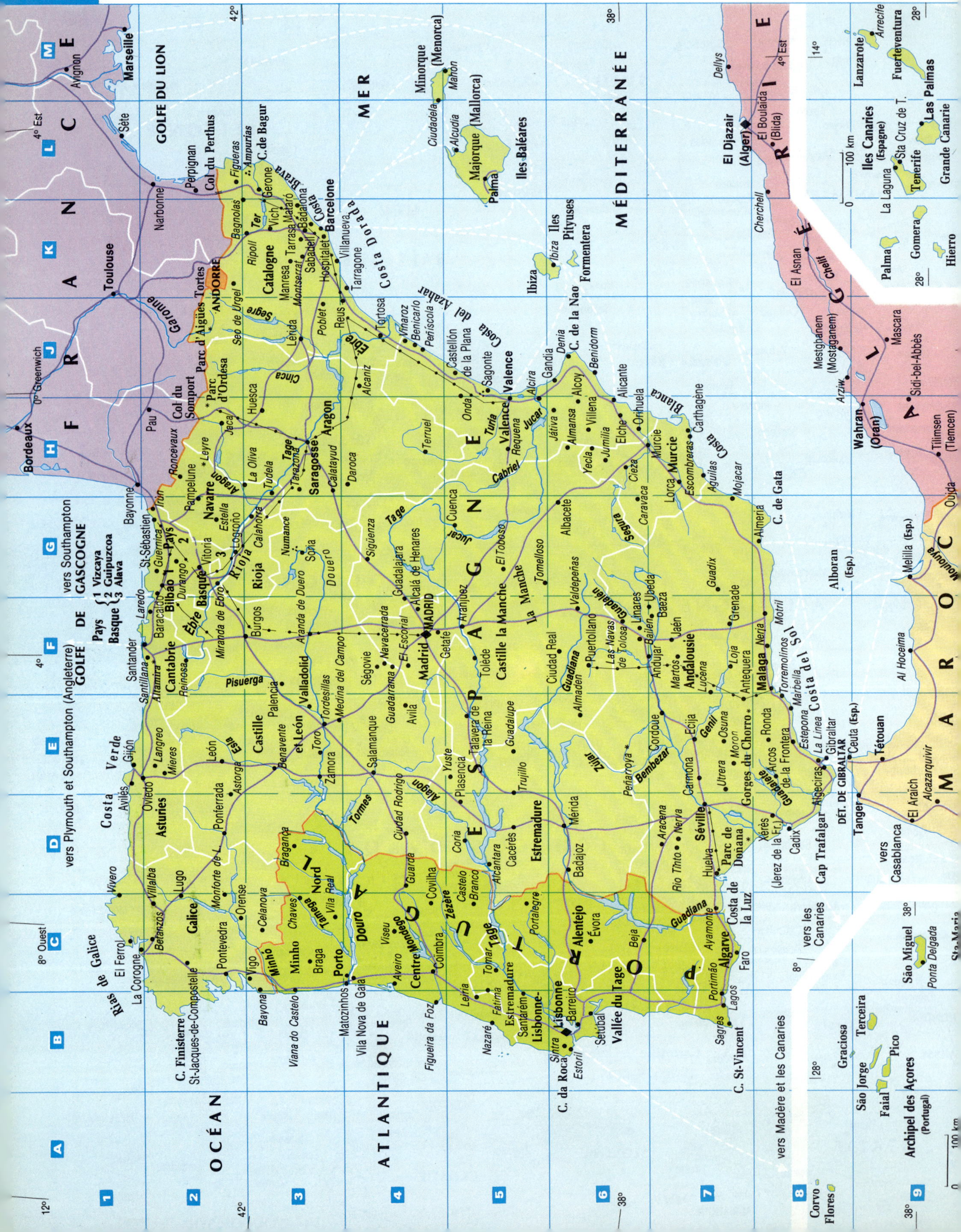

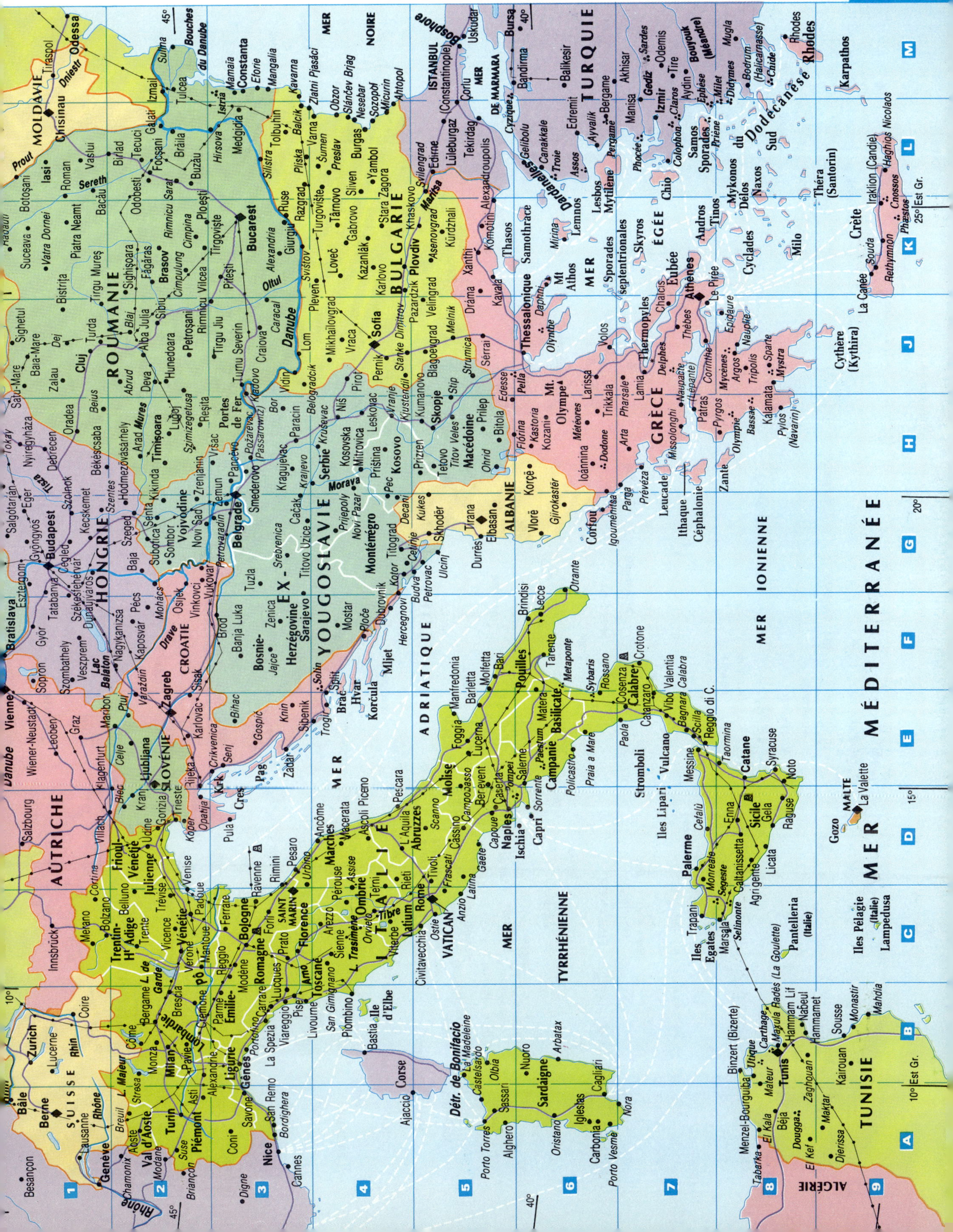

SUISSE
AUTRICHE
HONGRIE
ROUMANIE
MOLDAVIE
BULGARIE
TURQUIE
GRÈCE
ALBANIE
EX-YOUGOSLAVIE
SLOVÉNIE
CROATIE
Bosnie-Herzégovine
Serbie
Monténégro
Macédoine
Kosovo
Vojvodine
ITALIE
TUNISIE
ALGÉRIE
MALTE
VATICAN
SAINT MARIN
Corse
Sardaigne
Sicile
MER ADRIATIQUE
MER TYRRHÉNIENNE
MER IONIENNE
MER MÉDITERRANÉE
MER ÉGÉE
MER NOIRE
MER DE MARMARA
Bosphore
Dardanelles
Dodécanèse
Cyclades
Sporades septentrionales
Crète
Rhodes
Danube
Bouches du Danube
Istanbul (Constantinople)
Bucarest
Sofia
Belgrade
Budapest
Vienne
Bratislava
Zagreb
Ljubljana
Sarajevo
Skopje
Tirana
Athènes
Rome
Naples
Florence
Venise
Milan
Turin
Gênes
Bologne
Palerme
Tunis
Chisinau
Berne
Zurich
10° Est Gr.
15°
20°
25° Est Gr.
40°
45°
A B C D E F G H J K L M
1 2 3 4 5 6 7 8 9

EUROPE ORIENTALE

Échelle 1/12 500 000
1 cm représente 125 k

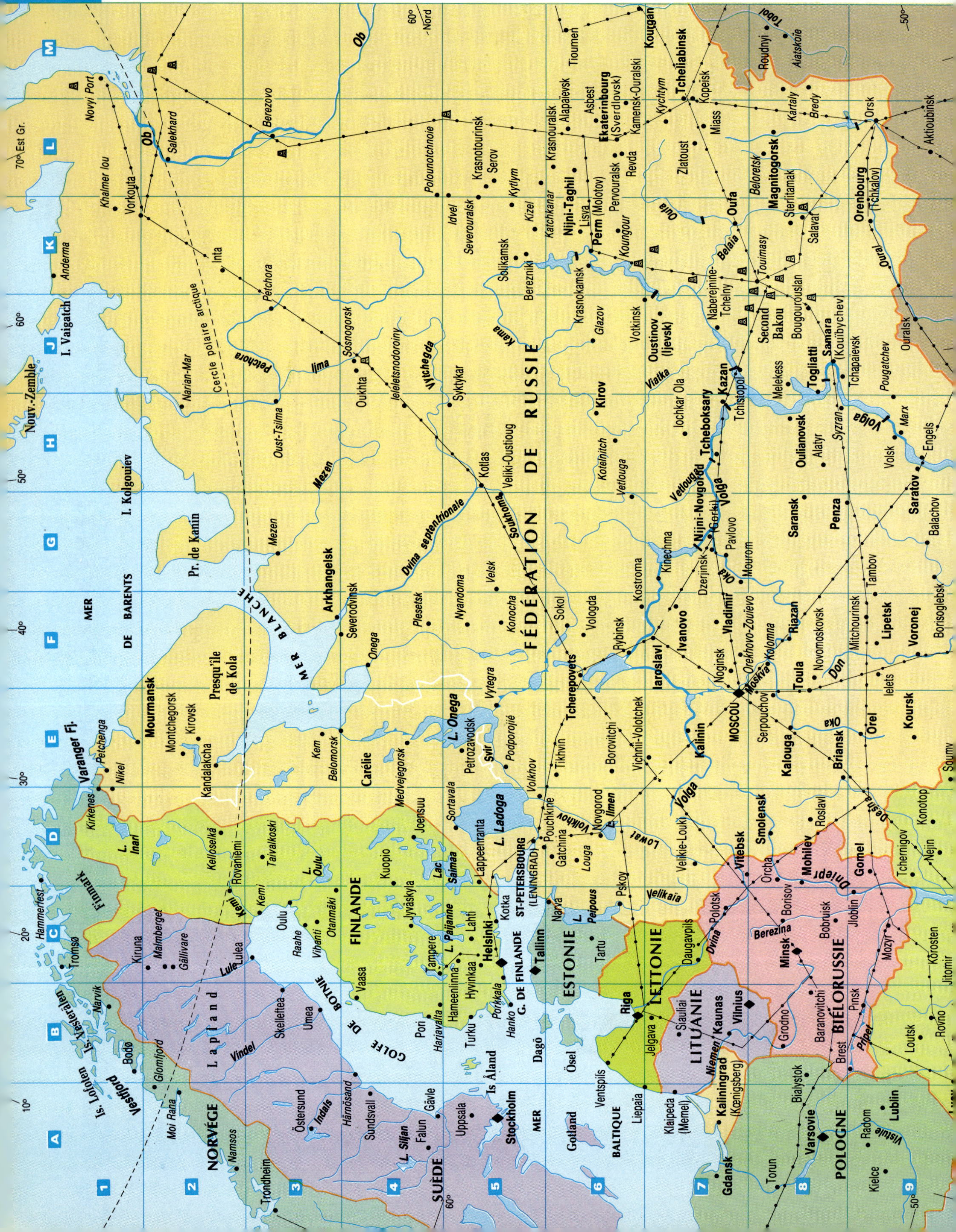

100 200 300 400 500 km

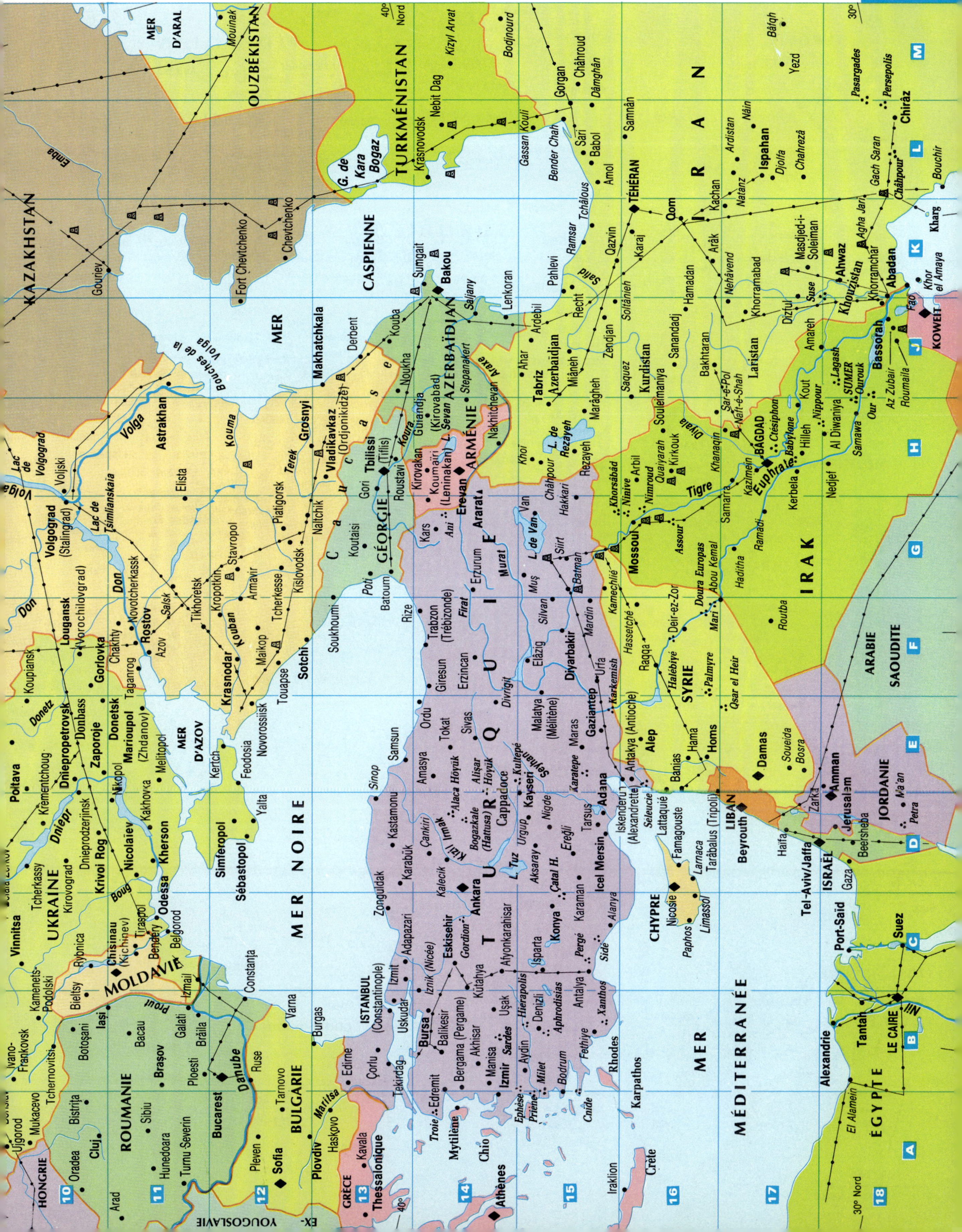

PROCHE-ORIENT ET ASIE OCCIDENTALE

Échelle 1/20 000 000
1 cm représente 200 kr

0 200 400 600 km

Echelle 1/20 000 000
1 cm représente 200 km

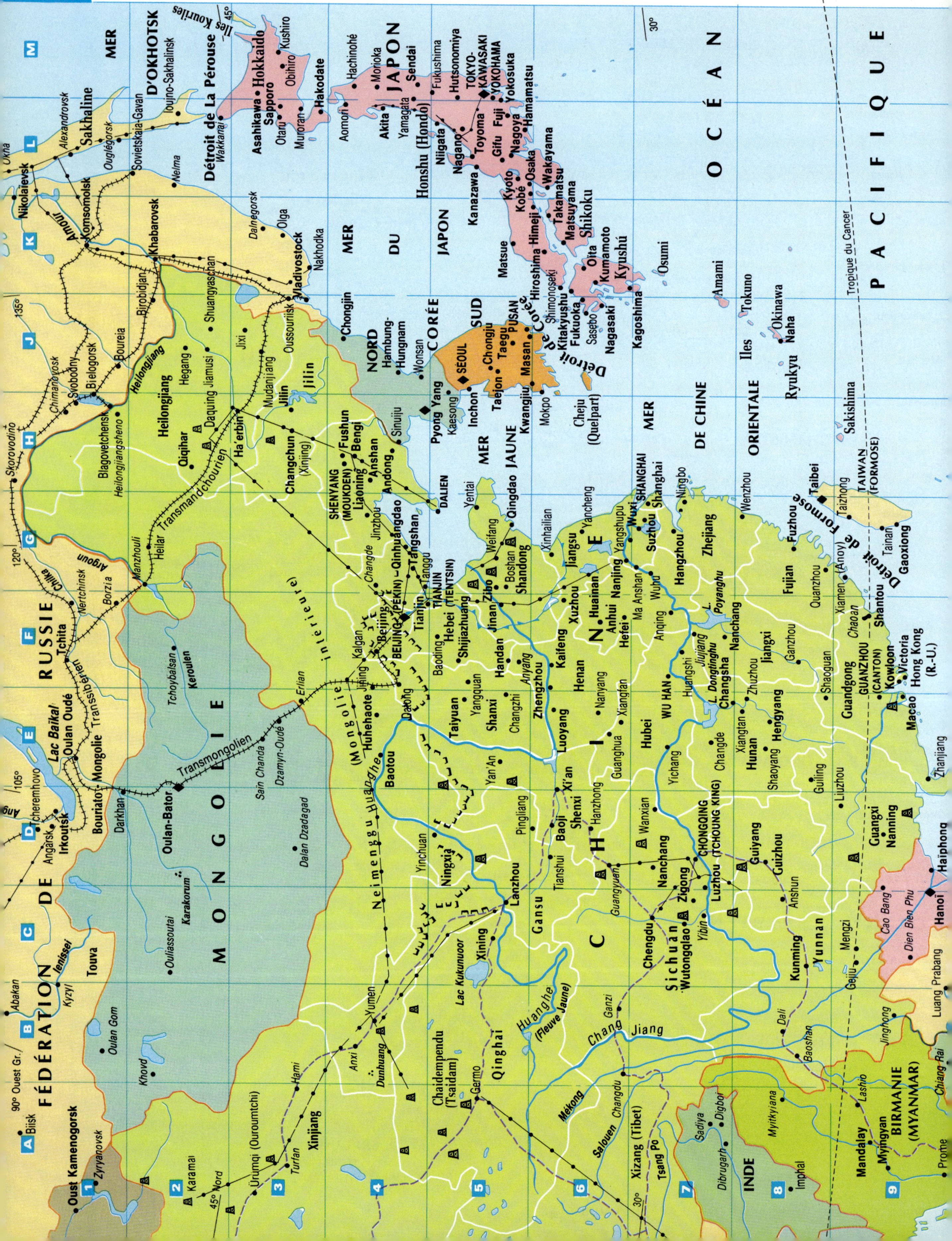

500 1 000 km

OCÉAN PACIFIQUE
OCÉAN INDIEN
INDONÉSIE
MALAISIE
PHILIPPINES
THAÏLANDE
LAOS
CAMBODGE
VIÊT-NAM
BRUNEI
SINGAPOUR
AUSTRALIE
La FRANCE à l'échelle de la carte
MER DE CHINE MÉRIDIONALE
MER DE SULU
MER DES CÉLÈBES
MER DES MOLUQUES
MER DE BANDA
MER DE JAVA
MER DE FLORES
MER DE SAVU
MER DE TIMOR
MER D'ARAFURA
MER D'ANDAMAN
GOLFE DU SIAM
Golfe du Tonkin
G. de Mataban
Fosse des Philippines
Détroit de Macassar
Détroit de Malacca
Détroit de Karimata
Détroit de la Sonde
Détroit de Torrès
Équateur 0°
15° Nord
105° Est Gr.
120°
135°
Luçon
Mindanao
Mindoro
Palawan
Panay
Negros
Cebu
Samar
Masbate
Sulawesi (Célèbes)
Kalimantan (Bornéo)
Sumatra
Java
Irian - Jaya (Nouvelle Guinée)
Timor
Sumba
Sumbawa
Flores
Lombok
Bali
Madura
Bangka
Belitung
Halmahera
Ceram
Buru
Maluku (Moluques)
Sabah
Sarawak
Malaisie
Hainan
Paracel
Spratly
Poulo Condore
Natuna
Anambas
Palau
Yap
Biak
Japen
Waigeo
Misool
Obi
Morotai
Talaud
Sanghie
Iles Sula
Iles Sulu
Iles Aru
Tanimbar
Babar
Damar
Wetar
Alor
Nusa Tenggara
Iles Linga
Is Riau
Bintan
Mentawai Arch.
Siberut
Nias
Simeulue
I. Enggano
Christmas
Iles Cocos (Keeling)
I. Bathurst
Darwin
Manille
Quezon City
Zamboanga
Davao
Cebu
Kuala Lumpur
Krung Thep (Bangkok)
Phnom Penh
Vientiane
Rangoon
Ho Chi Minh-Ville (Saïgon)
Djakarta
Bandar Seri Begawan
Ujung Pendang (Macassar)
Hué
Da Nang (Tourane)
Mékong
Menam
Isthme de Kra
Péninsule de Malacca
Pointe de Camau
Tonle Sap
Angkor
Krakatau

Échelle 1/60 000 000
1 cm represente 600 km
0 1000 2000 km

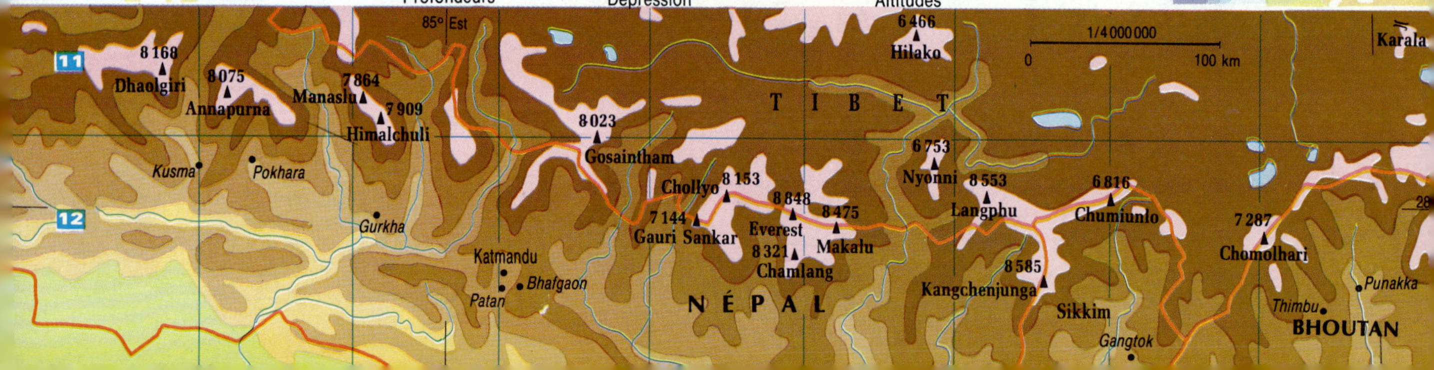

Échelle 1/35 000 000
1 cm représente 350 km
0 500 1000 km

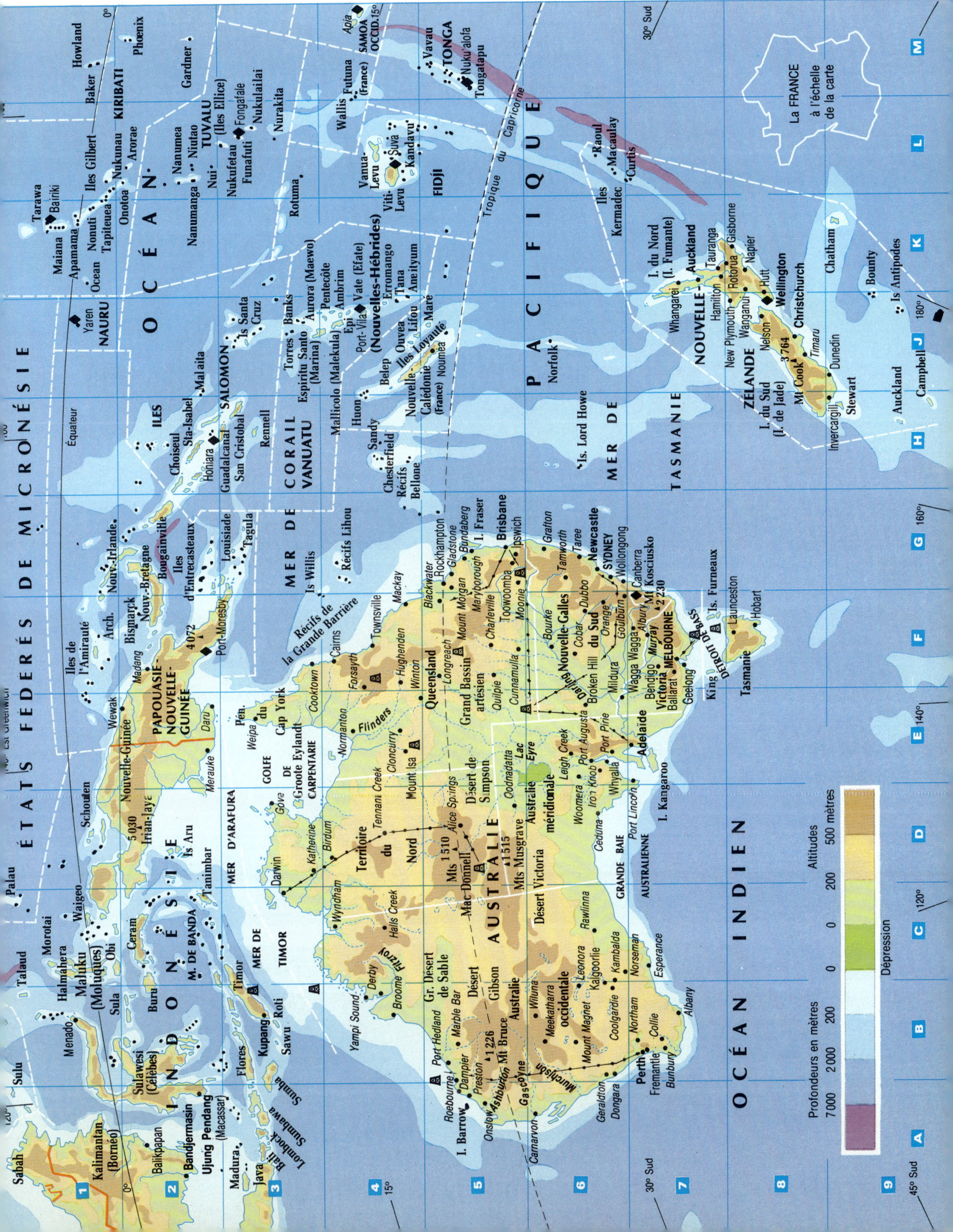

CONTINENT AFRICAIN

Échelle 1/45 000 000
1 cm représente 450 km
0 500 1 000 km

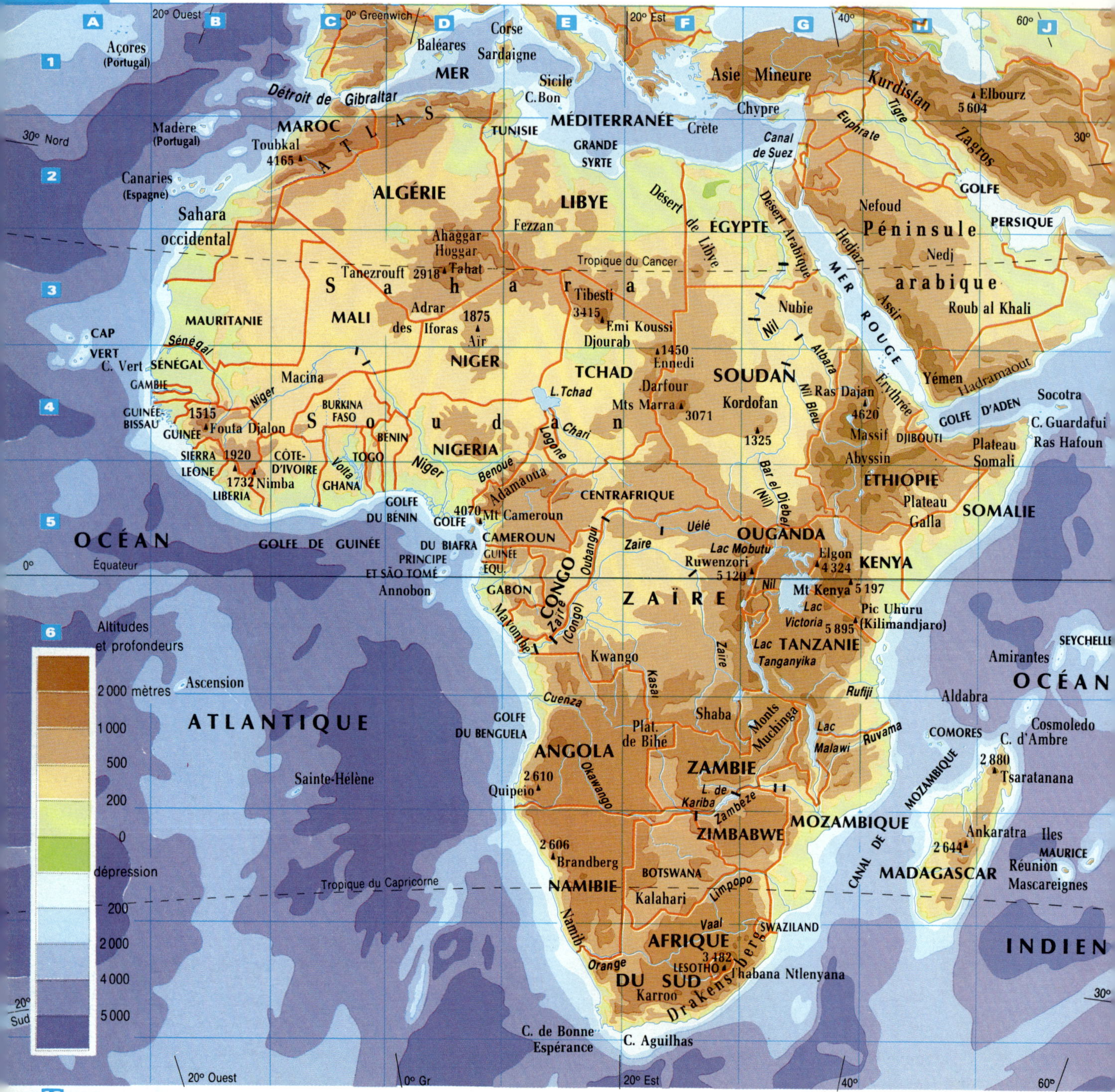

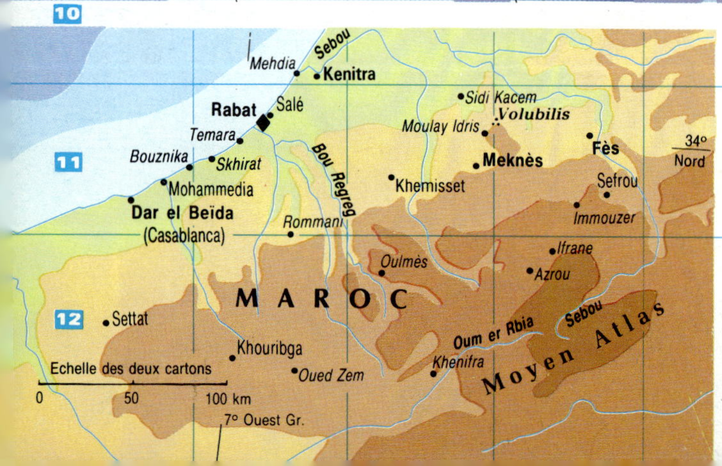

Échelle 1/22 500 000
1 cm représente 225 km
0 225 450 km

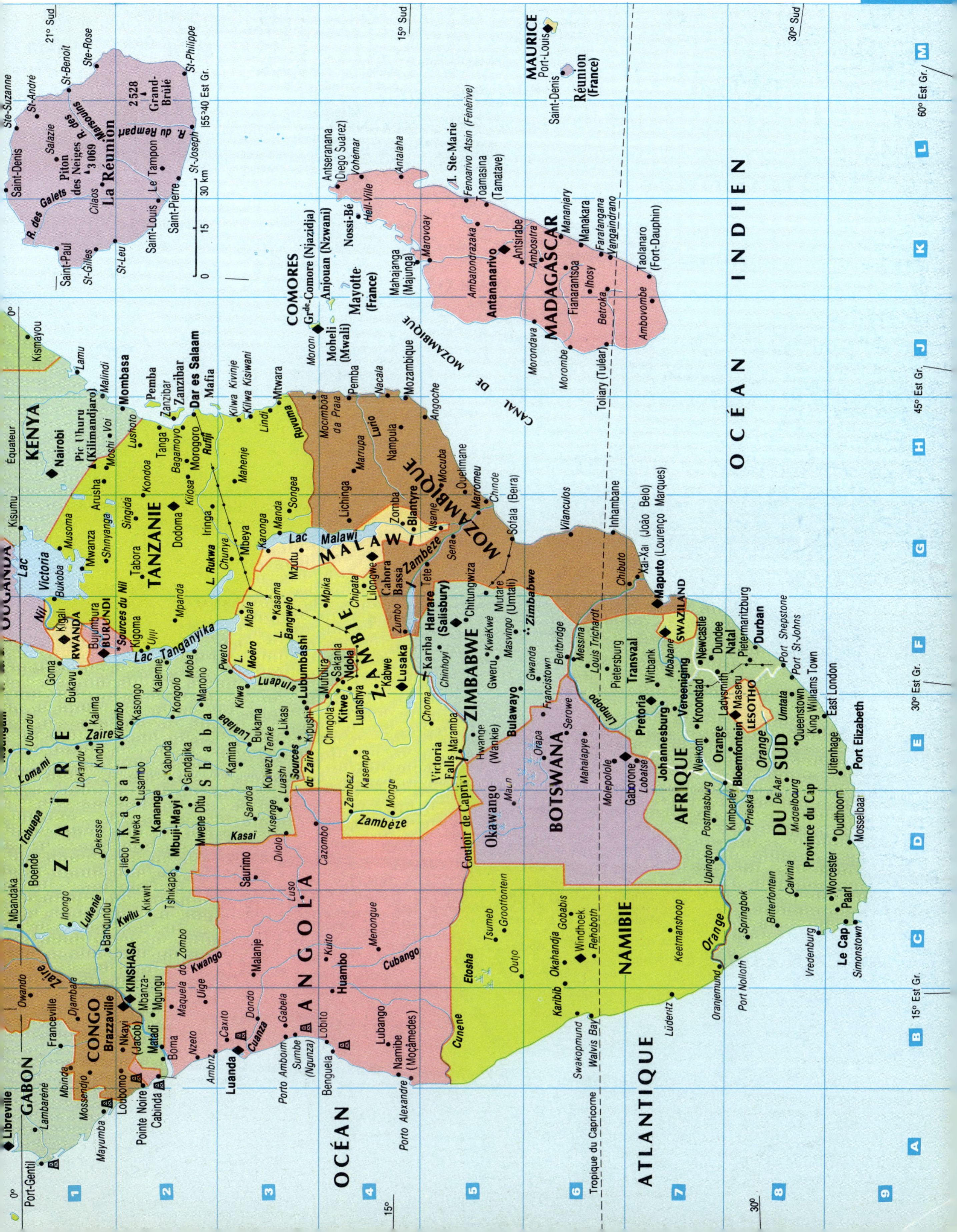

AFRIQUE OCCIDENTALE

Échelle 1/22 500 000
1 cm représente 225 km

0 225 450 km
K L M N O P Q R S
1 2 3 4 5 6 7 8 9 10 11 12
EX-YOUGOSLAVIE
Sofia
BULGARIE
ALBANIE
Thessalonique
Tarente
GRÈCE
Athènes
Crète
30° Est Gr.
MER NOIRE
GÉORGIE
ISTANBUL
Ankara
Erzurum
Izmir
TURQUIE
Tigre
MER
MÉDITERRANÉE
Nicosie
CHYPRE
Alep
SYRIE
Euphrate
Beyrouth
LIBAN
Damas
IRAK
Tel-Aviv
ISRAËL
Amman
Jérusalem
JORDANIE
30° Nord
GRANDE SYRTE
Al Marj
Cyrène
Apollonia
Darnah
Tobrouk
Bardiyah
Solloum
Sidi Barrani
Matroûh
Alexandrie
Benghazi
Al Beïda
Bir Hakeim
Es Sider
Zuwaytinah
Marsa el Brega
Ras Lanuf
El Agheila
Cyrénaïque
Zelten
Gialo
Waha
Serir
LIBYE
Tazerbo
Oasis de Koufra
El Alamein
Port-Saïd
LE CAIRE
Suez
Eilat
Aqaba
Siouah
Bahariga
Sinaï
ÉGYPTE
Nil
Hurghada
Farafra
Assiut
Qina
Kuseir
Dakla
Kharga
Edfu
Assuan
1re cataracte
Berenice
MER ROUGE
ARABIE SAOUDITE
Médine
Tropique du Cancer
Al Djaouf
Abu Simbel
Lac Nasser
Temple d'Amara
Wadi Halfa
Selima
Djedda
La Mecque
Bardaï
Sarra
Tibesti
Muhammad Qol
Port-Soudan
Ounianga Kebir
Tekro
Borkou
Faya Largeau
Fada
Ennedi
Nubie
Abu Hamed
Dongola
Napata
Marawi
Berber
Atbara
Ed Damer
Suakin
Tokar
Shendi
Méroé
Keren
Iles Dahlac
San'a
TCHAD
Abéché
Moussoro
Omdourman
Khartoum
Khartoum Bahri
Kordofan
Kassala
Massaouah
Asmara
Hodeïda
YÉMEN
El Facher
El Geneina
El Obeid
El-Dueim
Wad Madani
Sennar
Singa
Roseires
Kosti
Djézira
Nil Bleu
Erythrée
Axoum
Adwa
Makalé
Atbara
Gondar
Lac Tana
Assab
BAB EL MANDEB
Aden
GOLFE D'ADEN
Socotra
Abd-el-Kuri
C. Guardafui
En Nahuid
Mongororo
Nyala
SOUDAN
Renk
Am Timan
Bousso
El Muglad
Kadugli
Djibouti
Obock
DJIBOUTI
Zeila
Berbera
Ras Hafoun
Debre Markos
Dessie
Dire Daoua
Harar
Hargeisa
Burao
Chari
(Ft-Archambault)
Sarn
Birao
Tonga
Kodok (Fachoda)
Malakâl
Nekempte
Addis-Abeba
Nazret
ÉTHIOPIE
Asela
Gardo
Bender Beila
Garoe
Ndélé
Ouanda Djallé
Ouadda
Fort-Crampel
Bahr el Ghazal
Wau
Bahr-el-Djebel (Nil)
Jimma
Goba
Ogaden
Galka'yo
Bossangoa
Bria
CENTRAFRIQUE
Obo
Bambari
Rafaï
Zemio
Tambura
Bor
Omo
Yirgalem
Arb Minch
Dila
Ouabi Chebeli
SOMALIE
Obbia
Possel
Mobaye
Bangui
Oubangui
M'Bomou
Bangassou
Juba
Mongalla
Ganale
Belet Uen
Faradje
Nimule
Libenge
Gemena
Bondo
Niangara
Uele
Arua
OUGANDA
Lac Turkana (L. Rodolphe)
Mandera
Lugh Ganana
Bulo Burti
Baidoa
Moyale
Impfondo
Lisala
Bumba
Buta
Mungbere (Isiro)
Watsa
Chutes Murchison
Gulu
Marsabit
KENYA
Bardera
Muqdisho
OCÉAN
Bangala
Bongandanga
Basoko
Kisangani
Lac Mobutu
Bunia
Masindi
Soroti
Wajir
Djouba
Merca
Mbandaka
Chutes Boyoma
Butembo
Kampala
Entebbe
Jinja
Kitale
Eldoret
Nanyuki
Gelib
Gamame
Equateur
0°
Boende
L. Edouard
Kabale
Kisumu
Nakuru
Nyeri
Garissa
Kismayou
ZAÏRE
Zaïre (Congo)
Inongo
Lac Victoria
Nairobi
Tana
Lac Kivu
RWANDA
Bukavu
Kigali
Olduvaï
Lamu
INDIEN
Kindu
Dekessé
Bujumbura
BURUNDI
Arusha
Voi
Malindi
Bandundu
Kasaï
Sankuru
Lomami
Zaïre
TANZANIE
Mombasa
30° Est Gr.
Tabora
45° Est Gr.
30° Est Gr.
34° Est
Rachid (Rosette)
Aboukir
Damanhur
Mahalla el Koubra
Dumyat (Damiette)
Lac Manzaleh
Port-Saïd
Gaza
Sais
Mansurah
Tanis
Péluse
El Arish
Alexandrie
Tantah
Zagazig
El Kantara
Canal de Suez
Wadi el Natrun
Benha
Bubastis
Ismaïlia
Lacs Amers
Col de Giddi
30° Nord
Gizeh
Héliopolis
Suez
Col de Mitla
30°
Pyramides
LE CAIRE
Sakkarah
Memphis
Hèluan
Port Tewfik
Lac Qârûm
Senurès
GOLFE DE SUEZ
Sinaï
Fayoum
Beni Suef
Bibbah
ÉGYPTE
Bahr Yûsef
Samâlut
Minieh
Beni Hasan
Ras Gharib
Tunah el Gebel
Achmûneïn
Rôda
Charm el Cheik
Mellaui
Tell El Amarna
Nil
Assiut
Ghardaka
Tahta
Akhmîm
Sohag
Guerguech
26°
Temple d'Abydos
Qina
Denderah
Kuft
Vallée des Rois
Karnak (Thèbes)
Vallée des Reines
Luqsor
Kharga
30° Est Gr.
Esnèh
El Kab
Baris
Edfu
Kôm Ombo
0 100 km
Assuan
Temple de Philæ
34° Est
Barrage Sadd el-Ali
Lac Nasser

CONTINENT NORD-AMÉRICAIN

Echelle 1/45 000 000
1 cm représente 450 km

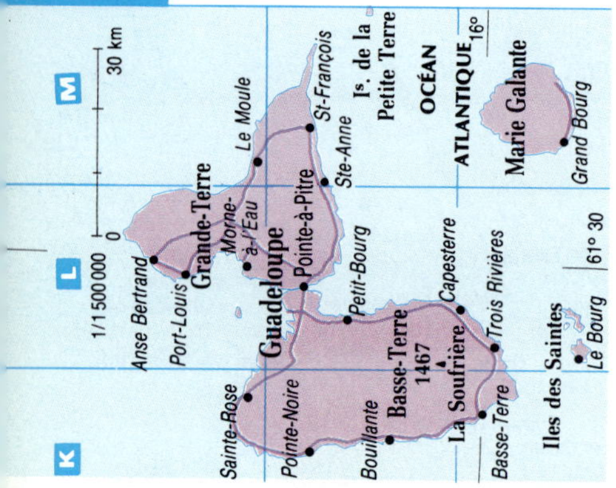

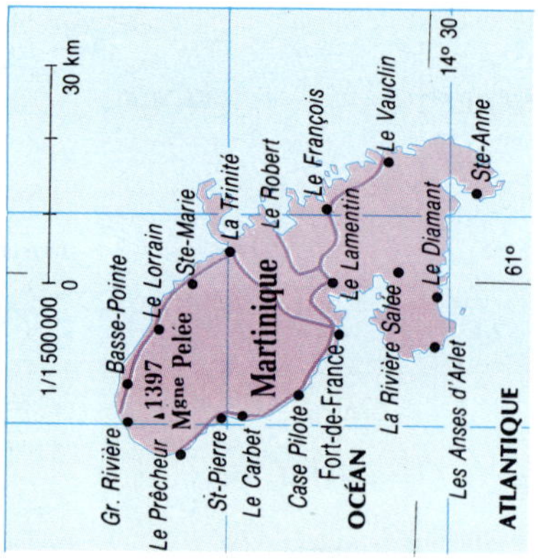

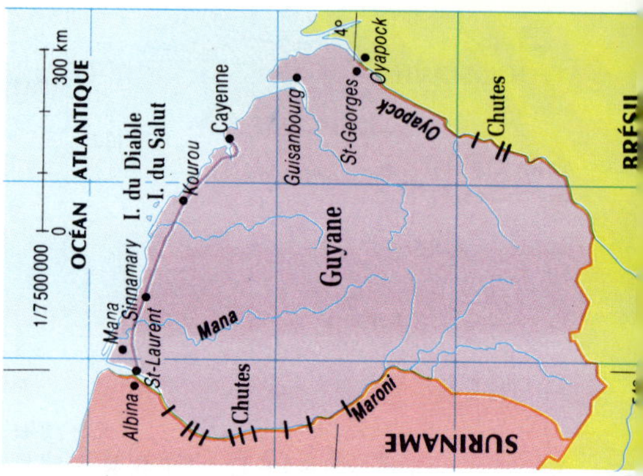

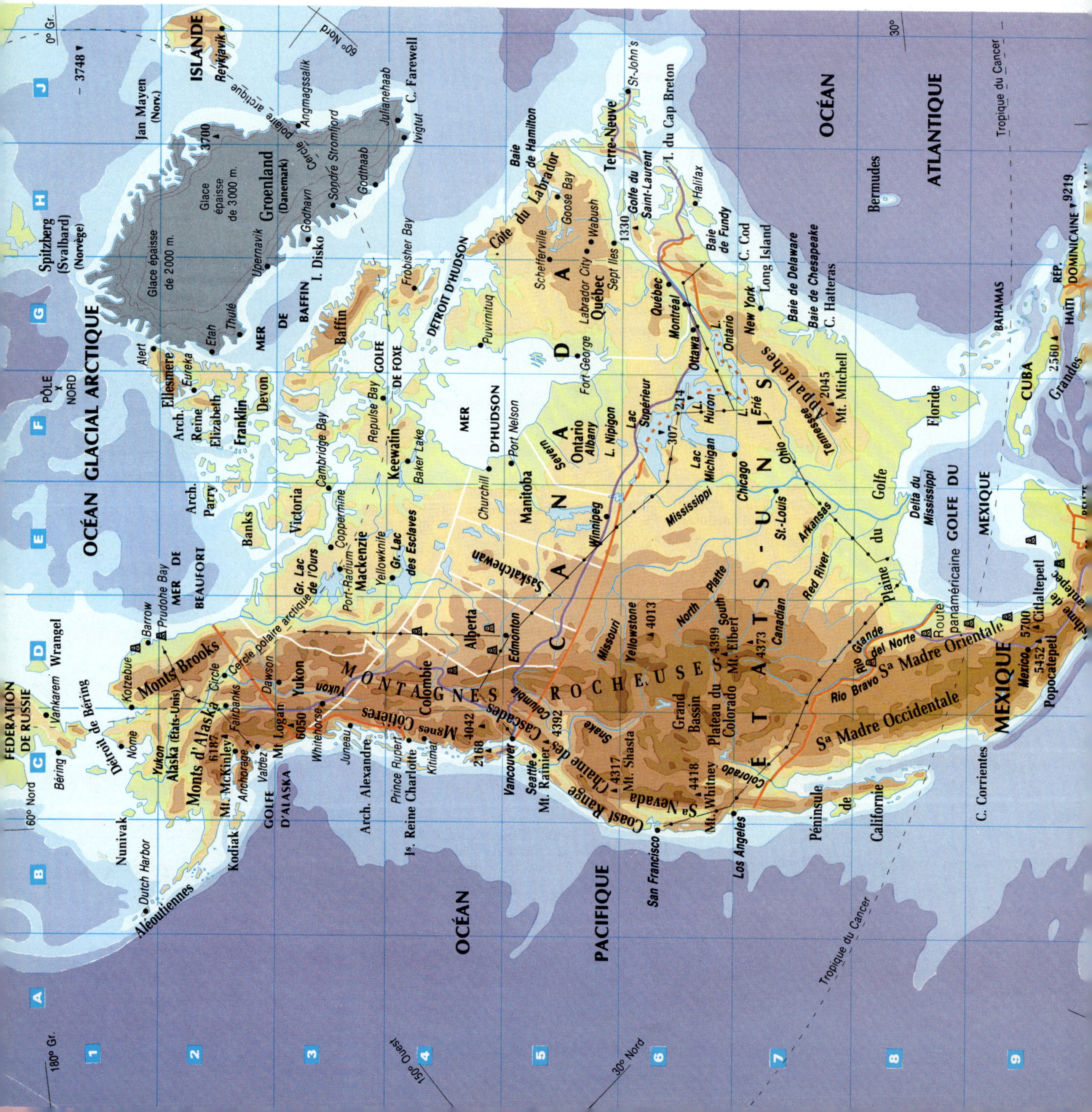

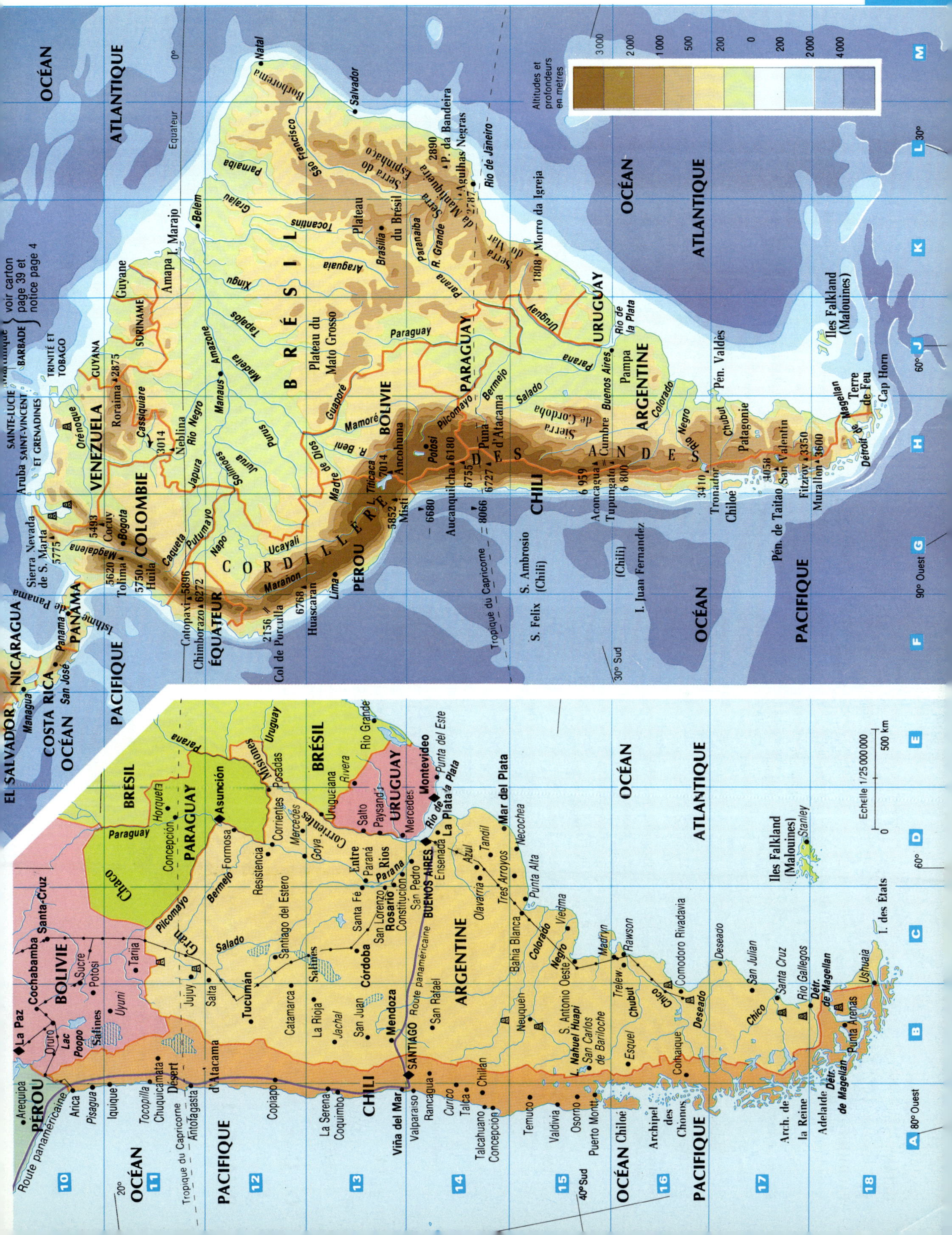
1 000
2 000 km
OCÉAN ATLANTIQUE
OCÉAN PACIFIQUE
Altitudes et profondeurs en mètres
3 000
2 000
1 000
500
200
0
200
2 000
4 000
Equateur
Tropique du Capricorne
voir carton page 39 et notice page 4
Aruba
SAINTE-LUCIE
SAINT-VINCENT ET GRENADINES
BARBADE
TRINITÉ ET TOBAGO
GUYANA
SURINAME
Guyane
VENEZUELA
COLOMBIE
ÉQUATEUR
PÉROU
BOLIVIE
BRÉSIL
PARAGUAY
URUGUAY
CHILI
ARGENTINE
PANAMA
COSTA RICA
NICARAGUA
EL SALVADOR
Managua
San José
Panama
Isthme de Panama
CORDILLÈRE DES ANDES
Sierra Nevada de S. Marta
5775
Magdalena
Bogota
Cocuy 5493
Tolima 5620
Huila 5750
Caqueta
Putumayo
Napo
Cotopaxi 5896
Chimborazo 6272
Col de Porculla 2156
Huascaran 6768
Marañon
Ucayali
Lima
Misti 5852
Titicaca
Ancohuma 7014
Potosi
Aucanquilcha 6180
6755
6727
Puna d'Atacama
8066
6680
Ojos del Salado 6 939
Aconcagua
Tupungato
Cumbre
6 800
S. Felix
S. Ambrosio (Chili)
I. Juan Fernandez (Chili)
Tronador 3410
Chiloé
Pén. de Taitao
San Valentin 4058
Fitzroy 3350
Murallon 3600
Détroit de Magellan
Terre de Feu
Cap Horn
Iles Falkland (Malouines)
Pén. Valdès
Patagonie
Chubut
Rio Negro
Colorado
Salado
Sierra de Cordoba
Pampa
Buenos Aires
Rio de la Plata
Parana
Uruguay
Paraguay
Pilcomayo
Bermejo
Mamoré
R. Beni
Madre de Dios
Guaporé
Plateau du Mato Grosso
Madeira
Purus
Jurua
Solimoes
Japura
Rio Negro
Neblina 3014
Cassiquiare
Orénoque
Roraima 2875
Amazone
Manaus
Tapajos
Xingu
Araguaia
Tocantins
Belem
I. Marajo
Amapa
Grajau
Parnaiba
São Francisco
Natal
Borborema
Salvador
Serra do Espinhaço
Plateau du Brésil
Brasilia
Paranaiba
R. Grande
Serra da Mantiqueira
P. da Bandeira 2890
Agulhas Negras 2787
Rio de Janeiro
Serra do Mar
Morro da Igreja 1808
90° Ouest
60°
30°
30° Sud
0°
F
G
H
J
K
L
M
Route panaméricaine
La Paz
Cochabamba
Santa-Cruz
Sucre
Potosi
Oruro
Lac Poopo
Salines
Uyuni
Tarija
Arequipa
Arica
Pisagua
Iquique
Tocopilla
Chuquicamata
Désert d'Atacama
Antofagasta
Copiapo
La Serena
Coquimbo
Viña del Mar
Valparaiso
SANTIAGO
Rancagua
Curico
Talca
Chillan
Talcahuano
Concepción
Temuco
Valdivia
Osorno
Puerto Montt
Chiloé
Archipel des Chonos
Arch. de la Reine Adelaïde
Détr. de Magellan
Punta Arenas
Ushuaia
I. des Etats
Stanley
Rio Gallegos
Santa Cruz
San Julian
Deseado
Comodoro Rivadavia
Chico
Colhaique
Esquel
Trelew
Rawson
Madryn
S. Antonio Oeste
Viedma
L. Nahuel Huapi
San Carlos de Bariloche
Neuquén
Bahia Blanca
Punta Alta
Tres Arroyos
Necochea
Mar del Plata
Tandil
Azul
Olavarria
Ensenada
La Plata
BUENOS AIRES
San Pedro
Constitución
Rosario
San Lorenzo
Santa Fé
Paraná
Entre Rios
San Rafael
Mendoza
San Juan
Jachal
La Rioja
Catamarca
Cordoba
Salinas
Santiago del Estero
Tucumán
Salta
Jujuy
Gran Chaco
Chaco
Salado
Formosa
Resistencia
Corrientes
Goya
Mercedes
Posadas
Misiones
Asunción
Concepción
Horqueta
Uruguaiana
Salto
Paysandu
Rivera
Montevideo
Punta del Este
Rio Grande
Echelle 1/25 000 000
0
500 km
Route panaméricaine
Tropique du Capricorne
20°
40° Sud
80° Ouest
A
B
C
D
E
10
11
12
13
14
15
16
17
18

ÉTATS-UNIS ET MEXIQUE

Echelle 1/25 000 000
1 cm représente 250 km
0 500 1 000 km

Echelle 1/25 000 000
1 cm représente 250 km 0 500 1 000 km

■ Les noms (toponymes) figurant sur les cartes ne sont pas systématiquement répertoriés dans l'index.
■ Trois abréviations sont systématiquement utilisées :
— *Ant.* pour rappeler des désignations utilisées dans **l'Antiquité,** par exemple : **Assouan** *ou* **Aswan** *Ant* **Syène**
— *anc.* pour rappeler, après un nom officiel, d'usage récent, la **désignation antérieure,** par exemple : **Antsirane** *anc.* **Diégo Suarez.**
—*auj.* pour indiquer, avant une appellation officielle, nouvelle, la **désignation plus connue** d'un toponyme, par exemple : **Ceylan** *auj.* **Sri Lanka**
■ Les noms imprimés en bleu sont ceux de sites pour lesquels le tourisme, sous toutes ses formes, est une activité remarquable. Les noms imprimés en rouge sont des lieux de caractère archéologique ou historique. Bleu ou rouge n'introduisent aucune hiérarchie.
■ Le premier chiffre renvoie à la page. La lettre et le chiffre qui suivent localisent le nom dans l'un des carrés, de deux centimètres de côté, tracés en bleu sur toutes les cartes.

A

Aachen *voir* Aix-la-Chap. 20 A 8
Ayoûn (El) 34 C 5
Abadan 25 K 18
Abbeville 11 K 3
Abeokuta 34 G 10, n° 1
Aberdare 18 A 7
Aberdeen (Écosse) 17 DE 5
Aberdeen (É.-U., Dakota S.) 38 E 2
Abidjan 34 DE 10
Abondance 13 O 2
ABOU DHABI 26 J 7
Abou Kemal 25 G 16
Aboukir 35 P 1
Abruzzes *région* 23 D 5
ABUJA 34 H 9
Abu Simbel *ruines* 35 N 6
Abydos *ruines* 35 R 6
Abyssin *massif* 32 GH 4
Acapulco de Juarez 38 D 9
ACCRA 34 F 10
Achères 14 B 5
Achkhabad 27 K 4
Achmûnein *ruines* 35 Q 4
Aconcagua *volcan* 37 H 15
Açores *archipel* 22 AB 9
Acre *État fédéré* 39 C 5
Adana (Seyhan) 25 DE 15
Adapazari 25 C 13
Adda *rivière* 19 J 5
ADDIS ABEBA 35 P 9
Adelaïde 31 E 7
Adelboden 19 D 4
ADEN 26 F 11
Adige *fleuve* 21 B 12
Aduwa 35 P 8
Adour *fleuve* 9 CD 7
AFGHANISTAN *État* 27 L 5
Afrique cartes 32 à 35
AFRIQUE DU SUD *État* 33 DE 7
Afyonkarahisar 25 C 14
Agadès 34 H 7
Agadir 34 D 4
Agay 13 O 8
Agde 12 J 9
Agen 12 E 6
Agra 27 O 7
Agrigente 23 CD 8
Aguascalientes *État fédéré (n° 1) et ville* 38 D 8
Ahaggar (Hoggar) *massif* 32 D 3
Ahar 25 J 15
Ahlen 20 C 6
Ahmadnagar 27 O 9
Ahmedabad 27 N 8
Aigle (L'), France Orne 10 H 6
Aigle (Suisse) 19 C 5
Aigoual *mont* 12 J 7
Aigueperse 12 J 3
Aigues-Mortes 13 K 8
Aiguilles 19 C 9
Aiguillon (L') 12 C 2
Aigurande 12 G 2
Ailly-s-Noye 11 L 4
Aime 13 N 4
Ain *département n° 01* cartes 8 et 13 M 3
Ain *rivière* 9 GH 5
Aïn Sefra 34 F 3
Aïr *massif* 32 D 3
Aire-s-l'Adour 12 D 8
Aire-s-la-Lys 11 O 2
Airvault 10 H 10
Aisne *département n° 02* cartes 8 et 11 M 4
Aix-en-Othe 11 MN 7
Aix-en-Provence 13 M 8
Aix-la-Chapelle (Aachen) 20 A 8
Aix-les-Bains 13 N 4
Ajaccio 13 R 11
Ajmer 27 NO 7
Akita 28 L 4
Akosombo *barrage* 34 EF 10
Akron 38 H 3
Aksaray 25 D 15
Aktioubinsk 24 L 9
Alabama *État fédéré* 38 G 5
Alaca Höyuk *ruines* 25 DE 14
Alagnon *rivière* 12 J 4
Alagoas *État fédéré* 39 L 6
Alaska *État fédéré et monts* 36 C 2
Alassio 13 Q 7
Alatyr 24 H 8
Álava *province* 22 G 1, *n° 3*
Albacete 22 G 6
Alba-Iulia 23 J 2
ALBANIE *État* 23 G 5
Albany (Australie) 31 B 7
Albany (É.-U., New York) 38 J 3
Albert 11 L 3
Albert *lac auj.* Mobutu 35 O 11
Alberta *province* 36 D 4
Albertville 13 N 4
Albi 12 G 7
Albuquerque 38 CD 5
Albury 31 F 7
Alcalá de Henares 22 FG 4
Alcaniz 22 J 4
Alcantara 22 D 5
Alcazarquivir 22 DE 9
Aldershot 10 FG 1
Al Diwaniya 25 H 18
Alençon 10 H 7
Alentejo *région* 22 C 6
Aléoutiennes *îles* 36 B 2
Alep 25 E 16
Aleria 13 S 11
Alès 13 K 7
Ålesund 17 G 1
Alexandrie (Egypte) 35 MN 4 et P 2
Alexandrie (Italie) 23 B 3
Alexandroupolis 23 KL 5
Alfortville 14 G 8
Algarve *province* 23 C 7
ALGER *auj.* El Djazair 34 G 2
ALGÉRIE *État* 34 FG 4
Alghero 23 A 5
Alicante 22 HJ 6
Aligarth 27 O 6
Alisar Höyuk *ruines* 25 E 14
Alkmaar 18 J 3
Allahabad 27 P 7
Allauch 13 M 8
ALLEMAGNE République Fédérale d'*État* carte 20
Alleppey 27 O 12
Allevard 13 MN 4
Allier *département n° 03* cartes 8 et 12 J 2
Allier *rivière* 9 F 5
Allones 10 H 8
Allos 13 NO 6
ALMA ATA 27 NO 2
Almaden 22 EF 6
Almansa 22 H 6
Almelo 18 L 4
Almeria 22 G 8
Alor Star 29 B 13
Alost 18 H 6
Alpe d'Huez (L') 19 AB 8
Alpes *chaîne* 16 DE 6
Alpes de Haute-Provence *département n° 04* cartes 8 et 13 N 6
Alpes-Maritimes *département n° 06* cartes 8 et 13 O 7
Alsace *région* 9 J 3
Alsace *région administrative* 8 J 3
Altamira *grottes* 22 F 2
Altdorf 19 G 3
Altenburg 20 G 8
Altkirch 11 R 8
Alwar 27 O 6
Amapa *ville et territoire* 39 GH 3
Amara *ruines d'un temple* 35 MN 6
Amareh 25 J 17
Amarillo 38 D 5
Amasya 25 E 14
Amazonas *État fédéré* 39 D 5
Amazone (ou Solimoes) *fleuve dont la branche mère est le* Marañón 37 HJ 12
Ambala 27 O 6
Ambazac 12 FG 3
Amberg 20 G 10
Ambérieu-en-Bugey 13 M 3
Ambert 13 K 4
Amboise 10 J 9
Amélie-les-Bains 12 H 10
Amérique *continent* carte 36-37
Amersfoort 18 K 4
Amiens 11 K 4
Amilly 11 L 8
Amirantes *îles* 32 J 6
Amirauté *îles* 31 F 1
AMMAN 25 E 18
Ammersee *lac* 20 F 12
Amou Daria *fleuve* 27 L 4
Amour *fleuve* 30 H 4
Amoy *voir* Xiamen 28 G 9
Amplepuis 13 K 2
Ampurias *ruines* 22 L 3
Amravati (Amraoti) 27 OP 8
Amritsar 27 NO 5
AMSTERDAM 18 J 4
Am Timan 35 K 9
Anaconda 38 C 2
Anadyr 30 GH 2
Anatolie *plateau* 16 HJ 8
Ancenis 10 F 9
An Chan *voir* Anshan 28 H 4
Anchorage 36 C 2
Ancône 23 D 4
Ancy-le-Franc 11 N 8
Andalousie *province* 22 F 7
Andaman *îles* 27 S 10
Andelys (Les) 10 J 5
Andermatt 19 G 4
Andernos-les-Bains 12 BC 5
Andes (Cordillère) *chaîne* 37 H 16
Andhra Pradesh *État fédéré* 27 P 10, *n° 1*
Andidjan 24 N 3
Andong 25 H 4
ANDORRE *principauté et ville* 12 FG 10
Andrésy 14 AB 4
Andrinople *auj.* Édirne 23 L 5
Andujar 22 F 7
Anduze 13 K 7
Anet 10 J 6
Aneto *pic* 9 D 9
Angara *rivière* 30 F 4
Angers 10 G 9
Angkor *ruines* 29 C 11
Anglesey *île* 18 A 4
Angleterre 17 DE 8
Anglo-normandes *îles* 10 D 5
ANGOLA *État* 33 C 3
Angoulême 12 E 4
ANGUILLA *île* 39 H 1
Anhui *province* 28 F 6
Ani *ruines* 25 G 14
Aniche 11 R 3
Anie *pic* 9 C 8
Anjou *région* 9 D 4
Anjouan (Nzwani) *île* 33 K 4
ANKARA *Ant.* Ancyre *ou* Angora 25 CD 14
Annaba *anc.* Bône 34 H 2
Annaberg-Buchholz 20 GH 8
Annan 18 A 1
Annapurna *mont* 30 B 11
Annecy *ville et lac* 13 N 3
Annemasse 13 N 3
Annonay 13 L 4
Annot 13 O 7
Anqing 28 F 7
Ansbach 21 E 10
Anshan 28 H 4
Anshun 28 CD 8
Antakya *Ant.* Antioche-s-Oronte 25 E 16
Antalya (Adalia) 25 BC 15
ANTANANARIVO *anc.* Tananarive 33 K 5
An Tching *voir* Anqing 28 F 7
Antequera 22 F 7
Antibes 13 P 8
ANTIGUA *île* 39 J 1
Antilles (Petites) *archipel* 37 HJ 1
Antilles (Grandes) *îles* 38 JL 8
Antioche-s-Oronte *auj.* Antakya 25 E 16
Antipodes *îles* 31 K 9
Antofogasta 37 A 11
Antony 14 E 9
An Toung *voir* Andong 28 H 4
Antsiranana *anc.* Diego Suarez 33 L 4
Antsirabe 33 K 5
Anvers (Antwerpen) *ville* 18 J 6 *et province n° 13*
Anyang 28 F 5
Anzin 11 S 3
Anzio 23 C 5
Aomori 28 L 4
Aoste (Val d') *région et ville* 19 D 6
Aoudaghoust *ruines* 37 D 7
Apeldoorn 21 L 4
Apennin *chaîne* 19 E 7
Aphrodisias *ruines* 25 B 15
APIA 31 M 4
Apollonia *ruines* 35 L 3
Appalaches *monts* 36 FG 7
Appenzell *ville et canton* 19 H 2
Apt 13 M 7
Aqaba *ville et golfe* 26 C 9 C 10
Aquila (L') 23 D 4
Arabe (*ou* Persique) *golfe* 26 HJ 7
ARABIE SAOUDITE *État* 26 FG 7
Araçatuba 39 H 8
Aragon *province* 22 H 3 *et fleuve* H 2
Araich (El) *anc.* Larache 34 E 3
Arâk 26 H 5
Aral (Mer) *lac* 32 K 2
Aranda del Duero 22 F 3
Aranjuez 22 F 5
Ararat *mont* 16 KL 7 et 25 G 14
Aravis *col* 19 B 6
Araxe (Araks) *fleuve* 25 J 14 et 26 H 3
Arbil 25 H 16
Arbois 11 P 10
Arc *rivière* 13 N 4
Arcachon 12 B 5
Arc-et-Senans 11 P 9
Arcole 19 M 7
Arcos de la Frontera 22 E 8
Arcueil 14 EF 8
Arcy-s-Cure *grottes préhistoriques* 11 M 8
Ardebil 26 H 3
Ardèche *département n° 07* cartes 8 et 13 KL 6
Ardèche *rivière* 9 G 7
Ardenne *massif* 9 G 1
Ardennes *département n° 08* cartes 8 et 11 N 4
Ardentes 11 K 10
Ardestan *région* 26 J 5
Arequipa 39 C 7
Arezzo 23 C 4
Argatala 27 S 7
Argelès-Gazost 12 D 9
Argelès-s-Mer 12 J 10
Argentan 10 H 6
Argentat 12 G 5
Argentera *mont* 9 J 7
Argenteuil 14 D 5
Argentière-la-Bessée (L') 13 N 5
ARGENTINE *État* 37 C 14
Argenton-Château 10 G 10
Argenton-s-Creuse 11 K 11
Argonne *collines* 9 G 2
Argos 23 J 8
Argovie *canton* 19 F 2
Arhus 17 J 5
Arica 39 C 8
Ariège *département n° 09* cartes 8 et 12 G 9
Ariège *rivière* 12 G 10
Arizona *État fédéré* 38 C 4
Arkansas *État fédéré* 38 F 5
Arkansas *rivière* 36 E 7
Arkhangelsk 24 FG 3
Arlanc 13 K 4
Arlberg *col* 19 J 2
Arles 13 L 8
Arlit 34 H 7
Arlon 18 K 9
Armagnac *région* 9 D 8 et 12 E 7
Armainvilliers 14 K 8
Armançon *rivière* 11 N 9
Armavir 25 G 12
ARMÉNIE *État* 25 H 14
Armentières 11 L 2
Arnage 10 H 8
Arnheim (Arnhem) 18 L 4
Arno *fleuve* 23 C 3
Arnouville-lès-Gonesse 14 FG 4
Arnstadt 20 F 8
Arosa 19 HJ 3
Arpajon 14 DE 13
Arques 11 O 1
Arques-la-Bataille 10 J 4
Arras 11 L 3
Arrecife 22 M 9
Arrée *monts* 9 B 3
Arromanches 10 G 5
Arroux *rivière* 11 N 10
Ars-en-Ré 12 B 2
Arta 23 H 7
Artenay 11 K 7
Artois *région* 9 E 1
Aruba *île* 39 C 1
Arudy 12 C 9
Arve *rivière* 13 N 3
Arvida 38 J 1
Arvika 17 K 3
Arzew 22 J 8
Asahikawa 28 LM 3
Asbest 24 LM 6
Ascalon *ruines* 26 B 7
Aschaffenburg 20 D 9
Ascoli Piceno 23 D 4
Ascona 19 G 5
Asie *continent* carte 30
Ashquelon 26 B 7
Asmara 35 OP 8
Asnam (Es) *anc.* Orléansville 34 G 2
Asnières 14 E 6
Assam *État fédéré* 27 S 6, *n° 3*
Assise 23 D 4
Assiut *ou* Asyût *Ant.* Lycopolis 35 R 5
Assouan *ou* Aswan *Ant.* Syène 35 N 5
Assour *ruines* 25 G 16
Astérix (parc) 14 J 1
Asti 19 F 9
Astorga 22 E 2
Astrakhan 25 H 11
Asturies *région* 22 D 2
ASUNCIÓN 39 F 9
Âtbara 35 O 7
ATHÈNES 23 K 7
Athis-Mons 14 F 10
Atlanta 38 H 5
Atlas *chaîne* 32 C 2
Aubagne 13 M 9
Aube *département n° 10* cartes 8 et 11 N 7
Aube *rivière* 9 G 3
Aubenas 13 KL 6
Aubervilliers 14 FG 6
Aubrac *massif* 9 F 7
Aubrais (Les) 11 K 8
Aubusson 12 H 3
Auch 12 E 8
Auchel 11 O 2
Auckland 31 K 7
Aude *département n° 11* cartes 8 et 12 H 9
Aude *rivière* 12 G 10
Audierne 10 A 7
Audincourt 11 QR 9
Audun-le-Roman 11 P 5
Aue 20 G 8
Augsbourg 17 F 11
Augusta 38 K 2
Aulnay-sous-Bois 14 H 5
Aulne *rivière* 10 C 7
Aumale 11 K 4
Aumont-Aubrac 12 J 6
Aunis *région* 9 C 5 et 12 C 3
Aurangabad 27 O 9
Auray 10 CD 8
Aurich 20 C 4
Aurillac 12 H 5
Auron 13 O 7
Auron *rivière* 11 L 10
Auschwitz 21 F 8
Austin 34 E 6
AUSTRALIE *État* 31 CD 5
Auterive 12 F 8
AUTRICHE *État* 21 CD 11
Autun 11 N 10
Auvergne *région* 9 F 6
Auvers-sur-Oise 14 C 2
Auxerre 11 M 8
Auxi-le-Château 11 KL 3
Auxonne 11 P 9
Auzon-s-Allier 12 J 4
Availles-Limouzine 12 EF 3
Avallon 11 N 9
Aveiro 22 C 4
Avesta 17 L 2
Aveyron *département n° 12* cartes 8 et 12 H 6
Aveyron *rivière* 12 GH 6
Avignon 13 L 7
Avila 22 E 4
Avilés 22 DE 1
Avoine 10 H 9
Avon *rivière* 18 C 6
Avoriaz 19 BC 5
Avranches 10 F 6
Avrillé 10 G 9
Awaz 26 G 5
Axat 10 GH 10
Ax-les-Thermes 12 FG 10
Axoun (Aksum) *ville et anc. capitale préhistorique* 35 P 8
Ay 11 MN 5
Aydin *Ant.* Tralles, *puis* Séleucie-s-le-Méandre, *puis* Césarée 23 M 7 et 25 B 15
Aygues *rivière* 13 M 6
Aylesbury 18 D 7
Ayr 17 C 6
Aytré 12 C 2
Ayvalik 23 L 6
Azay-le-Rideau 10 H 9
AZERBAÏDJAN *État* 25 J 14 et 26 H 3
Azincourt 11 K 2
Azov *mer* 25 E 11
Azov 25 F 11
Azrou 32 D 12
Azul 37 D 14
Azur 12 B 7
Az Zubair 25 J 18

B

Baalbeck *Ant.* Héliopolis 26 C 4
Babol 25 L 15
Babylone *ruines* 25 H 17
Bacabal 39 J 4
Bačau 23 KL 1
Baccarat 11 Q 6
Bacolod 29 H 12
Bactres *auj.* Balkh 27 L 4
Badajoz 22 D 6
Badakchan *région* 27 M 4
Badalona 22 K 3
Bade-Wurtemberg *État (land)* 20 D 12
Baden-Baden 20 CD 11
Bad Godesberg 20 C 8
Bad Hersfeld 20 DE 8
Bad Kissingen 20 E 9
Bad Kreuznach 20 C 9
Bad Mergentheim 20 E 10
Bad Nauheim 20 D 8
Bad Salzuflen 20 D 6
Bad Wildungen 20 D 7
Baeza 22 F 7
Baffin *île et mer* 36 G 3
Bafoussam 34 HJ 10
BAGDAD 25 H 17
Bagnan 27 M 4
Bagnères-de-Bigorre 12 DE 9
Bagnères-de-Luchon 11 EF 10
Bagneux 14 E 8
Bagnoles-de-l'Orne 10 G 7
Bagnols-s-Cèze 13 KL 7
Bagnolet 14 G 7
Baguio 29 GH 10
BAHAMAS *État et îles* 38 JK 7
Bahawalpur 27 N 6
Bahia *État fédéré* 39 K 6
Bahia Blanca 37 C 15
BAHREIN *État et île* 26 H 7
Bahr el Ghazal *rivière et région* 35 M 10
Baia-Mare 23 J 1
Baïkal *lac* 30 F 4
Baïkonour 27 L 1
Bailen 22 F 7
Baile Atha Cliath *voir* Dublin 17 C 7
Bailleul 11 P 1
Bain-de-Bretagne 10 EF 8
BAIRIKI 31 K 1
Baïse *rivière* 12 E 8
Baja 21 G 12
Bakel 34 C 8
Bakhtaran 26 G 5
BAKOU 25 K 14
Balabac 29 F 13
Balachov 24 G 9
Balaton *lac* 21 F 11
Balcik 23 L 3
Bâle *ville et canton* 19 D 1 E 2
Baléares *îles et province* 22 L 5
Bali *île* 29 F 17
Balikpapan 29 G 15
Balingen 20 CD 11
Balkan *chaîne* 16 GH 7
Balkh *Ant.* Bactres *ruines* 27 L 4
Balkhach *lac et ville* 27 N 1
Ballarat 31 F 7
Ballycastle 17 C 6
Baltimore 38 J 4
Baltique *mer* 24 A 6
Baltiysk 21 G 4
Baluchistan *région* 27 KL 6
BAMAKO 34 D 8
Bamberg 20 F 9
Banbury 18 D 7
Bandeira *pic* 37 L 14
Bandirma 23 M 6
Bandjermasin 29 F 16
Bandol 11 M 9
Bandundu 33 C 1

Bandung 29 D 17
Banff 17 D 4
Bangalore 27 O 11
BANGLADESH *État* 27 R 7
BANGKOK 29 B 11
Bangor 17 C 7
BANGUI 35 K 10
Banias 26 B 3
Banias (Syrie) *Ant.* Cesarea Philippi 26 C 5
Banja Luka 23 F 2
BANJUL *anc.* Bathurst 34 B 8
Banks *île* 36 E 2
Banon 13 M 7
Banska Bystrica 21 G 10
Banyuls 12 J 10
Baoding *anc.* Paoting 28 F 5
Baoji 28 D 6
Baotou 28 E 4
Bapaume 11 L 3
Baracaldo (S. Vicente de) 22 F 2
Baranovitchi 21 B 8
BARBADE (BARBADOS) *État et île* 39 J 1
Barbezieux-St-Hilaire 12 D 4
BARBUDA *île* 39 J 1
Barcarès (Port-) 12 J 10
Barcelone 22 K 3
Barcelonnette 13 O 6
Bardonnèche 13 O 5
Barèges 12 D 9
Bareilly 27 P 6
Barentin 10 J 4
Barents *mer* 24 F 1
Barfleur 10 F 4
Bari 23 F 5
Barjols 13 N 8
Bar-le-Duc 11 OP 6
Barletta 23 EF 5
Barneville 10 E 5
Barnsley 18 C 4
Baroda *voir* Vadorada 27 N 8
Barquisimeto 39 C 1
Barr 11 RS 6
Barranquilla 39 B 1
Barre-des-Cévennes 12 J 6
Barreiro 22 B 6
Barrême 13 N 7
Barrow (Alaska) 36 D 1
Barrow in Furness 18 A 3
Bar-s-Aube 10 NO 7
Bar-s-Seine 10 N 7
Basilan 29 H 13
Basildon 18 F 7
Basilicate *région* 23 E 6
Basingstoke 18 CD 8
Basque (Pays) France 9 C 8
Basque (Pays) *ou* Provinces basques Espagne 22 G 2
Bas-Rhin *département n° 67* cartes 8 et 11 S 6
Bassano 19 M 6
Bassée (La) 11 Q 2
Bassein 29 A 10
Basse-Saxe *État (land)* 20 D 5
BASSE-TERRE 36 K 3
Bassorah 25 J 18
Bastelica 13 RS 11
Bastia 13 S 9
Bastide-de-Sérou (La) 12 FG 9
Bastogne 18 K 8
Basutoland, *État, auj.* Lesotho 33 EF 8
Bata 34 H 11
Batangas 29 G 11
Bath 18 B 8
Bathurst (Canada) 38 K 1
Bathurst (Gambie) *voir* Banjul 34 B 8
Baton Rouge 38 F 6
Batoum 25 FG 13
Battambang 29 BC 11
Bauchi 34 H 9
Baud 10 D 8
Baugé 10 GH 9
Bauges (Les) *massif* 9 H 6
Baule (La) 10 D 9
Baume-les-Dames 11 Q 9
Bautzen 20 HJ 7
Baux (Les) 13 L 8
Bavay 11 M 3
Bavière *État (land)* 20 F 10
Bayard *col* 19 A 9
Bayeux 10 G 5
Bayona 22 B 3
Bayonne 12 B 8
Bayreuth 20 F 9
Bazas 12 D 6
Béarn *région* 9 C 8
Beatenberg 19 E 4
Beaucaire 13 KL 7
Beauce *région* 9 E 3
Beauchamp 14 CD 4
Beauchastel *centrale* 13 L 5
Beaufort 11 P 11
Beaujolais *région* 9 G 5
Beaulieu-s-Dordogne 12 G 5
Beaumont (Dordogne) 12 F 5
Beaumont-sur-Oise 14 E 1
Beaumont (États-Unis) 38 F 6
Beaumont-sur-Sarthe 10 H 7
Beaune 10 O 10
Beaune-la-Rolande 11 L 7
Beauvais 11 K 5
Beauvoir-s-Mer 10 E 10
Beauvoir-s-Niort 12 D 2
Bedra 20 E 8
Béchar *anc.* Colomb Béchar 34 F 4
Beckenried-Kl. 19 F 3
Bédarieux 12 J 8
Bedford 18 E 6
Beersheba 26 B 8
Bègles 12 D 5
BEIJING (Pékin) 28 F 4
Beira *auj.* Sofala 33 G 5
Beja (Portugal) 22 C 6
Béja (Tunisie) 23 A 8
Bejaia *anc.* Bougie 34 GH 2
Belem 36 H 4
Belfast 14 C 6
Belfort (Territoire de) *et ville* 11 R 8
BELGIQUE *État* 18 JK 7
Belgorod 25 C 11
BELGRADE (Beograd) 23 G 3
Belin-Béliet 12 C 6
BELIZE *État et ville* 38 G 9
Bellac 12 F 3
Bellagio 19 H 6
Bellary 27 O 10
Belle-Ile *île* 10 C 9
Bellême 10 HJ 7
Belleville 13 L 3
Belley 13 M 3
Bellinzona 19 G 5
Belluno 23 DE 2
BELMOPAN 38 G 8
Belogradelk 23 HJ 4
Belo Horizonte 39 HJ 8
Belomorsk 24 E 3
Beloretsk 24 L 8
Bénarès *voir* Varanasi 27 Q 7
Benavente 22 E 3
Bender-Abbas 25 J 7
Bendigo 31 F 7
Bénévent 23 DE 5
Bengale occidental *État fédéré* 27 R 7, *n° 4*
Benghazi 35 K 4
Bengi *anc.* Penhsi 28 H 4
Benguela 33 B 4
Benguela *golfe* 32 DE 7
Benha 35 Q 2
Beni Abbas 34 F 4
Benicarlo 22 J 4
Benidorm 22 J 6
Béni Hasan *ruines* 35 QR 4
BÉNIN *État* (*anc.* Dahomey) 34 F 9
Bénin (Nigeria) 34 G 10
Beni Suef 35 Q 3
Ben Nevis *mont* 16 CD 3
Bénodet 10 B 8
Benoni 32 H 12
Berbera 32 Q 9
Berbérati 34 J 10
Berchtesgaden 20 GH 12
Berck-Plage 11 K 3
Berenice *ruines* 35 O 6
Berezina *rivière* 24 C 8
Berezniki 24 K 5
Berezovo 24 L 3
Bergama *Ant.* Pergame 25 B 14
Bergame (Italie) 19 HJ 6
Bergen 17 G 2
Bergen op Zoom 18 J 5
Bergerac 12 E 5
Berhampur 27 Q 9
Béring *détroit* 36 C 1
Berkeley 38 A 3
BERLIN 20 GH 5
Bermejo *rivière* 37 J 14
Bermudes *îles* 36 H 8
Bernay 10 J 5
Bernburg 20 F 6
BERNE *ville et canton* 19 D 3
Bernina *mont* 13 J 5
Berre-l'Étang 13 LM 8
Berry *région* 9 E 5
Besançon 11 Q 9
Beskra *anc.* Biskra 34 G 3
Bességes 13 K 6
Bessin *région* 9 D 2
Bessines-s-Gartempe 12 FG 3
Betanzos 22 C 2
Béthanie *site biblique (auj.* El Azarieh) 26 C 7
Bethléem *ville, et site biblique* 26 B 7
Béthune 11 L 2
Béthune *rivière* 10 J 4
Betroka 33 K 6
BEYROUTH 26 B 5
Béziers 12 J 8
Bezons 14 D 5
Bhadravati 27 O 11
Bhagalpur 27 QR 7
Bhatgaon 27 Q 6
Bhatinda 27 N 6
Bhavnagard 27 N 8
Bhopal 27 O 8
BHOUTAN *État* 27 R 6
Bhubaneswar 27 Q 9
Bhuj 27 M 8
Biafra *golfe* 32 D 5
Bialystok 21 J 5
Biarritz 12 B 8
Bidjistan 27 K 5
Bié *voir* Kuito 33 C 4
Bielefeld 20 CD 6
Biella 19 E 7
BIÉLORUSSIE *État* 24 B 8
Bielsko-Biala 21 G 8
Bienne (Biel) 19 D 2
Bièvres *rivière* 14 C 9
Bièvres 14 D 8
Bihac 23 E 3
Bihar 27 Q 7
Bihar *État fédéré* 27 Q 7, *n° 5*
Bijapur 27 O 10
Bikaner 27 N 6
Bikini *île* 6 M 3
Bilaspur 27 PQ 8
Bilbao 22 FG 2
Billings 38 D 2
Bilma 34 J 7
Bingen 20 C 9
Bingerville 34 E 10
Bingham 38 BC 3
Binzert (Bizerte) 23 B 8
Birao 35 L 9
Birdum 31 D 4
Bir Hakeim 35 L 4
Birjand 27 K 5
Birkenhead 18 AB 4
Bîrlad 23 L 2
BIRMANIE *État* 28 AB 9
Birmingham (Roy.-Uni) 18 BC 6
Birmingham (É.-U., Alabama) 38 G 5
Bir Moghrein 34 D 5
Birobidjan 28 JK 2
Biscarosse 12 B 6
Bischwiller 11 S 6
Biskra *auj.* Beskra 34 G 3
Bismark 38 E 2
Bismark *archipel* 31 F 2
Bissau 34 B 8
Bistrița 23 JK 1
Bitche 11 R 5
Bitola 23 H 5
Bitterfeld 20 G 7
Bizerte *auj.* Binzert 23 B 8
Blackburn 18 B 4
Blackpool 18 A 3
Blagoveschtchensk 28 H 1
Blain 8 E 9
Blanc (Le) 12 F 2
Blanche *mer* 23 F 3
Blanc-Mesnil (Le) 14 GH 5
Blangy-s-Bresle 11 K 4
Blankenberge 18 G 5
Blantyre 33 G 4
Blanzy 11 N 10
Blavet *rivière* 10 C 8
Blaye 12 CD 4
Bléneau 11 LM 8
Bléré 10 J 9
Blida *auj.* El Boulaida 22 L 8
Bloemfontein 33 E 8
Blois 10 J 8
Boa Vista 39 E 3
Bobigny 14 GH 6
Bobo-Dioulasso 34 E 9
Bobruisk 24 C 8
Bochum 20 B 1
Bocognano 13 R 11
Bodjnou 25 M 14
Bodø 24 B 1
Bodh *ruines* 27 Q 7
Bodrun *Ant.* Halicarnasse 25 B 15
Boën 13 K 3
Boende 35 KL 12
Bogazkale (Hattusa) *ruines* 25 D 14
BOGOTA 39 B 2
Bohême *région* 21 CD 8
Bois-Colombes 14 E 6
Bois-d'Arcy 14 A 8
Boise 38 B 2
Bois-le-Duc ('s-Hertogenbosch) 18 K 5
Boissy-St-Léger 14 HJ 9
Bokaro 27 Q 7
Bolbec 10 H 4
BOLIVIE *État* 39 D 7
Bollène 13 L 6
Bollnås 17 L 1
Bologne 23 C 3
Boloma 34 B 9
Bolzano 19 M 4
Bombay 27 N 9
Bondoufle 14 F 3
Bondy 14 H 6
Bône *auj.* Annaba 34 H 2
Bonifacio 13 RS 12
Bonin (*ou* Ogasavara) *îles* 7 L 2
Bonn 20 B 8
Bonnat 12 G 2
Bonne Espérance *cap* 32 D 10
Bonnétable 10 H 7
Bonneuil-sur-Marne 14 GH 9
Bonneval 10 J 7
Bonneval-s-Arc 13 O 4
Bonneville 13 N 3
Bor 23 H 3
Borås 17 K 4
Bordeaux 12 D 5
Bordighera 23 A 3
Borgerhout 18 J 6
Borislav 25 A 10
Borisoglebsk 24 FG 9
Borisov 24 C 8
Borlänge 17 L 2
Bormes-les-Mimosas 13 N 9
Bornéeo *voir* Kalimantan *île* 29 EF 15
Bornholm *île* 17 L 6
Borobudur *ruines* 29 DE 17
Borovitchi 24 E 6
Bort-les-Orgues 12 H 4
Boshan 28 G 5
Bosnie-Herzégovine *République fédérée* 23 F 3
Bosphore *détroit* 23 M 5
Boston (Angleterre, Lincolnshire) 18 E 5
Boston (États-Unis) 38 K 3
Botnie *golfe* 24 B 3
Botoșani 23 KL 1
BOTSWANA *État* (*anc.* Betchouanaland) 33 DE 7
Bouaké 34 D 9
Boucau (Le) 12 B 8
Bouchain 11 M 3
Bouches-du-Rhône *département n° 13* cartes 8 et 13 L 8
Bouchir 26 H 6
Bou Craa 34 C 5
Bouffémont 14 E 3
Boug *fleuve* 25 C 11
Bougainville *île* 31 G 2
Bougie *auj.* Bejaia 34 GH 2
Bougouni 34 D 9
Bougourouslan 24 J 8
Bouillon 18 K 8
Boukhara 27 L 3
Boulogne (bois de) 14 DE 7
Boulogne-Billancourt 14 DE 7
Boulogne-s-Mer 11 K 1
Bouloun 30 F 3
Bouna 34 E 9
Bounty *île* 31 K 9
Bourbon-Lancy 11 MN 10
Bourdon-l'Archambault 11 LM 11
Bourbonnais *région* 9 F 5
Bourboule (La) 12 H 4
Boureia *rivière* 30 H 4
Bourem 34 F 7
Bourdeaux 13 LM 6
Bourganeuf 12 G 3
Bourg-de-Péage 13 L 5
Bourg d'Oisans (Le) 13 N 5
Bourg-en-Bresse 13 LM 2
Bourg-Lastic 12 H 4
Bourg (Le) 36 L 3
Bourges 11 L 9
Bourget (Le) aéroport 14 G 5
Bourg-la-Reine 14 E 9
Bourgogne *région* 9 F 4
Bourgogne *ville* 11 N 5
Bourgoin-Jallieu 13 M 4
Bourg-St-Andéol (Le) 13 KL 6
Bourg-St-Maurice 13 O 4
Bourgueil 10 H 9
Bournemouth 18 C 9
Boussac 12 H 2
Boussens 12 F 9
Bousso 35 K 8
Bouvines 11 R 2
Bozel 13 O 4
Bozouls 12 HJ 6
Brabant *province* 18 J 6 *n° 16*
Brabant septentrional *province* 18 H 5 *n° 10*
Bradford 18 C 3
Braga 22 C 3
Bragança 22 D 3
Brăila 23 L 2
Brand 19 J 3
Brandebourg *Etat (land)* 20 G 6
Brando 13 S 9
Brantôme 12 E 4
BRASILIA *ville et district fédéral* 39 H 7
Brașov 23 K 2
Brassac 12 H 8
Brassac-les-Mines 12 J 4
Bratislava 21 EF 10
Bratsk 30 F 4
Braunau 20 GH 11
Braunwald 19 G 3
BRAZZAVILLE 34 J 12
Breda 18 J 5
Bredy 24 LM 8
Bregenz 19 J 2
Bréhal 10 EF 5
Bréhat *île* 10 D 6
Breil-s-Roya 13 P 7
Brême *ville et land* 20 D 5
Bremerhaven 20 D 4
Brenner *col* 19 M 3
BRÉSIL *État* 39 EK 6
Brescia 19 K 7
Breslau *auj.* Wroclaw 21 E 7
Bressanone 19 M 4
Bresse *région* 9 G 5
Bressuire 10 G 10
Brest (Finistère) 10 A 7
Brest (U.R.S.S.) *anc.* Brest Litovsk 21 J 6
Bretagne *région* 9 B 3 - C 4
Breteuil 11 K 4
Brétignolles 10 E 10
Brétigny-sur-Orge 14 EF 13
Breuil-Cervinia 19 D 6
Briançon 13 NO 5
Briansk 24 E 8
Briare 11 L 8
Bridgwater 19 B 8
Bridlington 19 E 3
Brie *région* 9 F 3
Brie-Comte-Robert 14 K 11
Brienne-le-Château 11 N 7
Brienz 19 E 3
Briey 10 P 5
Brighton 18 E 9
Brignogan 10 B 6
Brignoles 13 N 8
Brigue (Brig) 19 E 5
Brindisi 23 FG 6
Brionne 10 H 5
Brioude 12 J 4
Briquebec 10 E 5
Brisbane 31 G 5
Bristol 18 B 8
Brive-la-Gaillarde 12 G 5
Brno 21 E 9
Brod (Slavonski Brod) 23 F 3
Broglie 10 H 6
Broken Hill 31 E 6
Brommat *centrale* 12 H 5
Bron 13 L 3
Brouage 12 C 3
Brownsville 38 E 7
Bruay-en-Artois 11 L 2
Bruay-s-l'Escaut 11 S 3
Bruges (Brugge) 18 GH 6
Brugg 19 F 1
Brumath 13 S 6
BRUNEI 29 F 14
Brunnen 19 G 3
Brunoy 14 H 11
Brunswick (Braunschweig) 20 E 6
BRUXELLES (Brüssel) 18 J 6
Bry-sur-Marne 14 H 7
Bubastis *ruines* 35 R 2
Bucaramanga 39 BC 2
BUCAREST (București) 23 K 3
Buchana 31 C 11
Buchenwald (*camp concentration*) 20 F 7
Buchholz 20 E 4
Buckingham 18 D 7
BUDAPEST 21 G 11
Buenaventura 39 A 3
BUENOS AIRES 37 CD 14
Buffalo 38 J 3
Bugue (La) 12 EF 5
Buis-les-Baronnies 13 M 6
BUJUMBURA 35 M 12
Bukama 33 E 3
Bukavu 33 F 1
Bulawayo 33 E 5
BULGARIE *État* 23 K 4
Bumba 35 L 11
Bures-sur-Yvette 14 C 10
Burg 20 F 6
Burgan 26 G 6
Burgas 23 L 4
Burgenland 21 E 11
Burghausen 20 G 12
Burgos 22 F 3
Burhanpur 27 O 8
BURKINA FASO *État* 34 EF 8
Bursa *anc.* Brousse 25 B 14
Burton upon Trent 18 C 5
BURUNDI *État* 25 MN 12
Bussang 11 QR 8
Bussum 18 K 4
Butembo 35 M 11
Butte 38 C 2
Butuan 29 J 12
Buxtehude 20 DE 4
Buxton 18 C 4
Buxy 11 O 10
Buzău 23 L 2
Byblos *ruines* 26 B 4
Bydgoszcz *anc.* Bromberg 21 F 5
Bytom 21 F 8
Byzance *nom antique de* Constantinople, *auj.* Istanbul 25 B 3

C

Cabarret 12 D 7
Cabimas 39 C 1
Cabinda 34 H 12
Cabourg 10 H 5
Čačak 23 G 3
Cacérès 22 D 5
Cachan 14 F 9
Cachoeira 39 JK 9
Cadarache 13 MN 8
Cadix 22 D 8
Caen 10 G 5
Cagliari 23 AB 6
Cahors 12 F 6
Caire (Le) 33 C 9
Cairns 31 F 4
Cajamarca 39 AB 5
Cajarc 12 G 6
Calabar 34 H 10
Calabre *région* 23 EF 7
Calahorra 22 G 3
Calais 11 K 1
Calatayud 22 H 3
Calbayog 29 J 12
Calbe 20 F 6
Calcutta 27 R 8
Calenzana 13 R 10
Calgary 38 C 1
Cali 39 B 3
Calicut (Kozhikode) 27 NO 11
Californie *presqu'île* 36 C 8
Californie (États-Unis) *État fédéré* 38 A 4
Callao 39 AB 6
Caltanissetta 23 D 8
Caluire-et-Cuire 13 L 3
Calvados *département n° 14* cartes 8 et 10 G 6
Calvi 13 R 10
Calvinia 33 CD 8
Camagüey 38 J 8
Camarès 12 H 7
Camaret 10 A 7
Camargue *région* 9 G 8
Cambo 12 B 8
CAMBODGE *État* 29 C 11
Camborne 10 A 3
Cambrai 11 LM 3
Cambridge 18 EF 6
CAMEROUN *État* 34 HJ 10
Cameroun *mont* 32 E 5
Campanias 39 H 9
Campanie *région* 23 E 6
Campeche *État fédéré* 38 FG 8
Campile 13 S 10
Campina Grande 39 KL 5
Campine *région* 18 J 6
Campobasso 23 DE 5
Campos 39 K 8
Campo Grande 39 G 8
Cana *site biblique* 26 B 6
CANADA *État* 36 DG 5
Canakkale 23 L 6
Cananea 38 BC 5
Canaries *île et province* 22 L 9
Canaveral *cap* 38 J 6
CANBERRA 31 G 7
Cancale 10 E 6
Cancun 38 GH 8
Candé 10 F 9
Candie (Iraklion ou Héracleion) 23 L 9
Canet-Plage 12 J 10
Canfranc 12 C 10
Canigou *mont* 9 EF 9
Çankiri 25 D 14
Cannes 13 O 8
Cannet (Le) 13 O 8
Cannock 18 BC 5
Canossa 19 K 9
Cantabrie *province* 22 F 2
Cantal *département n° 15* cartes 8 et 12 H 5
Cantal *massif* 9 F 6
Canterbury 10 J 1
Can Tho 29 C 12
Canton *auj.* Guangzhou 28 EF 9
Canton 38 H 3
Cany-Barville 10 J 4
Canyonlands *parc naturel* 38 C 4
Cap (Le) 33 C 9
Cap (province du) 33 D 8
Capbreton 12 B 8
Cap Breton (île du) 36 HJ 4
Cape Coast 34 E 10
Capdenac 12 G 6
Capestang 12 HJ 8
Capesterre 36 L 2
Cap-Ferret 12 B 6
Capharnaüm *site biblique* 26 B 6
Cap Kennedy 38 J 6
Capoue 23 D 5
Cappadoce *région* 25 DE 14

Capri *île* 23 D 6
Cap York *péninsule* 31 E 3
Captieux 12 D 6
CAP VERT *État* 32 A 4
Caquetá *rivière, cours supérieur du* Japura 37 G 11
CARACAS 39 D 1
Caracul 23 J 3
Caraïbes *mer* 38 KL 9
Caraman 12 G 8
Caravaca 22 GH 6
Caravelas 39 K 8
Carbet (Le) 36 K 5
Carbonne 12 F 8
Carcans-Plage 12 BC 5
Carcassonne 12 H 9
Cardiff 18 A 8
Carélie *Rép. autonome* 24 E 4
Carentan 10 F 5
Cargèse 13 QR 11
Carhaix-Plouguer 10 C 7
Carignan 11 O 4
Carinthie (Kärnten) *État fédéré* 21 C 11
Carling 11 Q 5
Carlisle 18 B 1
Carlitte *massif* 9 E 9
Carlitte *mont* 12 G 10
Carlsbad 38 D 5
Carmaux 12 H 7
Carmona 22 E 7
Carnac 10 C 8
Carnarvon 31 A 6
Carnelle (forêt de) 14 EF 1
Carnon-Plage 13 K 8
Carnot 34 J 10
Carolina 39 HJ 5
Caroline du Nord *État fédéré* 38 J 4 et J 5
Caroline du Sud *État fédéré* 38 HJ 5
Carolines *îles* 7 L 3
Carpassia *ruines* 26 A 3
Carpates *chaîne* 16 D 4
Carpentarie *golfe* 31 E 3
Carpentras 13 LM 7
Carpi 19 L 9
Carrare 23 B 3
Carrières-sur-Seine 14 C 6
Carrières-sous-Poissy 14 A 5
Carson City 38 B 3
Cartagena 39 B 1
Carteret 10 E 5
Carthage *ruines* 23 B 8
Carthagène (Cartagena) 22 H 7
Caruaru 39 L 6
Casablanca *auj.* Dar el Beida 32 AB 11
Casale Monferrato 19 EF 8
Cascades *chaîne* 36 C 5
Cascades (North) *parc naturel* 38 B 1
Case Pilote 36 KL 5
Caserta 23 DE 5
Cashel 17 B 8
Casper 38 D 3
Caspienne *mer* 25 K 13
Cassel (Kassel) 20 DE 7
Cassino 23 D 5
Cassiquiare *(bras de l'Orénoque qui fait communiquer celui-ci avec l'Amazone)* 37 H 11
Cassis 13 M 9
Casteljaloux 12 D 6
Castellane 13 O 7
Castellón de la Plana 22 J 5
Castelnaudary 12 G 8
Castelnau-Montratier 12 F 6
Castelo Branco 22 CD 5
Castelsardo 23 AB 5
Castelsarrasin 12 EF 7
Castets 13 BC 7
Castille et Léon *province* 22 DE 3
Castille la Mancha *province* 22 F 5
Castillon-en-Couserans 12 F 9
Castillonnès 12 EF 6
Castres 12 H 8
Castries 13 K 8
Çatal Höyük *gisement préhistorique* 25 CD 15
Catalogne *province* 22 K 3
Catamarca 37 B 12
Catane 23 E 8
Catanzaro 23 F 7
Cateau (Le) 11 M 3
Caucase *chaîne* 16 KL 6
Caudéran 12 CD 5
Cauro 13 R 11
Caussade 12 FG 7
Causses *région* 9 F 7
Cauterets 12 D 9
Caux (Pays de) *région* 9 D 2
Cavaillon 13 LM 7
Cavalaire-s-Mer 13 O 9
Caxias 39 J 4
Caxias do Sul 39 LM 2
Caxito 33 B 3
CAYENNE 36 M 7
Caylar (Le) 12 J 7
Caylus 12 G 7
Cayman *îles* 38 J 8
Cazaubon 12 D 7
Cazombo 33 D 4
Ceará *État fédéré* 39 K 5
Cebu *île* 29 HJ 12
Cedar Rapids 38 F 3
Ceduna 31 D 6
Cefalù 23 D 7
Cegled 21 G 11
Celanova 22 C 3
Célèbes *îles auj.* Sulawesi 29 GH 15
Célèbes *mer* 29 GH 14
Celerina 19 HJ 4
Celje 23 E 2
Celle 20 E 5
Celle-St-Cloud (La) 14 C 7
Ceneri *mont* 19 G 5
CENTRAFRIQUE *État* 35 KL 10
Céphalonie (Kephalinia) *île* 23 G 7
Ceram *île* 29 K 16
Cerbère 12 J 10
Cercy-la-Tour 12 J 1
Cère *rivière* 12 G 5
Céret 10 H 10
Cergy 14 B 3
Cergy-Pontoise 14 BC 3
Cérilly 12 J 1
Cerisay 10 FG 10
Cernay 11 R 8
Cerro de Pasco 39 B 6
Cervin *mont* 19 D 6
Cervinia *voir* Breuil 19 D 6
Cervione 13 S 10
Ceské Budejovice *anc.* Budweis 20 HJ 10
Cesky Krumlov 20 HJ 10
Cesson 14 JK 13
Cetinje 23 G 4
Ceuta 34 EF 2
Cévennes *massif* 9 F 7
Ceylan *auj.* Sri Lanka *État* 27 P 12
Chablis 11 N 8
Chagny 11 O 10
Chagos *îles* 7 J 4
Châhpour 25 H 15
Châhpour *ruines* 25 L 18
Chahreza 25 L 17
Châhroud 26 J 4
Chaidempendu *région* 28 AB 5
Chaise-Dieu (La) 12 J 4
Chaitk Othman 26 F 11
Chakhty 25 F 11
Chakra 26 G 7
Châlais 12 DE 4
Chalamont 13 L 3
Chalcis *auj.* Kalkis 23 J 7
Chalindrey 11 P 8
Challans 10 E 10
Chalonnes-sur-Loire 10 G 9
Chalon-s-Saône 11 O 10
Châlons-s-Marne 11 MN 5
Châlus 12 F 4
Cham 20 G 10
Chaman 27 L 6
Chambéry 13 MN 4
Chambeyron *mont* 19 C 9
Chambon-Feugerolles (Le) 13 K 4
Chambon-s-Voueize 12 H 2
Chambord 11 K 9
Chambourcy 14 A 6
Chamonix 19 C 6
Champagne *région* 9 F 3
Champagne-sur-Oise 14 DE 1
Champagnole 11 PQ 10
Champaubert 11 N 6
Champéry 19 C 5
Champex 19 CD 6
Champigny-sur-Marne 14 HJ 8
Champlitte 11 P 8
Champs-sur-Marne 14 J 7
Chamrousse 19 A 8
Chandigarth 27 O 6
Changchun 28 H 3
Changde 28 G 4
Changdu 28 B 6
Chengde 28 E 7
Chànghaï *voir* Shanghai 28 GH 7
Chang Jiang *fleuve* 28 B 6
Changzhi 28 E 5
Chansi *province voir* Shenxi 28 D 6
Chan Si *province voir* Shanxi 28 E 5
Chantilly 11 KL 5
Chantonnay 10 FG 10
Chan Toung *province voir* Shandong 28 G 5
Chaource 11 N 7
Chapelle d'Angillon (La) 11 L 9
Chapelle-en-Vercors (La) 13 M 5
Chardja 26 J 7
Charente *département n° 16* cartes 8 et 12 E 4
Charente *fleuve* 12 D 3
Charente-Maritime *département n° 17* cartes 8 et 12 C 3
Charenton-le-Pont 14 G 8
Chari *fleuve* 35 K 9
Charikar 27 M 4
Charité-s-Loire (La) 11 L 9
Charleroi 18 J 8
Charleston (É.-U., Caroline Sud) 38 J 5
Charleston (É.-U., Virginie occid.) 38 H 4
Charleville 31 F 5
Charleville-Mézières 11 N 4
Charlieu 13 K 3
Charlotte 38 J 5
Charm el Cheik 26 C 11
Charmes 11 Q 7
Charny 11 M 8
Charolles 13 K 2
Charroux 13 E 3
Chartres 11 K 7
Chasseral *mont* 19 C 2
Chasseron *mont* 19 BC 3
Chastang *centrale* 12 GH 5
Châtaigneraie (La) 10 F 10
Château-Arnoux 13 N 7
Châteaubriant 10 F 8
Château-Chinon 11 N 10
Château d'If 13 M 8
Château d'Oex 19 C 4
Château d' Oléron (Le) 12 BC 3
Château-du-Loir 10 HJ 8
Châteaudun 10 J 7
Châteaufort 14 B 10
Château-Gontier 10 FG 8
Château-Lafite 12 CD 4
Château-Landon 11 L 7
Châteaulin 10 B 7
Château-Margaux 12 C 5
Châteaumeillant 12 H 2
Châteauneuf-du-Faou 10 BC 7
Châteauneuf-du-Pape 13 L 7
Châteauneuf-en-Thymerais 10 J 6
Châteauneuf-la-Forêt 12 G 4
Châteauneuf-s-Cher 11 K 10
Châteauneuf-sur-Sarthe 10 G 8
Châteauponsac 12 FG 2
Châteaurenard (Loiret) 11 LM 8
Châteaurenard (Bouches-du-Rhône) 13 KL 7
Château-Renault 10 HJ 9
Châteauroux 11 K 10
Château-Salins 11 Q 6
Château-Thierry 11 M 5
Châteauvillain 11 O 7
Châtel (Super-) 19 BC 5
Châtelaillon 12 BC 3
Châteldon 12 J 3
Châtelguyon 12 J 3
Châtelet (Le) 11 K 10
Châtellerault 10 HJ 10
Châtenay-Malabry 14 DE 9
Chatham 18 F 8
Chatham *île* 31 K 9
Châtillon 14 E 8
Châtillon-s-Chalaronne 13 L 2
Châtillon-s-Indre 10 J 10
Châtillon-s-Loire 11 L 9
Châtillon-s-Seine 11 O 8
Chatou 14 C 6
Chatre (La) 11 K 11
Chattanooga 38 G 5
Chaudes-Aigues 12 HJ 5
Chauffailles 13 K 2
Chaumont 11 OP 7
Chaumontel 14 GH 1
Chaumont-en-Vexin 11 K 5
Chaumont-s-Loire 10 J 9
Chauny 11 LM 4
Chausey *îles* 10 E 6
Chaussin 13 M 1
Chauvigny 10 J 11
Chaux-de-Fonds (La) 19 BC 3
Chaves 22 C 3
Chaville 14 C 8
Chazelles-sur-Lyon 13 K 4
Chebelli *fleuve* 35 G 10
Chef-Boutonne 12 D 3
Che Kia Tchang *voir* Shijiazhuan 28 F 5
Chelles 14 J 7
Chelm 21 J 7
Chelmno 21 F 5
Chelmsford 18 F 7
Cheltenham 18 C 7
Chemillé 10 FG 9
Chemnitz *anc.* Karl-Marx-Stadt 20 GH 8
Chengdu *anc.* Tcheng Tou 28 C 7
Chennevières-sur-Marne 14 J 8
Chenonceaux 10 J 9
Chenove 11 O 9
Cher *département n° 18* cartes 8 et 11 L 10
Cher *rivière* 9 EF 5
Cherbourg 10 EF 4
Cherchell 22 KL 8
Cherrapunji 27 RS 7
Chesapeake *baie* 36 G 7
Chesnay (Le) 14 BC 8
Chester 18 B 5
Chesterfield 18 CD 4
Chesterfield *îles* 31 H 4
Cheverny 11 K 9
Chevilly-Larue 14 F 9
Chevreuse 14 AB 10
Chevreuse (vallée de) 14 C 10
Chevtchenko 25 K 12
Cheyenne 38 D 3
Cheylard (Le) 13 K 5
Chiangmai 29 B 10
Chiapas 38 F 9
Chiavari 13 RS 6
Chicago 38 G 3
Chichen Itza *site archéologique* 38 G 8
Chichester 18 D 9
Chiclayo 39 A 5
Chicoutimi 38 JK 1
Chiemsee *lac* 20 G 12
Chigasé (Xigazé) 27 QR 6
Chihuahua *État fédéré* 38 C 6
CHILI *État* 37 A 13 et 39 C 8
Chilka *rivière* 28 G 1
Chillan 37 AB 14
Chilly-Mazarin 14 EF 10
Chiloé *île* 37 A 16
Chimay 18 J 8
Chimborazo *volcan* 37 F 11
Chimbote 39 A 6
Chinde 33 GH 5
CHINE *État* 28 CG 6
Chingola 33 E 4
Chinguetti 34 C 6
Chinon 10 H 9
Chio *île* 23 L 7
Chipata 33 FG 4
Chippenham 18 C 8
Chiraz 26 HJ 6
CHISINAU *anc.* Kichinev 25 C 11
Chitral 27 N 4
Chittagong 27 S 8
Chodziez 21 EF 5
Choiseul *île* 31 H 2
Choisy-le-Roi 14 G 9
Cholet 10 FG 10
Chollyo *mont* 30 E 12
Chomolhari *mont* 30 HJ 12
Chŏngju 28 J 5
Chongqing *anc.* Tchoug King 28 D 7
Chonos *archipel* 37 A 16
Chooz 11 O 3
Chorzow 21 FG 8
Christchurch 31 J 8
Christmas *île* 29 C 18
Chtcherbakov *voir* Rybinsk 24 F 6
Chumiunlo *mont* 30 H 12
Chunya 33 G 3
Chuquicamata 37 AB 11
Churchill 36 EF 4
CHYPRE *État et île* 25 C 16
Cienfuegos 38 H 7
Cieza 22 H 6
Cilaos 33 LI 1
Cimpina 23 K 2
Cimpulung 23 K 2
Cinca *rivière* 22 J 3
Cincinnati 38 H 4
Cinto *mont* 9 J 8
Ciotat (La) 13 M 9
Circle 36 D 2
Cirencester 18 C 7
Cirey-s-Venouze 11 R 6
Citeaux *abbaye* 11 O 9
Citlaltepetl *volcan* 36 D 9
Ciudad Bolivar 39 DE 2
Ciudadela 22 L 4
Ciudad Guayana 39 E 2
Ciudad Real 22 F 6
Ciudad Rodrigo 22 D 4
Civitavecchia 23 C 5
Civray 12 E 2
Clairvaux *abbaye* 11 O 7
Clairvaux-les-Lacs 11 PQ 10
Clamart 14 DE 8
Clamecy 11 M 9
Claros *ruines* 23 LM 7
Claye-Souilly 14 K 5
Clayette (La) 13 K 2
Clermont-en-Argonne 11 OP 5
Clermont-Ferrand 12 J 3
Clermont-l'Hérault 12 J 8
Clerval 12 Q 9
Clervaux 18 L 8
Cleveland 38 H 3
Clèves (Kleve) 20 B 6
Clichy 14 E 6
Clichy-sous-Bois 14 J 6
Clifton 38 K 3
Climax 38 D 3
Clisson 10 F 10
Cloncurry 31 E 4
Cluj 23 J 1
Cluny 13 L 2
Clusaz (La) 19 B 6
Cluses 13 N 3
Cnide *ruines* 23 M 8
Cnossos *ruines* 23 KL 9
Coahuila *État fédéré* 38 D 6
Coast Range *chaîne* 36 C 5
Cobalt 38 H 2
Cobar 31 F 6
Coblence (Koblenz) 20 C 8
Coburg 20 F 9
Cochabamba 39 D 7
Cochem 20 B 9
Cochin 27 O 12
Cochrane 38 H 1
Cocos *îles* 29 A 18
Cocuy *mont* 37 G 11
Cod *cap* 36 H 7
Coëtquidan 10 E 8
Coevorden 18 L 3
Cognac 12 D 3
Coimbatore 27 O 11
Coimbra 22 C 4
Cointrin 19 A 5
Coire (Chur) 19 H 3
Colima *État fédéré* 38 C 8
Collie 21 B 7
Collioure 10 J 10
Colmar 11 RS 7
Colmars 13 O 7
Cologne (Köln) 20 A 3
Colombes 14 DE 6
Colombey-les-Deux-Églises 11 O 7
COLOMBIE *État* 39 BC 3
Colombie *province* 36 D 4
COLOMBO 27 P 12
Colón 39 A 1
Colophon *ruines* 23 L 7
Colorado *État fédéré* 38 D 4
Colorado *fleuve* (Argentine) 37 C 15
Colorado *fleuve* (Texas) 38 E 5
Colorado Springs 38 D 4
Columbia *fleuve* 36 D 5
Columbia (É.-U., Caroline Sud) 38 H 5
Columbia (district of) 38 J 4 *n° 9*
Columbus (États-Unis, Georgie) 38 H 5
Columbus (États-Unis, Ohio) 38 H 4
Combourg 10 E 7
Combs-la-Ville 14 J 11
Côme 19 G 6
Côme *lac* 19 H 6
Comines 11 Q 1
Commercy 11 P 6
Communauté Economique Européenne (C.E.E.) *voir texte page 2*
Communauté d'États Indépendants (C.E.I.) *(voir texte page 2)*
Communist *mont* 30 DE 6
Comodoro Rivadavia 37 C 16
COMORES *État et archipel* 33 JK 3
Compiègne 11 L 5
CONAKRY 34 B 9
Concarneau 10 BC 8
Concepción (Chili) 37 A 14
Concepción (Paraguay) 39 F 8
Conches-en-Ouche 10 J 6
Concord 38 K 2
Condat 12 HJ 4
Condé-s-l'Escaut 11 S 3
Condé-sur-Noireau 10 G 6
Condom 12 E 7
Conflans-Ste Honorine 14 B 4
Confolens 12 E 3
CONGO *État* 34 J 12
Coni (Cuneo) 23 A 3
Connecticut *État fédéré* 38 J 3 *n° 4*
Conques (Aveyron) 12 H 6
Conques-s-Orbeil 12 GH 9
Conquet (Le) 10 A 7
Constance 20 D 12
Constanța 23 L 3
Constantine *auj.* Qacentina 34 H 3
Constantinople *auj.* Istanbul 25 B 13
Constitución 37 CD 13
Contamines (Les) 19 BC 6
Contes 13 P 7
Contrexeville 11 P 7
Conway 18 A 4
Cook *îles* 6 A 4
Cook *mont* 31 J 8
Cooktown 31 F 3
Coolgardie 31 B 6
COPENHAGUE 17 K 5
Copiapo 37 A 12
Coppermine 36 E 3
Coquilhatville *voir* Mbandaka 35 K 11
Coquimbo 37 D 13
Corail *mer* 31 GH 3
Corbeil-Essonnes 14 G 13
Corbie 11 L 4
Corbigny 11 MN 9
Corby 18 D 6
Córdoba 37 C 13
Cordoba *serra* 37 H 15
Cordoue (Cordoba, Espagne) 22 E 7
CORÉE NORD *État* 28 J 4
CORÉE SUD *État* 28 J 5
Corfou (Kerkyra) 23 C 6
Coria 22 D 5
Corinthe 23 J 7
Cork 17 A 8
Çorbu 23 M 5
Cormeilles-en-Parisis 14 D 4
Cornouaille *région* 11 A 1
Cornus 12 J 7
Corogne (La) [La Coruña] 22 C 1
Corpus Christi 38 E 6
Corrèze *département n° 19* cartes 8 et 12 G 4
Corrèze *rivière* 12 G 4
Corrientes *cap* 36 C 9
Corrientes 37 D 12
Corrientes *province* 37 D 13
Corse *cap* 13 S 9
Corse *île* 13 R 9
Corse du Sud *départ. n° 2 A* cartes 8 et 13 R 11
Corse (Haute) *dép. n° 2B* carte 8 et 13 R 10
Corte 13 S 10
Cortemaggiore 19 J 8
Cortina d'Ampezzo 23 CD 1
Corumba 39 F 8
Corvo *île* 22 A 8
Cosenza 23 EF 7
Cosmoledo *îles* 32 J 7
Cosne-Cours-s-Loire 11 LM 9
Cossé-le-Vivien 10 G 8
Costa Blanca 22 H 7
Costa Brava 22 KL 3
Costa del Azahar 22 JK 5
Costa de la Luz 22 C 7
Costa del Sol 22 F 8
Costa Dorada 22 K 4
COSTA RICA *État* 37 E 10
Costa Verde 22 E 1
CÔTE-D'IVOIRE *État* 34 DE 10
Côte-d'Or *département n° 21* cartes 8 et 11 O 8
Côte d'Or *région* 9 G 4
Cotentin *région* 9 C 2
Côtes-d'Armor *département n° 22* 8 et 10 D 6
Côtières *montagnes* 36 C 4
Cotonou 34 F 10
Cotopaxi *volcan* 37 F 11
Cottbus 20 H 6
Couches 11 NO 10
Coucy-le-Château 11 M 4
Coudekerque 11 L 1
Couëron 10 E 9
Couesnon *rivière* 10 F 7
Couhé 12 E 2
Couiza 12 H 9
Coulommiers 11 M 6
Coulon *rivière* 13 M 7
Coulognes-s-l'Autize 12 D 2
Courbevoie 14 D 6
Courchevel 19 BC 7
Courcouronnes 14 FG 12
Courmayeur 19 C 6
Courneuve (La) 14 FG 5
Courrières 11 Q 3
Courseulles 10 G 5
Courtenay 10 M 8
Courtine-le-Trucq (La) 13 H 3
Courtrai (Kortrijk) 18 GH 6
Coutances 10 FG 5
Coutras 12 D 5
Couvin 18 J 8
Coventry 18 C 6
Cowes 10 F 2
Coye (forêt de) 14 H 1
Cracovie (Kraków) 21 G 8
Craiova 23 J 3
Crans-Montana 19 D 5
Craonne 11 MN 5
Craponne-s-Arzon 13 K 4
Crau *région* 9 G 8
Crawley 18 E 8
Crécy-en-Ponthieu 11 K 3
Creil 11 L 5
Crémone 19 J 8
Crépy-en-Valois 11 L 5
Cres *île* 23 D 3
Crest 13 L 5
Crêt de la Neige *mont* 9 GH 5
Crète (Kriti) *île* 23 K 9
Créteil 14 G 9
Creuss *cap* 9 F 9
Creuse *département n° 23* cartes 8 et 12 G 2

Creuse *rivière* 12 G 3
Creusot (Le) 11 N 10
Crewe 18 B 5
Creys-Malville 13 M 3
Crikvenica 23 E 3
Crimée *région* 16 J 6
CROATIE *État* 23 F 2
Croisic (Le) 10 D 9
Croissy-Beaubourg 14 K 8
Croix-de-Vie *voir* Saint-Gilles 10 E 10
Croix-Haute *col* 19 A 9
Crotone 23 E 7
Crotoy (Le) 11 K 3
Crouzille (La) 12 FG 3
Croydon 18 E 8
Crozet *îles* 7 H 5
Crozon 10 B 7
Ctésiphon *ruines* 25 H 17
CUBA *État et île* 38 J 7
Cubango *rivière* 33 C 4
Cúcuta 39 C 2
Cuddalore 27 P 11
Cuenca (Espagne) 22 G 5
Cuenca (Equateur) 39 A 4
Cuernavaca 38 D 8
Cuers 13 N 8
Cuiabá 39 F 7
Cuiseaux 13 M 2
Cuisery 11 O 11
Culiacán 38 C 7
Cullinan 32 H 10
Culoz 13 M 3
Cumana 39 E 1
Cumbre *col* 37 H 15
Cunene *fleuve* 33 B 5
Cunnamulla 21 F 5
Curaçao *île* 38 M 9
Curico 37 A 14
Curitiba 39 H 9
Curtis *île* 31 L 7
Cusset 12 J 3
Cuttack 27 QR 8
Cuxhaven 20 D 4
Cuzco 36 C 6
Cyclades *archipel* 23 K 8
Cyrénaïque *région* 35 KL 4
Cyrène *ruines* 35 L 3
Cysoing 11 R 2
Cythère *île* 23 J 9
Cyzique *ruines* 23 LM 6
Częstochowa 21 G 7

D

DACCA 27 R 7
Dachau (*camp concentration*) 20 F 11
Dadou *rivière* 12 G 8
Dagenham 18 E 7
Dahana *région* 26 G 7
Dahlak *îles* 26 E 9
DAKAR 34 B 8
Dakla (Égypte) 35 M 5
Dakhla *anc.* Villa Cisneros 34 B 5
Dakoka (Nord) *État fédéré* 38 E 2
Dakota (Sud) *État fédéré* 38 E 3
Dalälven *fleuve* 17 L 2
Dalat 29 D 12
Dalien (Daïren) 28 GH 5
Dallas 38 EF 5
Daloa 34 D 10
Damanhur 35 Q 1
Damar *île* 29 K 17
DAMAS 25 E 17
Dâmghân 25 LM 15
Damiette *auj.* Dumyat 35 R 1
Damman 26 GH 7
Dammartin-en-Goële 11 L 5 et 14 K 2
Damodar *fleuve* 27 Q 7
Dampier 31 AB 5
Dan *gisement* 17 G 6
Da Nang (Tourane) 29 D 10
DANEMARK *État* 21 AB
Danzig *auj.* Gdansk 21 F 4
Danube *fleuve* 16 E 6
Daphni 23 JK 6
Darbhanga 27 Q 7
Dardanelles *détroit* 23 KL 6
Dar el-Beida (Casablanca) 34 D 3
DAR ES-SALAAM 33 J 2
Darfour *massif* 32 F 4
Darjeeling 27 R 6
Darlington 18 C 2
Darmstadt 20 D 9
Darnah 35 L 3
Daroca 22 H 4
Dartmoor *mont* 9 B 1
Daru 31 E 2
Darwin 31 D 3
Daugavpils 24 C 7
Dauphiné *région* 9 GH 6
Davenport 38 FG 3
Davos 19 J 3
Dawson 36 D 2
Dax 12 C 7
Dayton 38 H 4
De Aar 33 DE 8
Deauville 10 H 5
Deblin 21 H 7
Debras Markos 35 O 9
Debrecen 21 H 10
Decani 23 G 5
Decazeville 12 H 6
Děčin *anc.* Tetschen 20 HJ 8
Decize 11 M 10
Dédougou 34 E 8
Défense *quartier de la* 14 D 6
Deggendorf 20 GH 11
Dehra Dun 27 O 6
Deir ez Zor 25 F 16
Dej 23 J 1
Dekkan *plateau* 30 D 8
Dekesse 33 D 1
Delaware *baie* 36 G 7
Delaware *État fédéré* 38 J 4 *n° 7*
Delémont 19 D 2
Delft 18 J 4
Delfzil 18 LM 2
Delhi 27 O 6
Delle 11 R 8
Dellys 22 M 8
Delmenhorst 20 CD 5
Délos *île* 23 KL 8
Delphes *ruines* 23 J 7
Demavend *mont* 16 M 7
Demmin 20 G 3
Denain 11 M 3
Dendérah *ruines* 35 R 6
Den Haag *voir* La Haye 18 HJ 4
Denia 22 J 6
Denizli 25 B 15
Dent du Midi *mont* 19 C 5
Denver 38 D 3
Derbent 25 J 13
Derby (Angleterre) 18 C 5
Derby (Australie) 31 B 4
Derry (Londonderry) 17 BC 6
Deseado 37 C 17
Des Moines 38 F 3
Desna *rivière* 24 D 9
Dessau 20 G 6
Dessie 35 P 9
Desvres 11 K 2
Detmold 20 D 6
Detroit 38 H 3
Deule *rivière* 11 Q 3
Deurne 18 J 6
Deux-Ponts (Zweibrücken) 20 B 10
Deux-Sèvres *département n° 79* cartes 8 et 12 D 1
Deva 23 J 2
Devanagere 27 O 10
Deventer 18 L 4
Devon *île* 36 F 2
Dhamar 26 F 10
Dhaolgiri *mont* 30 A 11
Dharwar 27 O 10
Dhofar *région* 26 HJ 10
Dhulia 27 O 9
Diable (*île du*) 36 M 7
Diablerets *mont* 19 D 5
Diamant (Le) 36 L 5
Diamantina 36 J 8
Didymes *ruines* 23 M 7
Die 13 M 5
Diego Garcia *île* 7 J 4
Diego Suarez *auj.* Antsiranane 33 L 4
Diekirch 18 L 8
Dien Bien Phu 28 C 9
Diepholz 20 D 5
Dieppe 10 J 4
Diest 18 K 6
Dieulefit 13 LM 6
Dieuze 11 QR 6
Differdange 18 KL 9
Digne 13 N 7
Digoin 13 K 2
Dijon 11 O 9
Dikwa 34 J 8
Dila 35 P 10
Dilaram 27 L 5
Dili 29 J 17
Dillingen 20 E 11
Dilolo 33 D 3
Dimbokro 34 DE 11
Dinan 10 E 7
Dinant 18 JK 8
Dinard 10 E 6
Dindigul 27 O 12
Dingwall 17 C 4
Dinkelsbühl 20 E 10
Dire Daoua 35 PQ 9
Disko *île* 36 GH 3
Dissentis-Muster 19 G 4
Diu 27 N 9
Dives *rivière* 12 H 6
Divonne-les-Bains 13 N 2
Divrigit 25 EF 14
Dixmude 16 G 6
Diyala *rivière* 25 H 16
Diyarbakir 25 F 15
Dizful 26 H 5
Djado 34 J 6
DJAKARTA 29 D 16
Djalal Abad 27 N 3
Djambala 34 J 12
Djambi *voir* Telanaipura 29 BC 15
Djamboul 27 M 2
Djebaïl 26 B 4
Djeddah 26 E 8
Djenné 34 E 8
Djerba *île et ville* 34 J 3
Djerissa 23 A 9
Djézira *région* 35 N 8
Djezkazgan 27 M 1
DJIBOUTI *État et ville* 35 P 9
Djof 26 E 6
Djolfa 25 L 17
Djourab *région* 32 E 3
Djourbel 34 B 8
Dniepr *fleuve* 24 D 8
Dnieprodzerjinsk 25 D 10
Dniepropetrovsk 25 E 10
Dniestr *fleuve* 16 G 6
Döbeln 20 G 7
Dobsina 21 G 9
Dodécanèse *archipel* 23 L 8
Dodoma 33 G 2
Dodone *ruines* 23 H 6
Doetinchem 18 L 4
DOHA 26 H 7
Dol 10 E 6
Dole 11 P 9
Dolgellau 18 A 5
Dolomites *massif* 19 M 5
Dombasle 11 Q 6
Dombes *région* 9 G 5
Domfront 10 G 6
DOMINICAINE (RÉP.) *État* 38 L 8
DOMINIQUE *État et île* 39 J 1
Domodossola 19 F 5
Domont 14 F 3
Domrémy 11 P 6
Don *fleuve* 24 F 8
Doñana *parc naturel* 22 D 7
Donau (Danube) *fleuve* 20 F 10 et 13 E 6
Donaueschingen 20 C 12
Donbass. *région* 25 E 10
Doncaster 18 D 4
Dondo 33 B 3
Donegal *baie* 17 A 6
Donetsk 25 E 12
Dongara 31 A 6
Donges 10 E 9
Dongola (Dunqulah) 35 MN 7
Dongtinghu *lac* 28 EF 7
Donjon (Le) 13 K 2
Donon *mont* 9 H 3
Donzère 13 L 6
Dorchester 18 B 9
Dordogne *département n° 24* cartes 8 et 12 E 5
Dordogne *fleuve* 12 H 4
Dordrecht 18 J 5
Dori 34 F 8
Dornbirn 19 J 2
Dornoch 17 D 4
Dortmund 20 BC 1
Dosso 34 G 8
Douai 11 L 3
Douala 34 H 10
Douarnenez 10 A 7
Douaumont 11 O 5
Doubai 26 J 7
Doubs *département n° 25* cartes 8 et 13 N 1
Doubs *rivière* 11 PQ 9
Douchambe 27 LM 3
Doudeville 10 J 4
Doudinka 30 E 3
Doué-la-Fontaine 10 G 9
Dougga *ruines* 23 A 8
Douglas (I. de Man) 17 C 7
Douglas (É.-U., Arizona) 38 C 5
Doullens 11 K 3
Dour 18 H 7
Doura Europos *ruines* 25 FG 16
Dourdan 11 K 6
Douro (Duero) *fleuve* 22 G 3
Douvres (Dover) 17 EF 9
Douze *rivière* 12 D 7
Draa *oued* 34 DE 4
Draguignan 13 N 8
Drakensberg *massif* 32 FG 9
Dráma 23 JK 5
Drammen 17 J 3
Drancy 14 GH 6
Drave *rivière* 23 F 2
Draveil 14 G 11
Drenthe *province n° 3* 18 M 2
Dresde 20 H 7
Dreux 10 J 6
Driffield 18 E 3
Driss *gisement* 34 H 5
Drogheda 17 C7
Drôme *département n° 26* cartes 8 et 13 M 5
Drôme *rivière* 13 L 6
Dubbo 31 F 6
DUBLIN (Baile Atha Cliath) 17 C 7
Dubrovnik (Raguse) 23 FG 4
Dubuque 38 F 3
Dudelange 18 L 9
Duderstadt 20 E 7
Duisburg 20 A 2
Dülmen 20 B 6
Duluth 38 F 2
Dumfries 18 A 1
Dumyat *anc.* Damiette 35 R 1
Dunaföldvár 21 F 11
Dunaújáros 23 FG 1
Dundalk 17 C 7
Dundee (Écosse) 17 D 5
Dundee (Afrique Sud) 33 F 7
Dunedin 31 J 9
Dunfermline 17 D 5
Dunkerque 11 K 1
Dun Laoghaire 17 BC 7
Dun-s-Meuse 11 O 5
Duque de Caxias 39 KL 9
Durance *rivière* 9 H 7
Durango *État fédéré* 38 C 7
Duras 13 DE 6
Durban (Aude) 13 H 9
Durban (Afrique du Sud) 33 F 8
Düren 20 B 8
Durgapur 27 R 7
Durg-Bhilainagar 24 PQ 8
Durham (États-Unis) 38 J 4
Durham (Royaume-Uni) 18 C 2
Durmitor *mont* 16 F 7
Durrës (Durazzo) 23 G 5
Durtal 10 G 8
Düsseldorf 20 A 2
Dutch Harbor 36 B 1
Dvina *fleuve* 24 C 7
Dvina septentrionale *fleuve* 24 G 4
Dzerjinsk 24 G 7

E

Easington 20 E 7
East Anglia *région* 21 E 8
Eastbourne 18 F 9
Eastleigh 11 F 1
East London 33 EF 9
East Midlands *région* 20 E 7
East St. Louis 36 G 4
Eaubonne 14 E 4
Eaux-Bonnes 12 D 9
Eauze 13 D 7
Ebbw Vale 21 AB 7
Ebebiyin 37 J 11
Ebensee 23 H 12
Eberswalde-Finow 23 H 5
Ebolowa 37 J 11
Èbre *fleuve* 25 F 2
Échirolles 16 M 5
Echternach 21 L 9
Ecija 25 E 7
Eckernförde 23 E 3
Ecommoy 11 H 8
Écosse *pays* 17 D 5
Ecouen 14 F 3
Écouves *forêt* 10 H 6
Écrins (Les) *mont* 19 B 8
Édam 18 K 3
Ed Damer 35 N 7
Ede 18 K 4
Édéa 34 H 11
Eden *rivière* 18 B 2
Eder *rivière* 20 D 7
Édesse *auj.* Urfa 25 F 15
Edfu 35 S 7
Édimbourg (Edinburgh) 17 D 5
Edirne *anc.* Andrinople 23 L 5
Edjelé *gisement* 34 H 5
Edmonton 38 C 1
Édouard *lac* 35 M 12
Edremit 25 AB 14
Éfate *voir* Vate 31 K 4
Eforie 23 M 3
Égates *îles* 23 C 7
Égée *mer* 23 K 7
Eger 21 H 10
Égersund 17 G 4
Égletons 12 G 4
Éguzon *centrale* 12 G 2
ÉGYPTE *État* 35 MN 5
Ehingen 20 E 11
Ehrwald 19 L 2
Eichstätt 20 F 11
Eifel *massif* 9 H 1
Eilat 26 C 9
Einbeck 20 E 6
Eindhoven 18 K 5
Einsiedeln 19 G 2
EIRE (Irlande) *État* 17 B 7
Eisenach 20 E 7
Eisenerz 20 J 12
Eisenhüttenstadt 20 J 6
Eisenstadt 21 E 10
Eisleben 20 F 7
Ekaterinbourg *anc.* Sverdlovsk 24 L 6
Ekofisk *gisement* 17 G 5
El Aghoila 35 K 4
El Alamein 35 M 4
El Arish 26 B 8
Elâzig 25 F 15
Elbasan 23 G 5
Elbe (Labe) *fleuve* 21 D 8
Elbe *île* 23 B 4
Elbert *mont* 36 D 6
Elbeuf 10 J 5
Elblag *anc.* Elbing 21 G 4
El Boulaïda *anc.* Blida 34 G 3
Elbourz *chaîne* 16 M 7
Elbrouz *mont* 16 K 6
Elche *palmeraie* 22 H 6
EL DJAZAIR *anc.* Alger 34 G 2
Eldoret 35 O 11
El Facher 35 M 8
Elgava 21 J 2
Elgin 17 D 4
El Goléa 34 G 4
Elgon *mont* 32 G 5
Elisabethville *voir* Lubumbashi 33 F 3
Elista 25 GH 11
Elk 21 H 4
El-Kab *ruines* 35 S 6
El-Kantara 35 R 2
Ellesmere *île* 36 FG 2
Ellesmere Port 18 B 4
Ellice *voir* TUVALU *État* 31 LM 2
Ellwangen 20 E 10
Elmshorn 20 E 4
El Obeid 35 MN 8
El Paso 38 CD 5
EL SALVADOR *État* 38 G 9
Elseneur *voir* Helsingør 17 K 5
Elster *rivière* 20 F 8
El Tigre 39 E 1
Eluru 27 P 9
Elven 10 D 8
Ely 18 E 6
Emba *fleuve* 25 L 10
Embrum 13 N 6
Emden 20 C 4
Emerainville 14 JK 8
Emgayet *gisement* 34 J 4
Emi Koussi *mont* 32 EF 3
Emilie-Romagne *région* 23 BC 3
ÉMIRATS ARABES (Fédération des) *État* 26 HJ 8
Emmaüs *site biblique* 26 B 7
Emme *rivière* 19 E 3
Emmen 18 M 3
Emmerloord 18 KL 3
Ems *fleuve* 20 C 6
Ende 29 H 18
Engadine vallée 19 J 4
Engelberg 19 F 3
Engels 24 H 9
Enghien-les-Bains 14 EF 5
Eniwetok *île* 7 M 3
Enkhuizen 18 JK 3
Enna 23 D 8
En Nahuid 35 M 8
Ennedi *massif* 32 F 4
Enns *rivière* 20 H 12
Enschede 18 LM 4
Ensenada 37 D 14
Ensisheim 11 R 8
Entebbe 35 N 11
Entraygues-s-Truyère 12 H 6
Entrecasteaux *îles* 31 G 2
Entre Rios *province* 37 D 13
Entrevaux 13 O 7
Enugu 34 H 10
Éoliennes *îles, voir* Lipari 23 D 7
Epe 18 L 4
Épernay 11 N 5
Épernon 11 K 6
Éphèse *ruines* 25 AB 15
Epi *île* 31 J 4
Épidaure 23 J 7
Épinac-les-Mines 11 NO 10
Épinal 11 Q 7
Épinay-sous-Sénart 14 H 11
Épinay-sur-Orge 14 E 11
Épinay-sur-Seine 14 E 5
Epsom 18 E 8
Epte *rivière* 11 K 5
ÉQUATEUR *État* 39 AB 4
Éragny-sur-Oise 14 BC 3
EREVAN (Erivan) 25 H 4
Erigli *Ant.* Héraclée de Cappadoce 25 D 15
Erfurt 20 F 7
Érié 38 H 3
Erlangen 20 F 9
Ermenonville *ville et forêt* 14 K 1
Ermont 14 E 4
Ernée 10 FG 7
Erode 27 OP 11
Erromango *île* 31 K 4
Erstein 11 S 6
Érythrée *région* 35 P 8
Erzgebirge *massif* 16 E 5
Erzincan 25 F 14
Erzurum 25 G 14
Esbjerg 17 H 6
Escaut *fleuve* 18 H 7
Esch 18 L 9
Eschwege 20 E 7
Esclaves (Gr. lac des) 36 E 4
Escombreras 22 H 7
Escorial (El) 22 F 4
Eskilstuna 17 L 3
Eskişehir 25 C 14
Esla *rivière* 22 E 2
Esmeraldas 39 A 3
ESPAGNE *État* 22 DH 5
Espalion 12 HJ 6
Esperance 31 C 7
Espinhaço *serra* 37 L 13
Espirito Santo *État fédéré* 39 K 8
Espiritu Santo *île* 31 J 3
Esquel 37 B 16
Essaouira *anc.* Mogador 34 D 3
Essarts (Les) 10 F 10
Essen 20 AB 2
Es Sider 35 K 4
Esslingen 20 D 11
Essonne *département n° 91* cartes 8 F 3, 11 K 7 et 14 D 12
Essonne *rivière* 14 G 14
Este 19 M 8
Estella 22 G 2
Estepona 22 E 8
Esterel *massif* 9 H 8
ESTONIE *État* 24 C 6
Estoril 22 B 6
Estremadure *province* (Espagne) 22 D 5
Esztergom 23 FG 1
Etah 36 G 2
Étain 11 P 5
Étampes 11 K 7
Étaples 11 K 2
ÉTATS-UNIS *État* carte 38
Étel 10 C 8
ÉTHIOPIE *État* 35 P 9
Étiolles 14 H 12
Etna *volcan* 16 EF 8
Éton 18 D 8
Étosha *lac salé* 33 C 5
Étretat 10 H 4
Ettelbrück 18 L 8
Eu 10 J 3
Eubé *île* 23 K 7
Euganéens *monts* 19 M 8
Eugene 38 A 1
Eupen 18 L 7
Euphrate *fleuve* 26 F 3
Eure *département n° 27* cartes 8 et 10 J 6
Eure *rivière* 9 E 3
Eure-et-Loir *département n° 28* cartes 8 et 10 J 7
Eureka (Canada, Ellesmere) 36 F 2
Eureka (États-Unis) 38 AB 2
Europe carte 16
Europoort 18 H 4
Eutin 20 E 3
Evansville 38 G 4
Évaux-les-Bains 12 H 3
Everest *mont* 30 EF 12
Everglades *parc naturel* 38 H 7
Évian 11 R 11
Évisa 13 R 10
Evje 17 H 4
Évolène 19 D 5
Évora 22 C 6
Évran 10 E 7
Évreux 10 J 5
Évron 10 G 7
Évry 14 G 12
Évry *ville nouvelle* 14 E 13
Excideuil 12 F 4
Exeter 18 A 9
Exmouth 18 A 9
Eygurande 12 GH 4
Eymet 12 E 6
Eymoutiers 12 G 3
Eyzies (Les) 12 F 5
Ezanville 14 F 3

F

Faches 11 Q 2
Fachi 34 J 7
Fachoda *auj.* Kodok 35 N 3
Fada 35 L 7
Fada-Ngourma 34 F 9
Fades *viaduc* 12 H 3
Făgăras 23 K 2
Fairbanks 36 CD 2
Faizabad (Inde) 27 P 7
Faizabad (Pakistan) 27 N 6
Faisalabad 27 MN 6
Falaise 10 H 6
Falkland (Malouines) *îles* 36 D 17
Falmouth 10 A 3
Falster *île* 20 FG 2
Falun 17 L 2
Famagouste 25 D 16
Fao 25 J 18

Faouet (Le) 10 C 7
Farafangana 33 K 6
Farafra 35 M 5
Farewell cap 36 J 4
Fargo 38 E 2
Farnborough 18 D 8
Far Öer voir Féroé îles 16 D 2
Farnham 18 D 8
Farrukhabad 27 P 7
Farsan îles 26 E 9
Fatima sanctuaire 22 BC 5
Faucille (La) 13 MN 2
Faulquemont 11 QR 5
Faya Largeau 35 K 7
Fayence 13 NO 8
Fayl-la-Forêt 11 P 8
Fayoum 35 Q 3
F'Dérik 34 C 6
Fécamp 10 H 4
Fehmarn île 20 F 3
Feira de Santana 39 KL 6
Feldkirch 19 HJ 2
Felletin 12 H 3
Fenoarivo 33 L 5
Feodosia 25 E 12
Fère-Champenoise 11 N 6
Fère-en-Tardenois 11 MN 5
Fergana 27 MN 3
Fernando Poo île 34 HJ 11
Ferney-Voltaire 13 MN 2
Ferrare 19 M 9
Féroé îles 16 D 2
Ferrol (El) 22 C 1
Ferté-Alais (La) 11 K 7
Ferté-Bernard (La) 10 J 7
Ferté-Gaucher (La) 11 M 6
Ferté-Macé (La) 10 G 6
Ferté-sous-Jouarre (La) 11 M 6
Ferté-Vidame (La) 10 J 6
Fès 34 E 3
Fessenheim 11 S 8
Fethiye 25 B 15
Feurs 13 K 3
Feyzin 13 L 4
Fezzan région 34 J 5
Fianarantsoa 33 K 6
FIDJI (VITI) État et îles 31 L 4
Figeac 12 G 6
Figueira da Foz 22 B 4
Figueras 22 L 2
Figuig 34 F 3
Filipstad 17 KL 3
Finistère département nº 29 cartes 8 et 10 B 7
Finisterre cap 22 B 2
FINLANDE État 24 C 4
Finmark région 24 CD 1
Finsteraarhorn mont 19 F 4
Finsterwalde 20 H 7
Fionie île 20 E 2
Firat (Euphrate) fleuve 26 F 3
Firenze voir Florence 23 C 3
Firminy 13 K 4
Firozabad 27 O 7
Fismes 11 M 5
Fitzroy rivière 31 C 4
Fitzroy mont 37 H 17
Flandre région 9 EF 1
Flandre occidentale province 18 G 6, nº 14
Flandre orientale province 18 H 6, nº 15
Flavigny-s-Ozerain 11 O 9
Flèche (La) 10 H 8
Fleetwood 18 B 3
Flekkefjord 17 GH 4
Flensburg 20 DE 2
Flers 10 G 6
Flessingue (Vlissingen) 18 H 5
Fleurance 12 E 7
Fleurus 18 J 7
Fleury-Mérogis 14 F 12
Fleuve Jaune voir Huanghe 30 G 6
Flevoland province nº 7 18 K 4
Flims-Waldhaus 19 GH 3
Flinders rivière 31 E 4
Flins 11 K 6
Flint 38 H 3
Florac 12 J 6
Florence (Firenze) 23 C 3
Florensac 12 J 8
Flores île 29 H 18
Floriano 39 J 5
Florianópolis 39 M 1
Floride État 38 H 6
Florina 23 H 6
Focșani 23 L 2
Foggia 23 E 5
Föhr île 20 D 2
Foix 12 FG 9
Folkestone 17 E 9
FONGAFALE 31 L 3
Fongombault 12 F 1
Fontainebleau 11 L 7
Fontaine-de-Vaucluse 13 M 7
Fontaine-Française 11 P 8
Fontenay-en-Parisis 14 GH 3
Fontenay-le-Comte 10 CD 2
Fontenay-le-Fleury 14 A 8
Fontenay-Rohan 12 D 2
Fontenay-sous-Bois 14 H 8
Fontenoy 18 GH 7
Fontevraud abbaye 10 GH 9
Fontfroide abbaye 12 H 9
Font-Romeu 12 G 10
Forbach 11 QR 5
Forcalquier 13 MN 7
Forclaz (La) col 19 C 5
Förde 17 G 2
Forez région 9 F 6
Forges-les-Eaux 11 K 4
Forli 23 C 3
Formentera île 22 K 6
Formose voir Taiwan 28 H 9
Forsayth 31 F 4
Forst 20 H 6
Fortaleza 39 E 4
Fort-Archambault auj. Sarh 35 K 9
Fort Augustus 17 CD 5
Fort Chevtchenko 23 K 12
Fort Crampel 35 K 10
Fort-Dauphin auj. Taolanaro 33 K 7
FORT-DE-FRANCE (Martinique) 36 L 5
Forties gisement 17 F 4
Fort-Lamy auj. N'Djamena 34 J 9
Fort Lauderdale 38 HJ 7
Fort-Mahon 11 K 3
Fort Peck réservoir 38 D 2
Fort Randall 30 J 1
Fort-Rousset auj. Owando 34 J 11
Fort Smith 38 F 5
Fort William 17 C 5
Fort Worth 38 E 5
Fos 13 L 8
Fossano 19 DE 9
Fosses 14 H 2
Fougères 10 F 7
Fou Kein région voir Fujian 28 G 8
Foumban 34 H 10
Fouras 11 C 3
Fourmies 11 N 3
Fouta Djalon massif 32 B 4
Fou Tcheou voir Fuzhou 28 G 8
Foxe golfe 36 C 4
FRANCE cartes 8 à 14
Franceville 34 J 12
Francfort (Frankfurt am Main) 20 D 9
Francfort sur l'Oder 20 HJ 6
Francfort (É.-U., Kentucky) 38 H 4
Francistown 33 EF 6
François (Le) Martinique 36 M 5
François-Joseph île 30 E 2
Franconville 14 D 4
Franklin district 36 F 2
Frascati 23 D 5
Fraser île 31 G 5
Frasne 11 Q 10
Frauenfeld 19 G 1
Fredericia 20 E 1
Frederikshaven 17 J 4
Fredrikstad 17 JK 3
FREETOWN 34 BC 9
Fréhel cap 9 BC 3
Freiberg 20 H 8
Freising 20 FG 11
Freistadt 20 J 11
Freital 20 H 8
Fréjus 13 O 8
Fréjus tunnel de 19 BC 8
Fremantle 31 B 7
Fresno 38 AB 3
Fria 34 BC 9
Fribourg (Freiburg im Breisgau) 20 C 12
Fribourg (Suisse) ville et canton 19 CD 3
Freidberg 20 D 8
Friedrichshafen 19 H 1
Frigg gisement 17 F 3
Frioul-Vénétie Julienne région 23 D 2
Frise province 18 L 2, nº 2
Frisonnes îles 20 AB 4
Frobisher Bay 36 GH 4
Frontenay-Rohan-Rohan 12 D 2
Frontignan 13 K 8
Fronton 12 F 7
Frounze 27 N 2
Fuji 28 L 5
Fuji-San mont 30 J 5
Fukuoka 28 J 6
Fukushima 28 M 5
Fulda ville et rivière 20 DE 8
Fulpmes 19 L 2
Fumante île 31 KL 8
Fumay 11 O 3
Fumel 12 F 6
Funafuti île 31 L 3
Funchal 34 C 3
Fundy baie 36 H 6
Furka col 19 F 4
Furnas barrage 39 HJ 8
Furneaux îles 31 FG 7
Furnes (Veurne) 18 G 6
Fürstenfeldbruck 20 EF 11
Furstenwalde 20 H 5
Fürth 20 EF 10
Fusan 28 J 5
Fushun 28 H 4
Fussen 19 K 1
Futuna île 31 M 4
Fuzhou anc. Fou Tchéou 28 G 8

G

Gabela 33 B 3
Gabès 34 H 3
GABON État 34 J 11
GABORONE 33 E 7
Gabrovo 23 K 4
Gacé 10 H 6
Gadsden 38 GH 5
Gaete 23 D 5
Gafsa 34 H 3
Gagnoa 34 D 10
Gagny 14 J 7
Gaillac 12 G 7
Gaillon 10 J 5
Gainsborough 18 DE 4
Galapagos îles 6 C 4
Galati 23 L 2
Galibier col 13 N 5
Galice région 22 C 2
Galilée région 26 B 6
Galka'yo 35 R 10
Galla plateau 32 H 5
Galle 27 P 12
Galles (Pays de) 17 CD 8
Gällivare 24 C 2
Galtur 19 JK 3
Galveston (É.-U., Texas) 38 F 6
Galway 17 A 7
GAMBIE État 34 B 8, fleuve 34 C 8
Gamboina 34 J 12
Ganale fleuve 35 P 10
Gand (Gent) 18 H 6
Gandajika 33 E 2
Gandia 22 J 6
Gange fleuve 27 O 6
Ganges 12 J 7
Gannat 12 J 2
Gansu région 28 CD 6
Gantok 27 R 6
Ganzhou 28 F 8
Ganzi 28 B 6
Gao 34 F 7
Gaoxiong 28 G 9
Gap 13 N 6
Garabit viaduc 12 J 5
Gara Djebilet 34 E 5
Garbonia 23 A 6
Garches 14 CD 7
Gard département nº 30 cartes 8 et 13 K 7
Gardanne 13 M 8
Garde lac de 19 K 7
Gardez 27 M 5
Gardner île 31 M 2
Gardo 35 R 9
Gardone 19 K 7
Garenne-Colombes (La) 14 DE 6
Gargellen 19 J 3
Garges-lès-Gonesse 14 G 4
Garissa 35 P 12
Garlin 12 D 8
Garmisch-Partenkirchen 19 LM 1
Garoe 35 R 9
Garonne fleuve et affluents carte 9
Garoua 34 J 9
Gartempe rivière 12 F1-2
Gary 38 G 3
Gaschurn 19 J 3
Gascogne golfe 9 BC 7
Gascogne région 9 D 8
Gascoyne rivière 31 AB 5
Gassan Kouli 23 L 15
Gassi (El) gisement 34 G 4
Gata cap 22 GH 8
Gatchina 24 D 6
Gateshead 18 C 1
Gâtinais région 9 F 3
Gauhati 27 RS 6
Gauri Sankar mont 30 E 12
Gavarnie 12 D 10
Gävle 17 LM 2
Gaya 27 Q 7
Gaza (Ghazzah) 26 B 7
Gaziantep 25 E 15
Gdansk anc. Danzig 21 F 4
Gdynia 21 F 4
Gediz (Hermos) fleuve 23 M 7
Geel 18 K 6
Geelong 31 F 7
Ge'ermu 27 S 4
Gejiu 28 C 9
Gela 23 D 8
Geldrop 18 K 5
Geleen 18 L 6
Gelib 35 PQ 11
Gelibolu (Gallipoli) 23 L 6
Gelsenkirchen 20 B 1
Gembloux 18 J 7
Gemena 35 K 11
Gémozac 12 C 4
Gençay 12 E 2
General Santos (Dadiangas) 29 J 13
Gênes (Genova) 23 B 3
Geneva 38 C 3
Genève 19 A 5
Genil rivière 22 E 7
Génissiat barrage 13 M 3
Genk 18 K 6
Gennevilliers 14 E 5
Génolhac 13 K 6
Gentilly 14 G 4
Gentioux 12 G 3
GEORGETOWN voir Pinang 29 AB 13
GEORGETOWN (Guyana) 39 F 2
Géorgie État fédéré 38 H 5
GÉORGIE État 25 G 13
Gera 20 G 8
Geraldton 31 A 6
Gérardmer 11 QR 7
Germigny-des-Prés 11 KL 8
Germiston 32 G 12
Gérone 22 L 3
Gers département nº 32 cartes 8 et 12 E 8
Gers rivière 12 E 8
Gerstheim 11 S 7
Getafe 22 F 5
Gevrey-Chambertin 11 O 9
Gex 13 N 2
Ghadamès (Rhadamès) 34 HJ 4
GHANA État 34 EF 9
Ghangsha 28 EF 7
Ghardaïa 34 G 3
Ghat (Rhat) 31 H 5
Ghazni 27 M 5
Ghisoni 13 S 11
Gilbraltar ville et détroit 22 E 8
Gibson désert 31 BC 5
Gien 11 L 8
Giens 13 N 9
Giessen 20 D 8
Gif-sur-Yvette 14 BC 10
Gifu 28 L 5
Gignac 12 J 8
Gijón 22 F 2
Gila rivière 38 B 5
Gilan région 26 H 4
Gilbert îles, voir KIRIBATI îles et État 31 LM 1
Gilgit 27 N 4
Giogo col 19 J 6
Giovo col 19 M 3
Giresun 25 F 14
Girishk 27 L 5
Giromagny 11 R 8
Gironde département nº 33, cartes 8 et 12 C 5
Gironde estuaire 9 C 6
Gisborne 31 K 8
Gisors 11 K 5
Giurgiu 23 K 3
Givet 11 O 4
Givors 13 L 4
Givry 11 O 10
Gizeh (Al-Jizah) 35 Q 2
Gjirokastër 23 GH 6
Gjövik 17 J 2
Gladstone 31 G 5
Glaris ville et canton 19 G 3
Glarnish mont 19 GH 3
Glasgow 17 C 6
Glazov 24 J 6
Glénan îles 10 B 8
Glendale 38 B 4
Gliwice 24 F 8
Glogow 21 E 7
Glomfjord 24 B 2
Glomma fleuve 17 J 1
Gloucester 18 B 7
Gmünd 20 J 11
Gmunden 20 H 12
Gniezno 21 F 6
Goa État fédéré 27 N 10 nº 6
Goba 35 P 10
Gobi désert 31 F 6
Godavari fleuve 27 O 9
Godhavn 36 H 3
Godthaab 36 h 3
Godwin Austin mont 30 DE 6
Goes 18 H 5
Gogra rivière 27 Q 7
Goiânia 39 H 7
Goias 39 H 7
Goiás État fédéré 39 H 6
Goléa (El) 34 G 4
Golfe (plaine du) 36 EF 8
Golfech 12 EF 7
Golo fleuve 13 R 10
Goma 33 F 1
Gomel 24 D 9
Gomera île 22 K 9
Gometz-la-Ville 14 B 11
Gondar 35 O 8
Gonesse 14 G 4
Goole 18 D 4
Goose Bay 36 H 5
Göppingen 30 D 11
Gorakhpur 27 Q 7
Gordes 13 LM 7
Gordion ruines 25 C 14
Gorée île 34 AB 8
Gorgan 26 J 4
Gori 25 H 13
Gorinchem 18 JK 5
Gorizia 23 D 2
Gorki auj. Nijni Novgorod 24 G 7
Görlitz 20 J 7
Gorlovka 25 F 10
Gorontalo 29 H 15
Gosaintham mont 30 D 11
Goslar 20 E 6
Gospic 23 F 5
Gosport 10 F 2
Gotaland région 17 L 4
Göteborg 17 K 4
Gotha 20 E 8
Gotland île 17 M 4
Göttingen 20 DE 7
Gottwaldov 21 F 9
Gouarec 10 C 7
Gouda 18 J 4
Goulburn 31 F 6
Goulette (La) voir Maxula Radès 23 B 8
Gourdon (Lot) 12 F 6
Gouré 34 H 8
Gouriev 25 K 10
Gourin 10 C 7
Gournay-en-Bray 11 K 4
Goussainville 14 H 3
Gove 31 D 3
Governador Valadares 39 JK 8
Goya 27 D 13
Gozo île 23 D 9
Grächen 19 E 5
Gradignan 12 CD 5
Grafton 31 G 6
Graissessac 12 HJ 8
Gramat 12 G 5
Gran Chaco région 37 C 11
Grand Bassam 34 C 10
Grand-Bornand (Le) 19 B 6
Grand Bourg 36 L 3
Grand Brulé mont 33 M 2
Grand Canyon parc naturel 38 BC 4
Grand-Combe (La) 13 K 7
Grand Coulée barrage 38 B 1
Grand-Couronne 10 J 5
Grande-Bretagne île 16 CD 4
Grande Canarie île 22 L 9
Grande-Casse mont 19 C 7
Grande-Chartreuse (La) 13 MN 4
Grande del Norte (Rio) fleuve 36 D 8
Grande-Motte (La) 13 K 8
Grand-Pressigny (Le) 10 HJ 10
Grand Quevilly 10 J 5
Grandrieu 12 J 5
Grand Teton parc naturel 38 D 2
Grand-Veymont mont 16 A 10
Grange (Bois de la) 14 H 10
Grantham 18 DE 5
Granville 10 E 6
Grasiosa île 22 B 8
Grasse 13 O 7
Grau-du-Roi (Le) 13 K 8
Graulhet 12 G 7
Gravelotte 11 P 5
Gravenhage('s) voir La Haye 18 HJ 4
Gray 11 P 8
Graz 21 DE 11
Great Abaco île 38 JK 6
Great Falls 38 C 2
GRÈCE État 23 H 7
Green Bay 38 G 2
Greenock 17 C 5
Greenshoro 38 J 5
Greenville 34 C 10
Greenwich 18 E 8
Greifswald 20 GH 3
Greiz 20 G 8
Grenå 21 B 2
GRENADE État et île 39 J 2
Grenade (Espagne) 22 F 7
Grenade (Hte-Garonne) 12 F 7
Grenade-sur-l'Adour 12 CD 7
Grenoble 13 M 4
Gréoux-les-Bains 13 N 7
Greven 20 C 6
Grignan 13 L 6
Grigny 14 F 11
Grimsby 18 E 4
Grindelwald 19 EF 4
Grindsted 20 D 1
Gris Nez cap 9 E 1
Grisons canton 19 GH 4
Grisy-Suismes 14 K 11
Grodno 24 B 8
Groenland, dépendance du Danemark 36 H 2
Groix île 10 C 8
Gronau 20 B 6
Groningue province nº 1 18 M 2 nº 1
Groote Eylandt île 31 E 3
Grootfontein 33 CD 5
Grosne rivière 13 L 2
Grosnyi 25 H 12
Grudziądz 21 FG 5
Gruissan 12 J 9
Grury 11 N 10
Gruyères-Moléson 19 C 4
Gryfice 20 H 3
Gryon 19 C 5
Gstaad 19 D 4
Guadalajara (Espagne) 22 G 4
Guadalajara (Mexique) 38 D 8
Guadalcanal île 31 H 3
Guadalén rivière 22 F 6
Guadalete fleuve 22 DE 8
Guadalupe (Espagne) 22 E 5
Guadarrama 22 F 4
Guadeloupe départ. français d'Outre-Mer 36 L 2
Guadiana fleuve 22 F 6
Guadix 22 G 7
Guajará-Mirim 39 D 6
Guam île 7 L 3
Guanabara État fédéré 39 J 6
Guanajuato État fédéré 38 D 8 nº3
Guangdong anc. Kouang Toung, province 28 EF 9
Guanghua anc. Canton 28 E 6
Guangxi anc. Kouangsi Tchouang, province 28 D 9
Guangyuan 28 D 6
Guangzhou 28 EF 9
Guantanamo 38 K 8
Guaporé rivière 37 H 3
Guarda 22 D 4
Guardafui cap 35 S 8
GUATEMALA ville et État 38 FG 9
Guaviare rivière 39 C 3
Guayaquil 39 A 4
Guaymas 38 BC 6
Gubin 20 J 6
Guebwiller (Ballon de) mont 9 H 4
Guebwiller 11 R 7
Gueldre province nº 5 18 L 4
Guémené-sur-Scorff 10 CD 7
Guémené-Penfao 10 EF 8
Guer 10 E 8
Guer rivière 10 C6
Guérande 10 D 9
Guerche (La) 11 L 10
Guerche-de-Bretagne (La) 10 F 8
Guerche-s-l'Aubois (La) 11 L 10
Guéret 12 G 3
Guernesey 10 D 5
Guernica 22 G 2
Guerrero État fédéré 38 DE 9
Gueugnon 11 N 11
Guiandja anc. Kirovalad 25 H 14
Guildford 18 DE 8
Guiling 28 E 8
Guillestre 13 NO 6
Guilvinec (Le) 10 B 8
GUINÉE État 34 C 9
GUINÉE-BISSAU État 34 B 8
GUINÉE ÉQUATORIALE État 34 H 11
Guînes 11 K 2
Guingamp 10 C 6
Guise 11 M 4
Guiyang anc. Kouei Yang 28 D 8
Guizhou anc. Kouei Tchéou province 28 D 8
Gujranwala 27 N 5
Gujrat État fédéré nº 7 27 N 8
Gulbarga 27 O 10
Guntur 27 P 10
Güstrow 20 G 4
Gütersloh 20 C 6
GUYANA État 39 F 2
Guyane départ. français d'Outre-Mer 36 L 8
Guyenne région 9 D 7
Gwadar 27 K 7
Gwalior 27 O 7
Gweru 33 F 5
Gyöngyös 21 G 10
Györ 21 F 10

H

Haarlem 18 J 4
Habsbourg *château* 19 F 1
Haditha 25 G 17
Hadramaout 26 G 10
Ha'erbin 28 H 3
Hagen 20 B 2
Hagetmau 12 C 8
Hagfors 17 K 2
Haghios Nicolaos 23 L 9
Hagondange 11 Q 5
Hague *cap* 9 C2
Haguenau 11 S 6
Haifa 26 B 6
Haikou 29 E 10
Haïl 26 F 6
Haïnan *île* 29 E 10
Hainaut *province n° 19* (Belgique) 18 H 7
Hainaut *région* 9 F 1
Haïphong 28 D 9
HAÏTI *État* 38 L 8
Hakodate 28 LM 3
Halberstadt 20 EF 6
Halden 17 JK 3
Halébiyé *ruines* 25 F 16
Halicarnasse *ruines, auj.* Bodrum 25 B 15
Halifax 38 L 2
Halle (Belgique) 18 HJ 7
Halle (Allemagne) 20 G 7
Halls Creek 31 C 4
Hallstatt 20 H 12
Halmahera *île* 29 K 15
Halmstad 17 K 5
Hälsingborg 17 KL 5
Ham 11 LM 4
Hama 25 E 16
Hamadan 26 H 4
Hamaguir 34 F 4
Hamamatsu 28 LM 5
Hamar 17 J 2
Hambourg *ville et land* 20 E 4
Hameenlinna 24 BC 5
Hameln 20 D 6
Hami 27 R 2
Hamilton (Canada) 38 H 3
Hamilton (Nouvelle-Zélande) 31 K 7
Hamm 20 C 1
Hammamet 23 B 8
Hamman Lif 23 B 8
Hammerfest 24 CD 1
Hampton *voir* Newport News 38 JK 4
Hampton Court (grand Londres 18 E 8, *n° 3*
Han 18 K 8
Hanau 20 D 9
Handan 28 F 5
Hangzhou *anc.* Hang Tcheou 31 G 7
HANOI 28 C 9
Hanko (Hango) 24 B 5
Hanovre (Hannover) 20 E 5
Hanzhong *anc.* Hang Tchoung 28 D 6
Harappa *ruines* 27 N 6
Harar 35 H 9
Hardelot 11 K 2
Hardenberg 18 LM 3
Harderwijk 18 KL 4
Hardt *massif* 9 J 2
Harfleur 10 H 4
Hargeisa 35 Q 9
Harjavalta 24 B 4
Harlingen 18 K 2
Harlow 18 E 7
Härnösand 24 AB 4
HARARE 33 F 5
Harper 34 D 10
Harrisburg 38 J 3
Harrogate 18 C 3
Harrow 18 DE 7
Hartford 38 K 2
Hartlepool 18 D 2
Haryana *État fédéré n° 8* 28 O 6
Haskovo *voir* Khaskovo 23 K 5
Hasparren 12 B 8
Hasselt 18 K 6
Hassi Messaoud *gisement* 34 H 4
Hassi R'Mel *gisement* 34 G 3
Hatay 25 E 16
Hastings 18 F 9
Hatteras *cap* 36 G 7
Hattusa (Bogazkale) *ruines* 25 D 14
Haubourdin 11 Q 2
Haugesund 17 G 3
Haute Corse *département n° 2B* cartes 8 et 13 R 11
Hautefort 12 F 4
Haute-Garonne *département n° 31* cartes 8 et 12 F 12
Haute-Loire *département n° 43* cartes 8 et 13 K 5
Haute-Marne *département n° 52* cartes 8 et 11 P 7
Hautes-Alpes *département n° 04* cartes 8 et 13 N 6
Haute-Saône *département n° 70* cartes 8 et 11 Q 8
Haute-Savoie *département n° 74* cartes 8 et 13 N 2
Hautes-Pyrénées *département n° 65* cartes 8 et 12 E 9
Haute-Vienne *département n° 87* cartes 8 et 12 F 3
Haut-Rhin *département n° 68* cartes 8 et 11 R 10
Hauts-de-Seine *département n° 92* cartes 8 et 14 CD 7, D 8
Havane (La) 38 H 7
Havant 18 D 9
Havel *rivière* 20 G 5
Havre (Le) 10 H 5
Hawaii *île* 6 A 3
Hayange-Knutange 11 PQ 5
Hayden 38 B 5
Haye-Descartes (La) 10 HJ 10
Hay-les-Roses (L') 14 F 9
Hazebrouck 11 P 1
Hearst 38 G 1
Heathrow *aéroport de Londres n° 2* 18 D 8
Hebei *anc.* Hopeh, *province* 28 F 5
Hébrides *îles* 17 BC 4
Hébron 26 B 7
Hedjaz *région* 26 E 7
Heerlen 18 L 6
Hefei 28 F 6
Hegang 28 J 2
Heide 20 D 3
Heidelberg 20 D 10
Heidenheim 20 E 11
Heilar 28 G 2
Heilbron 32 G 12
Heilbronn 20 D 10
Heilongjiang *fleuve* 28 J 2
Heilongjiang *anc.* Heiloung Kiang, *province* 28 J 2
Heilongjiangsheño 28 H 1
Hekla *mont* 16 C 1
Helder (Den) 18 J 3
Helena 38 C 2
Helgoland *île* 20 C 3
Héliopolis (Égypte) *ruines* 35 R 2
Héliopolis (Liban) *ruines auj.* Baalbek 26 C 4
Hell-Ville 33 KL 4
Helmond 18 K 5
Helmsted 20 F 6
Helsingør (Elseneur) 20 K 5
HELSINKI (Helsingfors) 24 C 5
Héluan (Hulwan) 35 R 3
Henan *anc.* Ho Nan *province* 28 F 6
Hendaye 12 AB 8
Hengelo 18 M 4
Hengyang 28 E 8
Hénin-Beaumont *anc.* Hénin Liétard 11 QR 3
Hennebont 10 C 8
Henrichemont 11 L 9
Henzada 29 A 10
Héraclée de Cappadoce *auj.* Eregli 25 D 15
Hérat 27 KL 5
Hérault *département n° 34* cartes 8 et 12 J 8
Herbiers (Les) 10 F 10
Herbignac 10 D 9
Herblay 14 C 4
Hercegnovi 23 F 4
Herford (R.F.A.) 20 D 6
Hereford (Royaume-Uni) 18 B 7
Héricourt 11 QR 8
Hérisau 19 GH 2
Hermon *mont* 26 BC 5
Hermosillo 38 B 6
Herning 17 J 5
Herstal ou Héristal, *berceau des Carolingiens* 18 KL 7
Herzégovine (Bosnie-) *Rép. fédéré* 23 F 3
Hesbaye *région* 9 G 1
Hesse *État (land)* 20 D 8
Hève *cap* 9 D 2
Hidalgo *État fédéré n° 5* 38 E 8
Hierapolis *ruines* 25 B 15
Hierro *île* 22 K 9
Hilako *mont* 30 F 11
Hildesheim 20 DE 6
Hilleh 25 H 17
Hilmend *rivière* 27 L 6
Hilversum 18 JK 4
Himachal Pradesh *État fédéré n° 9* 27 O 5
Himalaya *chaîne* 30 DE 7
Himalchuli *mont* 30 C 11
Himeji 28 K 5
Hindubagh 27 M 6
Hirakud *barrage* 27 Q 8
Hiroshima 28 K 5
Hirson 11 N 4
Hirsova 23 L 3
Hirtshals 21 B 1
Hispaniola *île* 38 L 8
Hjorring 21 B 1
Ho 34 F 10
Hobart 31 F 8
Hobro 17 J 5
Hoceima (Al) 22 F 9
Hochfeiler *mont* 19 M 3
Ho Chi Minh Ville *anc.* Saïgon 29 D 12
Hodeidah 26 E 10
Hódmezövásárhely 21 GH 12
Hœdic *île* 10 D 9
Hof 20 F 8
Hofors 17 L 2
Hofuf 26 H 7
Hoggar (Ahaggar) *massif* 32 D 3
Hohenzollern *château* 20 D 11
Ho-Kang *voir* Hegang 28 J 2
Hokkaido *île* 28 M 3
Holbæk 20 F 1
Holguin 38 K 8
Hollande *région* 18 J 4
Hollande (Nord) *province n° 8* 18 J 3
Hollande (Sud) *province n° 9* 18 J 4
Hollywood (É.-U., Californie) 38 A 4
Hollywood (Éß-U., Floride) 38 J 7
Holstebro 17 H 5
Holyhead 17 C 7
Holzminden 17 D 6
Homs (Syrie) 25 E 16
HONDURAS *État* 38 GH 9
Honfleur 10 H 5
HONG-KONG 28 F 9
HONGRIE *État* 21 F 11
HONIARA 31 H 2
Honshu (Hondo) *île* 28 L 4
Hoogeveen 18 L 3
Hoover *barrage* 38 B 4
Horn *cap* 37 J 19
Horqueta 39 F 8
Horsens 17 J 5
Horsham 18 E 9
Hospitalet (L') 12 FG 10
Hospitalet 22 K 3
Hossegor 12 B 8
Hostens 12 C 6
Hot Springs *parc naturel* 38 F 5
Houat *île* 10 D 9
Houches (Les) 19 C 6
Houdan 11 K 6
Houffalize 18 K 8
Houilles 14 CD 6
Houlgate 10 H 5
Hou Pei *région, voir* Hubei 28 E 7
Hourtin-Plage 12 C 4
Hourtin 12 C 5
Houston 38 EF 6
Hove 10 G 2
Howland *île* 31 M 1
Howrah 27 R 8
Höyanger 17 G 2
Hoyerswerda 20 HJ 7
Hradec Králové 21 E 8
Hron *rivière* 21 F 10
Huambo *anc.* Nova Lisboa 33 BC 4
Huanghe (Fleuve jaune) 30 G 6
Huangshi 28 F 7
Huánuco 39 B 6
Huascaran *mont* 37 F 12
Hubei *anc.* Hou Pei *province* 28 E 7
Hubli 27 O 10
Huddersfield 18 C 4
Hudiksvall 17 L 1
Hudson *mer* 36 F 4
Hudson *fleuve* 38 J 3
Hué 29 D 10
Huelgoat 10 C 7
Huelva 22 D 7
Huesca 22 HJ 3
Hughenden 31 F 4
Huhehaote 28 E 4
Huila *mont* 37 G 11
Huisne *rivière* 19 HJ 7
Humaita 39 E 5
Humboldt Redwoods *parc naturel* 38 AB 3
Hunan *anc.* Hou Nan *province* 28 E 8
Hunedoara 23 J 2
Huningue 11 RS 8
Hunsrück *massif* 9 H 2
Huntsville 38 G 5
Huriel 12 H 2
Hurley 38 C 5
Husavik 17 B 1
Husum 20 D 3
Hutt 31 K 8
Huy 18 K 7
Hwange 33 E 5
Hyderabad (Inde, Andhra Pradesh) 27 P 10
Hyderabad (Pakistan) 27 M 7
Hyères *île* 9 H 8
Hyères 11 N 9
Hyvinkaa 24 BC 4

I

Iablonovoï *mont* 30 G 4
Iakoutsk 30 G 3
Iaman Taou *mont* 16 L 3
Iaroslavl 24 F 7
Iași 23 L 1
Ibadam 34 G 10, *n° 2*
Ibagué 39 B 2
Ibi 34 H 9
Ibiza *île* 22 K 5 *et ville* K 6
Ica 39 B 7
Iconium *auj.* Konya 25 C 15
Idaho *État fédéré* 38 L 2
Idar Oberstein 20 BC 9
Idit 26 C 2
Idvel 24 K 5
Iélets 24 F 9
Ieleletsnodoroiny 24 J 4
Iéna 20 F 8
Ienisseisk 30 E 4
If *château d'* 13 M 8
Ifé 34 G 10, *n° 3*
Ifrane 32 D 12
Igarka 30 E 3
Iglesias 23 A 6
Igny 14 D 10
Igouménitsa 23 G 6
Igreja (Morro da) *pic* 37 K 15
Iguaçu *barrage* 39 G 9
Ihosy 33 K 6
Ijevsk (Iževsk) 24 J 7
Ijma *rivière* 24 J 3
Ijmuiden 18 J 3
Ijsselmeer *lac* 18 K 3
Ilebo 33 D 2
Ile Rousse (L') 13 R 10
Iles Britaniques 16 C 3
Ilesha 34 G 10, *n° 4*
Ilhéus 39 K 7
Ill *rivière* 11 S 6
Ille-et-Vilaine *département n° 35* cartes 7 et 10 E 7
Ille-s-Têt 12 H 10
Illiers-Combray 10 J 7
Illinois *État* 38 G 4
Illkirch-Graffenstaden 11 S 6
Ilmen *lac* 24 D 6
Iloilo 29 H 12
Ilorin 34 G 9
Immouzer 22 D 11
Imperia 13 Q 7
Impfondo 35 K 11
Imphal 27 S 7
Imphy 11 M 10
Inchon 28 J 5
Incudine *mont* 9 J 9
INDE *État* 27 OP 7
Indiana *État fédéré* 38 G 4
Indianapolis 38 G 4
Indigirka *fleuve* 30 G 2
Indochine *péninsule* 30 FG 8
INDONÉSIE *État* 29 CM 16
Indore 27 O 8
Indre *département n° 36* cartes 8 et 10 J 11
Indre-et-Loire *département n° 37* cartes 8 et 10 J 9
Indus *fleuve* 27 P 5
In Gall 34 G 7
Ingolstadt 20 F 11
In-Guezzam 34 GH 7
Inhambane 33 G 6
Inn *rivière* 20 E 12
Innsbruck 19 M 2
Inongo 33 C 1
Inowroclaw 21 F 6
In Salah 34 G 5
Insulinde *région* 30 GH 9
Inta 24 K 2
Interlaken 19 E 4
Invercargill 31 H 9
Inverness 17 D 4
Ioánnina (Jannina) 23 H 3
Iochkar Ola 24 H 7
Ionienne *mer* 23 FG 8
Iourmala 21 H 1
Iowa *État fédéré* 38 F 3
I Pin *voir* Ybin 28 C 7
Ipoh 29 B 13
Ipswich (Australie) 31 G 5
Ipswich (Royaume-Uni) 17 EF 8
Iquique 39 C 8
Iquitos 39 B 4
IRAK *État* 26 F 5
Iraklion (Candie) 23 L 9
IRAN *État* 26 J 5
Iran *plateau* 30 C 6
Irbid 26 C 6
Irian-Jaya *île* 31 D 2
Iriga 29 H 11
Iringa 33 G 2
Irkoutsk 30 F 4
IRLANDE (EIRE) *État* 17 AB 8
Iroise *mer* 10 A 7
Iron Knob 31 E 6
Irtych *rivière* 30 D 5
Irún 13 G 2
Isar *rivière* 20 F 12
Isbergues 11 OP 2
Ischgl 19 K 3
Ischia *île* 23 D 6
Iseo *lac* 19 J 6
Iseran *col* 13 O 4
Isère *département n° 38* cartes 8 et 13 M 4
Isère *rivière* 13 O 4
Isigny 10 F 5
Iskanderun *anc.* Alexandrette 23 D 16
ISLAMABAD 27 N 5
ISLANDE *État* 17 AB 1
Islay *île* 17 B 5
Isle *rivière* 12 F 4
Isle-Adam (L') 11 KL 5
Isle-Adam (L') *forêt* 14 DE 2
Isle-en-Dodon 12 E 8
Isle-Jourdain (L') [Gers] 12 F 8
Isle-Jourdain (L') [Vienne] 12 EF 2
Ismaïlia (Égypte) 35 R 2
Ispahan (*ou* Isfahan) 26 HJ 5
Isparta 25 C 15
ISRAËL *État* 26 B 6
Issoire 12 J 4
Issoudun 11 K 10
Is-s-Tille 12 O 9
Issy-les-Moulineaux 14 DE 8
Istanbul *anc.* Constantinople 25 B 13
Istres 11 L 8
Istria 23 M 3
Itabuna 39 K 7
ITALIE *État* 23 CD 4
Ithaque *île* 23 GH 7
Iton *rivière* 10 J 6
Itzehoe 20 E 3
Ivanovo 24 F 7
Ivano Frankovsk 25 B 10
Ivigtut 36 J 4
Ivrée 19 E 7
Ivry-sur-Seine 14 FG 8
Iwo 34 G 9, *n° 8*
Izmail 23 M 2
Izmir *Ant.* Smyrne 25 B 14
Izmit 25 C 13
Iznik *Ant.* Nicée 25 C 14
Izoard *col* 13 O 5

J

Jabalpur 28 P 8
Jablonec 20 J 8
Jaca 22 H 2
Jachal 37 B 13
Jáchymov 20 GH 8
Jackson 38 G 5
Jacksonville 38 HJ 6
Jacob 33 B 2
Jade *île* 31 HJ 8
Jadida (El) *anc.* Mazagan 34 DE 3
Jaén 22 F 7
Jaffa 25 B 7
Jaffna 27 P 12
Jafoura *région* 26 H 8
Jaipur 27 NO 7
Jaisalmer 27 M 7
Jajce 23 F 3
Jalalabad 27 M 5
Jalgaon 27 O 8
JAMAÏQUE *État et île* 38 J 8
James *baie* 38 H 1
Jammu 27 NO 5
Jammu-Kashmir *État fédéré n°10* 27 O 5
Jamnagar 27 M 8
Jamshedpur 27 Q 8
Janisco *État fédéré* 38 C 8
Jan Mayen *île* 36 J 1
Janzé 10 E 8
Japen *île* 29 M 15
JAPON *État* 28 L 4
Japura *rivière* 37 H 11
Jargeau 11 K 8
Jarnac 10 D 3
Jaroslaw 21 J 8
Jaslo 21 H 8
Jativa 22 H 6
Jaune (Fleuve) *voir* Machuhe 28 B 6
Java *île* 29 E 17
Jdanov *voir* Zdanov *devenu* Marioupol 25 E 11
Jedrzejów 21 G 8
Jelenia Góra 20 J 7
Jelgava 24 B 7
Jemappes 18 H 7
Jericho *site biblique* 28 C 7
Jersey 10 E 5
Jersey City (*aggl. New York*) 38 K 3
JERUSALEM 26 B 7
Jesselton, *voir* Kota Kinabalu 29 F 13
Jhang 27 N 6
Jhansi 27 O 7
Jiamusi 28 J 2
Jiangsu *anc.* Kiang Sou, *province* 28 G 6
Jiangxi *anc.* Kiang Si *province* 28 F 8
Jiangzi (Gyangtse) 27 R 6
Jigansk 30 F 3
Jihlava 20 J 10
Jilin *ville et région* 28 H 3
Jimma 35 O 10
Jinan 28 F 5
Jining 28 EF 4
Jinja 35 O 11
Jinzhou 28 G 4
Jitomir 24 C 9
Jixi 28 J 3
Jloblin 24 C 8
João Pessoa 39 L 5
Jobourg 10 E 4
Jodhpur 27 N 7
Joensuu 24 D 4
Jogjakarta 29 DE 17
Johannesburg 32 G 11
Johore Bharu 29 C 14
Joigny 11 M 8
Joinville-le-Pont 14 H 8
Jönköping 21 D 1
Jonzac 12 D 4
JORDANIE *État* 25 DE 18
Jos 34 J 9
Josselin 10 D 8
Jotunheim *mont* 16 E 3
Jougne 11 Q 10
Jourdain *fleuve* 28 C 7
Jouy-en-Josas 14 C 9
Jouy-le-Moutier 14 AB 4
Joyeuse 15 K 6
Juan Fernandez *île* 37 G 16
Juan-les-Pins 13 OP 8
Juarez (Ciudad) Mexique 38 C 5
Juazeiro do Norte 39 K 5
Juba 35 N 10
Jubail 26 GH 6
Jucar *fleuve* 22 G 5
Judée *région* 26 B 7
Juillac 12 F 4
Juiz de Fora 39 J 8
Jujuy 37 B 1
Julianehaab 36 J 3
Juliénas 11 KL 2
Jullundur 27 O 5
Jumièges 10 J 5
Jumilla 22 H 6
Juneau 33 C 3
Jungfrau *mont* 19 E 4
Jura *département n° 39,* cartes 9 et 11 P 11
Jura *chaîne* 19 B 4 D 2
Jurançon 12 C 8
Jurua *rivière* 37 H 12
Jutland *presqu'île* 16 E 4
Jutland (Jylland) *région* 17 J 5
Juvisy-sur-Orge 14 F 10
Jylland *voir* Jutland 17 J 5
Jyväskyla 24 C 4

K

Kabale 35 N 12
KABOUL 27 M 5
Kabinda 33 E 2
Kabwe 33 F 4
Kâchan 28 HJ 5
Kachgar *voir* Kashi 27 N 3
Kadugi 35 N 9
Kaduna 34 H 9
Kaédi 34 C 7
Kaesong 28 J 5
Kágoshima 28 JK 7
Kaifeng 25 F 6
Kainji *barrage* 34 G 9
Kairouan 23 B 9
Kaiserslautern 20 C 10
Kakhovka 25 D 11
Kakinaka 27 Q 9
Kala (El) 23 A 8
Kalahari *région* 32 F 8
Kalamata 23 H 8
Kalarovgrad 23 L 4
Kalat 27 L 6
Kalecik 25 D 14
Kalemie 33 F 2
Kalgan 28 F 4
Kalgoorlie 31 BC 6
Kalimantan 29 EF 15
Kalinin 24 E 7
Kaliningrad *anc.* Königsberg 21 G 4
Kalisz 21 F 7
Kalkis *voir* Chalcis 23 J 7
Kalma 33 E 1
Kalmar 17 L 5
Kalouga 24 E 8
Kalundborg 17 K 6
Kama *rivière* 24 J 5

Kamachlié 25 FG 15
Kambalda 31 C 6
Kamenets-Podolski 25 BC 10
Kamensk Ouralski 24 LM 6
Kamién Pomorski 20 HJ 3
Kamina 33 E 3
KAMPALA 35 N 11
Kampen 18 L 3
Kamtchatka *péninsule* 30 H 3
Kananga 33 D 2
Kanazawa 28 KL 5
Kanchipuram 27 P 11
Kandahar 27 L 6
Kandalakcha 24 E 2
Kandavu *île* 31 L 4
Kandersteg 19 E 4
Kandi 34 G 9
Kandia 27 MN 8
Kandy 27 P 12
Kangaroo *île* 31 DE 7
Kankan 34 D 9
Kano 34 P 7
Kanpur 27 P 7
Kansas *État fédéré* 38 E 4
Kansas City (É.-U., Missouri) 38 F 4
Kan Sou *région voir* Gansu 28 C 4
Kantara (El) 26 A 9
Kan Tcheou *voir* Ganzhou 28 F 8
Kapfenberg 21 DE 11
Kaposvar 21 F 12
Karabük 25 D 13
Karachi 27 M 7
Karaganda 30 DE 5
Karamai 27 P 1
Karaman 25 CD 15
Karatepe *ruines* 25 E 15
Karazal 27 M 1
Karcag 21 H 11
Kariba *lac et barrage* 33 F 5
Karkemish *ruines* 25 EF 15
Karl-Marx-Stadt *voir* Chemnitz 20 GH 8
Karlovac 23 E 2
Karlovo 23 K 4
Karlovy Vary (Karlsbad) 20 GH 9
Karlshamn 17 L 5
Karlskoga 17 KL 3
Karlskrona 17 LM 5
Karlsruhe 20 CD 10
Karlstad 17 K 3
Karnak *ruines* 35 S 6
Karnataka *État fédéré nº 11* 27 O 10
Karonga 33 G 3
Karpathos *île* 23 M 9
Karroo *plateau* 32 F 9
Kars 25 G 14
Karsakpai 27 LM 1
Kartaly 24 LM 8
Karvina 21 F 8
Kasai *région* 33 DE 2
Kasai *rivière* 33 D 3
Kasama 33 FG 3
Kasempa 33 E 4
Kashi (Kachgar) 27 N 3
Kashmir (Jammu-) *État fédéré nº 10* 27 O 5
Kasongo 33 E 2
Kassala 35 O 8
Kastamonu 25 D 13
Kastoria 23 H 6
Katanga *région, voir* Shaha 33 E 2
Katchkanar 24 KL 6
Katherine 31 D 3
KATMANDU 27 Q 6
Katowice 21 G 8
Katsina 34 GH 8
Kattegat *détroit* 17 J 4
Katwijk 18 HJ 4
Kaufbeuren 20 F 12
Kaunas 24 B 7
Kavala 23 K 5
Kavarna 23 M 3
Kayes 34 C 8
Kayseri 25 DE 15
KAZAKHSTAN *État* 27 MN 2
Kazan 24 HJ 7
Kazanlâk 23 K 4
Kazbek *mont* 16 KL 7
Kazimein 25 GH 17
Kebnekaise *mont* 16 F 1
Kecskemet 21 G 11
Kédougou 34 C 8
Keeling *voir* Cocos 29 A 18
Keetmanshoop 33 C 7
Keewatin *district* 36 F 4
Kef (El) 23 A 8
Keflavik 17 A 2
Kehl 11 S 6
Keighley 18 C 3
Kelloselkä 24 D 2
Kem 24 S 8
Kembs 11 E 3
Kemi 24 C 2
Kempten 19 JK 1
Kenadsa 34 EF 4
Kendal 18 B 2
Kenitra *anc.* Port-Lyautey 32 BC 10
Kennedy (Cap) 38 J 6
Kentucky *État fédéré* 38 G 4
KENYA *État* 35 OP 11
Kérala *État nº 12* 27 O 12
Kerbela 25 GH 17
Kerguelen *îles* 7 J 5
Kerkrade 18 L 6
Kermadec *îles* 31 L 6
Kertch 25 E 12
Keta 34 F 10
Ketrzyn 21 H 4
Kettering 18 D 6
Kevir *désert* 28 J 4
Key West 38 H 7
Khabarovsk 28 K 2
Khanaqin 25 H 17
Khangai *monts* 30 F 5
Kharg 27 H 6
Kharkov 25 E 10
KHARTOUM 35 NO 8
Khaskovo 23 K 5
Khassab 26 J 7
Khatanga 30 F 3
Khemisset 32 C 11
Kherson 25 D 11
Khibiny *mont* 16 H 1
Khiva 27 K 3
Khoï 25 H 15
Khon Khaen 29 C 10
Khorassan *région* 27 K 5
Khor el Amaya 25 K 18
Khorramabad 26 H 5
Khorramchar 26 H 5
Khorsâbâd 25 GH 15
Khouribga 32 B 12
Khouzistan *région* 25 JK 18
Khulna 27 R 8
Kiang Si *région voir* Jiangxi 28 F 8
Kiang Sou *région voir* Jiangsu 28 G 6
Kichinev *auj.* CHISINAU 25 C 11
Kidderminster 18 B 6
Kiel 20 E 3
Kielce 21 G 7
KIEV 24 C 9
Kiffa 34 C 7
KIGALI 35 N 12
Kigoma 33 F 2
Kikombo 33 E 2
Kikwit 33 C 2
Kilimandjaro *volcan* 32 H 6
Kilinda 23 GH 2
Kilkenny 17 B 7
Killarney 17 A 8
Kilosa 33 H 2
Kilwa 33 EF 3
Kilwa Kisiwani 33 HJ 3
Kilwa Kivinje 33 HJ 3
Kimberley 33 D 8
Kindia 34 C 9
Kindu 33 E 1
King *île* 31 F 8
King's Canyon *parc naturel* 38 B 4
King's Lynn 18 EF 5
Kingston *(grand Londres)* 18 E 8, *Nº 4*
KINGSTON (Jamaïque) 38 K 8
Kingston upon Hull 18 E 3
King Williams Town 33 EF 8
KINSHASA 33 BC 2
Kin Tcheou *voir* Jinzhou 28 G 4
Kipushi 33 E 3
KIRGHIZISTAN *État* 27 N 3
KIRIBATI *État et îles* anc. Gilbert *îles* 31 LM 1
Kirikkale 26 E 3
Kirin *région, voir* Jilin 28 H 3
Kirkcudbright 18 A 1
Kirkenes 24 E 1
Kirkouk 25 H 16
Kirkwall 17 D 3
Kirman 26 J 6
Kirov 24 HJ 6
Kirovabad *auj.* Guiandja 25 HJ 14
Kirovakan 25 H 14
Kirovograd 25 CD 10
Kirovsk 24 E 2
Kiruna 24 C 2
Kisangani *anc.* Stanleyville 35 M 11
Kislovodsk 25 G 12
Kismayou 35 Q 12
Kissidougou 34 C 9
Kisumu 35 O 12
Kitakyushu 28 JK 6
Kitimat 36 C 4
Kitwe 33 E 4
Kitzbühel 20 G 12
Kivu *lac* 35 M 12
Kizel 24 K 5
Kizil Irmak *fleuve* 25 D 14
Kizyl Arvat 25 M 14
Kladno 20 J 9
Kladovo 23 J 3
Klagenfurt 21 D 11
Klaïpeda *anc.* Memel 21 G 3
Klamath Falls 38 B 2
Kleine Scheidegg 19 EF 4
Kleinwalsertal 19 J 2
Klerksdorp 32 F 12
Klioutchevskaia *mont* 30 H 3
Klosters 15 J 3
Knin 23 E 3
Knoxville 38 H 5
Kobé 28 L 5
Kodok (Fachoda) 35 N 9
Koforidua 34 E 10
Kokand 27 M 3
Kola *presqu'île* 24 F 2
Kolar 27 OP 11
Kolding 17 J 6
Kolhapur 27 N 10
Kolobrzeg 20 J 3
Kolomna 24 F 8
Kolwezi 33 E 3
Kolyma *fleuve* 30 G 2
Komárno 21 F 10
Kom Ombo 35 R 7
Komotini 23 K 5
Komsomolsk 30 H 4
Kondoa 33 H 2
Kongolo 33 EF 2
Kongsberg 17 HJ 3
Königsberg *auj.* Kaliningrad 21 G 4
Konocha 24 F 5
Konotop 24 D 9
Konya *Ant.* Iconium 25 C 15
Kopeisk 24 M 7
Koper 23 D 2
Korbach 20 D 7
Korçe 23 H 6
Korčula *île* 23 E 4
Kordofan *région* 35 N 8
Korhogo 34 DE 9
Korosten 24 C 9
Košice 21 H 9
Kosovo *province autonome de l'ex-*Yougoslavie 23 H 4
Kosovska Mitrovica 23 H 4
Kosti 35 N 8
Kostroma 24 FG 6
Kostrzyn 20 J 5
Koszalin 21 E 4
Kota Bharu 29 B 13
Kota Kinabalu (Jesselton) 29 F 13
Kotelnitch 24 H 6
Köthen 20 G 7
Kotka 24 C 5
Kotlas 24 H 4
Kotor 23 G 4
Kotzebue 33 D 1
Kouang Si *région, voir* Guangxi 28 D 9
Kouang Toung *région, voir* Guangdong 28 EF 9
Kouba 25 J 13
Kouban *fleuve* 25 F 12
Kouei Houa *voir* Huhehaote 28 E 4
Kouei Ling *voir* Guiling 28 E 8
Kouei Tcheou *région voir* Guizhou 28 D 8
Kouei Yang *voir* Guiyang 28 D 8
Koufra *oasis* 35 L 5
Kouibychev *voir* Samara 24 J 8
Koulikoro 34 D 8
Kouma *fleuve* 25 H 12
Koumaïsi *anc.* Leninakan 25 H 14
Koungour 24 K 6
Kounrad 27 N 1
Koupiansk 25 F 10
Koura *fleuve* 25 H 13
Kourgan 24 M 6
Kouriles *îles* 30 J 4
Kourou 36 LM 7
Kouroussa 34 D 9
Koursk 24 E 9
Koutaisi 25 G 13
Kout al Imareh 25 HJ 17
Koutiala 34 D 8
KOWEIT *État et ville* 26 GH 6
Kowloon 28 F 9
Kozani 23 H 6
Kozhikode (Calicut) 27 NO 11
Kra *isthme* 29 AB 12
Kragujevac 23 H 3
Krakatau *volcan* 29 C 17
Krak des Chevaliers 26 B 4
Kraljevo 23 H 3
Kranj 23 D 2
Krasnodar 25 F 12
Krasnokamsk 24 JK 6
Krasnotourinsk 24 L 5
Krasnouralsk 24 L 6
Krasnovodsk 25 L 14
Krefeld 20 A 2
Krementchoug 25 DE 10
Kremlin-Bicêtre 14 F 8
Kribi 34 H 11
Krichna *fleuve* 27 P 10
Kristiansand 17 HJ 4
Kristiansund 17 G 1
Kritianstad 17 L 5
Krivoi Rog 25 D 10
Kropotkin 25 FG 11
Krosno 21 H 9
Krugersdorp 32 G 11
KRUNG THEP (Bangkok) 29 B 11
Kruševac 23 H 4
Ksar el Kebir 34 E 3
Ksyl-Orda 27 L 2
KUALA LUMPUR 29 B 14
Kuala Trengganu 29 C 13
Kuantan 29 C 14
Kuching 29 DE 14
Kuito 33 C 4
Kültepe *ruines* 25 E 14
Kumamoto 28 K 6
Kumanovo 23 H 5
Kumasi 34 E 10
Kumba 34 J 10
Kumbakonam 27 P 11
Kundus 27 M 4
Kunming 28 C 8
Kuopio 24 D 4
Kupang 31 B 3
Kurdistan *région* 16 L 8
Kürdzhali 23 K 5
Kuria Muria *îles* 26 J 9
Kurnool 27 O 10
Kustendil 23 HJ 4
Kutahya 25 BC 14
Kutno 21 G 6
Kuyshu *île* 28 K 6
Kwangjiu 28 J 5
Kwango *région* 32 EF 6
Kyoto 28 L 5
Kytlym 24 KL 5

L

Labastide-Murat 12 G 6
La Baule 10 D 9
Labe (Elbe) *fleuve* 21 D 8
Labouheyre 12 C 6
Labrador (Côte du) 36 H 5
Labrède 12 C 5
Labrit 12 CD 7
Lacanau 12 C 5
Lacaune 12 H 8
Lacq 12 C 8
Ladoga *lac* 24 D 5
Ladysmith 22 EF 7
Lagash *ruines* 25 J 18
Laghouat 34 G 3
Lagny 11 L 6
Lagos (Nigeria) 34 G 10
Lagos (Portugal) 22 B 7
Lagrasse 10 H 9
La Guaira 39 D 1
Laguna (La) 22 KL 9
LA HAVANE 38 H 7
La Haye (s-Gravenhage) 18 HJ 4
La Haye-du-Puits 10 EF 5
Lahn *rivière* 20 C 8
Lahore 27 N 5
Lahr 20 C 11
Lahti 24 C 5
Lake District *région* 18 AB 2
Lakshandweep (Laquedives) *îles* 27 N 11
Lamalou-les-Bains 12 HJ 8
Lamballe 10 D 7
Lambaréné 34 H 12
Lambersart 11 Q 1
Lamia 23 HJ 7
Lamotte-Beuvron 11 K 8
Lampang 29 B 10
Lampedusa *île et ville* 23 C 9
Lamu 35 P 12
Lancaster 18 B 3
Landau (Palatinat) 20 C 10
Landau (R.F.A., Bavière) 20 G 11
Landernau 10 AB 6
Landes *département nº 40* cartes 8 et 12 C 7
Landes *région* 9 C 7
Landivisiau 10 B 6
Landrecies 11 M 3
Landshut 20 G 11
Landskrona 17 KL 5
Langeac 12 J 5
Langeais 10 H 9
Langeland *île* 20 E 2
Langogne 13 K 5
Langon 12 D 6
Langreo 22 E 2
Langres *plateau* 9 G 4
Langres 11 OP 8
Languedoc *région* 9 F 8
Lannemezan 12 E 9
Lannilis 10 A 6
Lannion 10 C 6
Lanslebourg 19 C 7
Lan Tcheou *voir* Lanzhou 28 C 5
Lanzarote *île* 22 M 9
Lanzerheide-Valbella 19 H 4
Lanzhou 28 C 5
Laoag 29 G 10
Laon 11 M 4
La Oroya 39 B 6
LAOS *État* 29 CD 10
Lapalisse 12 J 2
La Paz (Mexique) 38 B 7
LA PAZ (Bolivie) 39 D 7
La Plata 37 D 14
Lappeenranta 24 D 5
Laquedives *îles, auj.* Lakshandweep 27 N 11
Lar 26 J 6
Laragne-Montéglin 13 M 6
Larche *col* 13 Q 6
Laredo (Espagne) 22 F 2
Laredo (États-Unis) 38 E 6
Largentière 13 K 6
La Rioja 37 B 13
Larissa 23 J 6
Laristan *région* 25 J 17
Larmor 10 C 8
Larnaca 25 D 16
Larne 17 C 6
La Rochelle 12 C 2
Laruns 12 C 9
Larvik 17 J 3
Lascaux 12 F 5
La Serena 37 A 13
Las Palmas de Gran Canaria 22 L 9
Las Vegas 38 B 4
Latina 23 CD 5
Latium *région* 23 C 5
Latronquière 12 GH 5
Lattaquié 25 D 16
Lauchhammer 20 H 7
Laufenburg 19 EF 1
Launceston 31 F 8
Lauragais *région* 9 E 8
Laurentides *(parc des)* 38 J 2
Lausanne 19 BC 4
Lautaret *col* 13 NO 5
Lauzerte 12 F 6
Laval 10 G 7
Lavandou (Le) 13 NO 9
Lavardac 12 DE 7
Lavaur 12 G 8
Lavelanet 12 G 9
Leamington 18 C 6
Le Blanc 10 J 11
LE CAIRE (Al-Qâhirah) 35 QR 3
Le Cap 36 C 9
Lecce 23 G 6
Lecco 19 H 6
Lech 19 J 2
Le Creusot 11 N 10
Lectoure 12 E 7
Leeds 18 C 3
Leer 20 C 4
Leeuwarden 18 KL 2
Legazpi 29 H 11
Legionowo 21 H 6
Legnano 19 G 7
Legnago (Vénétie) 19 M 8
Legnica 21 E 7
Leh 27 O 5
Le Havre 10 H 5
Leicester 18 D 6
Leigh Creek 31 E 6
Leine *rivière* 20 E 7
Leipzig 20 G 7
Leira 20 B 5
Lek *branche Nord du Rhin* 18 K 4
Lelystad 18 K 3
Léman *lac* 19 B 4
Le Mans 10 H 8
Lemnos *île* 23 K 6
Léna *fleuve* 30 G 4
Lencloître 12 E 1
Leninabad 27 M 3
Leninakan *auj.* Koumaïsi 25 H 14
Leningrad *auj.* Saint-Pétersbourg 24 D 5
Leninsk (Tchardzhou) 27 KL 3
Lenk 19 D 4
Lenkoran 25 JK 14
Lens 11 L 2
Leoben 20 J 12
Léon (Landes) 12 B 7
León (Espagne) *province* 22 D 3 *et ville* E2
León (Mexique) 38 D 8
Leonora 31 C 6
Lepante (Naupacte) 23 HJ 7
Le Pirée 23 K 7
Leptis Magna *ruines* 34 J 4
Le Puy 13 K 5
Lérida 22 J 3
Lérins *îles* 13 OP 8
Lermoos 19 K 2
Laroche-Migennes 11 M 8
Lerre (Lier) 18 J 6
Lerwick 17 E 3
Lesbos (Mytilène) *île* 23 KL 6
Lescar 12 D 8
Lésigny 14 K 10
Leskovac 23 H 4
Lesneven 10 B 6
LESOTHO *État* 33 EF 8
Lesparre-Médoc 12 C 4
Les Pieux 10 E 4
Lesquin 11 QR 2
Lessay 10 E 5
Leszno 21 E 6
Letterkenny 17 B 6
LETTONIE *État* 24 C 7
Leucade (Levkas) *île* 23 GH 7
Leucate 12 J 9
Leudeville 14 EF 14
Leutasch 19 L 2
Levant *île du* 13 O 9
Levallois-Perret 14 E 6
Levant *province* 22 H 5
Leverkusen 20 B 2
Levier 11 Q 10
Lewes 11 E 9
Leyburn 18 C 2
Leyde 18 J 4
Leyre *monastère* 22 H 2
Leysin 19 C 5
Lézardrieux 10 D 6
Lezay 12 DE 2
Lézignan 12 HJ 9
Lhassa 27 R 6
Liancourt 11 KL 5
Liaoning *province* 28 GH 4
LIBAN *État* 26 BC 5
Libenge 35 K 11
Liberec 20 J 8
LIBÉRIA *État* 33 CD 10
Libourne 12 D 5
LIBREVILLE 34 H 11
LIBYE *État* 35 K 6
Licata 23 D 8
Lichinga 33 GH 4
Lidkoping 17 K 3
LIECHTENSTEIN *État* 19 H 2
Liège (Lüttich) *ville* 18 K 7 *et province nº 18*
Lieou Tcheou *voir* Liuzhou 28 DE 9
Liepaïa 21 G 2
Liestal 19 E 2
Lieusiant 14 J 12
Liévin 11 P 3
Lifou *île* 31 J 4
Liffré 10 EF 7
Ligné 10 F 9
Ligny-en-Barrois 11 P 6
Ligueil 10 J 10
Ligugé 10 H 11
Ligurie *région* 23 B 3
Lihou *récifs* 31 G 4
Likasi 33 E 3
Lilas (Les) 14 G 7
Lille 11 LM 2
Lillebonne 10 H 4
Lillehammer 17 J 2
Lilliers 11 D 2
LILONGWE 33 G 4
LIMA 39 B 6
Limagne *région* 9 F 6
Limassol 25 C 16
Limay 11 K 6
Limbourg *province nº 12* (Pays-Bas) 18 K 5
Limbourg *province nº 17* (Belgique) 18 K 6
Limburg 20 C 8
Limerick 17 B 7
Limoges 12 F 3
Limours 14 B 12
Limousin *région* 9 E 6
Limoux 10 H 9
Limpopo *fleuve* 33 E 6
Linarès 22 F 6
Linate *aéroport de Milan* 19 H 7
Lincoln 18 DE 4
Lindau 19 H 1
Lindi 33 H 3
Linea (La) 22 E 8
Linga *îles* 29 C 15
Lingen 20 C 5
Linguéré 34 BC 7
Linkoping 17 L 4
Linz 21 D 10
Lion d'Angers (Le) 10 FG 8
Lipari (ou Eoliennes) *îles* 23 D 7
Lipetsk 24 F 9
Lippe *rivière* 20 C 7
Lippstadt 20 CD 6
Lisala 35 K 11
LISBONNE (Lisboa) 22 C 6
Lisieux 10 H 5
Lisle-s-Tarn 12 G 7
Lisses 14 G 13
Litani *fleuve* 26 B 5
Little Rock 38 F 5
LITUANIE *État* 24 B 7
Liuzhou 28 DE 9
Livarot 10 H 5
Liverpool 18 B 4
Livilliers 14 B 2
Livingstone *voir* Maramba 33 E 5
Livourne 23 B 3
Livramento 39 K 2
Livron-s-Drôme 13 L 5
Livry-Gargan 14 H 6

Lizard cap 9 A 2
LJUBLJANA 23 E 2
Ljungby 21 D 2
Llívia 12 G 10
Lobatse 33 E 7
Lobito 33 B 4
Locarno 19 G 5
Loches 10 J 9
Loch Ness lac 17 C 5
Locmaria 10 CD 9
Locronan 10 B 7
Lodève 12 J 8
Lodi 19 H 8
Lódź 21 FG 6
Lofoten îles 24 AB 1
Logan mont 36 C 3
Logis Neuf centrale 13 L 6
Lognes 14 K 8
Logrono 22 G 2
Loheiya 25 E 10
Loir rivière 10 J 8
Loire fleuve et affluents carte 9
Loire département nº 42 cartes 8 et 13 K 3
Loire-Atlantique département nº 44 cartes 8 et 10 EF 9
Loiret département nº 45 cartes 8 et 11 K 8
Loir-et-Cher département nº 41 cartes 8 et 10 J 9
Loja (Equateur) 39 A 4
Loja (Espagne) 22 F 7
Lokandu 33 E 1
Lokoja 34 G 10
Lolland île 20 F 2
Lom 23 J 3
Lombardie région 19 H 7
Lombez 12 F 8
Lombock île 29 F 17
LOMÉ 34 F 10
Lomela 33 D 1
Lomme 11 Q 2
Lommel 18 K 6
Lomza 21 H 5
Londonderry auj. Derry 17 BC 6
LONDRES (London) 18 E 9
Londrina 39 G 9
Long Beach 38 A 4
Long Eaton 18 D 5
Loughborough 18 C 5
Long Island île 36 G 7
Longjumeau 14 E 11
Longué-Jumelles 10 H 9
Longuyon 11 P 4
Longwy 11 P 4
Long Xuyen 29 C 12
Lons-le-Saunier 11 P 10
Loos 11 Q 2
Lorca 22 H 7
Lorelei rochers 20 C 9
Lorgues 13 N 8
Lorient 10 C 8
Loroux-Bottereau (Le) 10 F 9
Lörrach 19 E 1
Lorrain (Le) 36 L 4
Lorraine région 9 GH 2
Lorris 11 L 8
Los Alamos 38 C 4
Los Angeles 38 A 4
Lot département nº 46 cartes 8 et 12 G 6
Lot rivière 12 G 5
Lot-et-Garonne département nº 47 cartes 8 et 12 E 6
Loudéac 10 D 7
Loudun 10 H 10
Louga 24 D 6
Louhans 11 P 10
Louisiane État fédéré 38 F 6
Louisville 38 GH 4
Loupe (La) 10 J 7
Lourdes 12 D 9
Lourenço Marques auj. MAPUTO 33 G 7
Lout désert 27 K 5
Lou Tcheou voir Luzhou 28 D 7
Loutsk 24 B 9
Louvain (Leuven) 18 J 6
Louveciennes 14 BC 7
Louviers 10 J 5
Louvres 14 H 3
Louvroil 11 N 3
Louxor voir Luqsor 35 S 6
Loveč 23 K 4
Loyauté îles 31 J 5
Lozère département nº 48 cartes 8 et 12 J 6
Lozère mont 9 F 7
Lualaba rivière 33 E 3
LUANDA 33 B 3
Luang Prabang 28 BC 9
Lubango 33 B 4
Lübbenau 20 H 6
Lubbock 38 D 5
Lübeck 20 E 4
Lubéron mont 15 M 7
Lubersac 12 FG 4
Lublin 21 H 7
Lubumbashi anc. Elisabethville 33 F 3
Luc (Le) 13 N 8
Lucena 22 F 7
Lučenec 21 G 10
Lucerna 23 E 5
Lucerne ville et canton 19 EF 3
Lüchow 20 F 5
Luckenwalde 20 H 6
Lucknow 27 P 7
Luçon île 29 H 10
Luçon 10 F 11
Lucques 23 BC 3
Luda auj. Dalien 28 GH 5
Lude (Le) 10 H 8
Lüderitz 33 B 7
Ludhiana 27 NO 6
Ludvika 17 KL 2
Ludwigsburg 20 D 10
Ludwigshafen 20 C 10
Lugano 19 G 6
Lugo 22 D 2
Lugoj 23 H 2
Lulea 24 C 2
Lüleburgaz 23 L 5
Lund 17 L 5
Lüneburg 20 E 4
Lunel 13 K 8
Lunéville 11 Q 6
Lungern 10 EF 3
Luobulo lac 27 Q 3
Luoyang 28 E 6
Luqsor ou Louxor (Al-Uqsûr) 35 S 6
Lurcy-Lévis 11 LM 10
Luri 13 S 9
LUSAKA 33 F 4
Lusambo 33 DE 2
Lusanshya 33 EF 4
Lushoto 33 H 2
Lusignan 12 DE 2
Luso 33 CD 3
Lussac-les-Châteaux 12 F 2
Luton 18 E 7
Lüttich voir Liège 18 K 7
LUXEMBOURG État et ville 18 L 9
LUXEMBOURG province nº 21 (Belgique) 18 K 8
Luxeuil 11 Q 8
Luy rivière 12 D 8
Luynes 10 H 9
Luzarches 14 G 1
Luzhou 28 D 7
Lvov 24 A 9
Lyallpur auj. Faisalabad 27 MN 6
Lymington 10 EF 2
Lyon 13 L 3
Lys rivière 11 P 2
Lysekil 17 J 3
Lysva 24 K 6

M

Ma Anshan 28 G 7
Maaseik 18 K 6
Maastricht 18 KL 7
Mablethorpe 18 EF 4
MACAO 28 E 9
Macassar voir Ujung Pendang 29 G 16
Macaulay île 31 L 6
Macédoine anc. République de l'ex-Yougoslavie 23 H 5
Maceió 39 L 6
Macerata 23 D 4
Machala 39 A 4
Machecoul 10 E 10
Machilipatnam (Bandar) 27 Q 10
Machu Picchu ruines 39 C 6
Macina région 34 E 8
Mackay 31 FG 4
Mackenzie district 36 E 3
Mâcon (Saône-et-Loire) 13 L 2
Macon (É.-U., Géorgie) 38 H 5
MADAGASCAR île et État 33 JK 6
Madang 31 F 2
Madeira rivière (formée des rios Guaporé, Mamoré, Beni, Madre de Dios) 37 J 12
Madeleine (La) (Nord) 11 R 2
Madeleine (La) [Sardaigne] 23 B 5
Madère île 34 C 3
Madhya Pradesh État fédéré nº 13 27 P 8
Madison 38 G 3
Madras 27 P 11
Madre de Dios rivière 37 H 3
MADRID 22 F 4
Madryn 37 C 15
Madura île 29 F 17
Madurai 27 OP 12
Mafia île 33 J 2
Magadan 30 H 3
Magdalena fleuve 37 G 10
Magdebourg 20 FG 6
Magellan détroit 37 H 18
Magenta 19 G 7
Magnésie du Sipyle voir Manisa 25 B 14
Magnitogorsk 24 L 8
Magny-les-Hameaux 14 B 9
Mahajanga anc. Majunga 33 K 4
Mahalapye 33 E 6
Mahalla el Koubra 35 Q 1
Mahanali fleuve 27 Q 8
Maharashtra État fédéré nº 14 27 O 9
Mahdia 23 B 9
Mahé 27 O 11
Mahenge 33 H 3
Mahon 22 M 5
Maiana île 31 K 1
Maîche 11 R 9
Maidstone 18 F 8
Maiduguri 34 J 9
Maikop 25 F 12
Mailly-le-Camp 11 N 6
Main rivière 20 F 9
Maine État fédéré 38 K 2
Maine région 9 D 3
Maine rivière 9 CD 4
Maine-et-Loire département nº 49 cartes 8 et 10 G 9
Maintenon 11 K 6
Maisons-Alfort 14 G 8
Maisons-Laffitte 14 C 5
Majeur lac 19 FG 6
Majorque (Mallorca) île 22 L 5
Majunga voir Mahajanga 33 K 4
Makalé 35 P 8
Makalu mont 30 F 12
Makhatchkala 25 J 13
Maktar 23 A 9
Makurdi 34 J 10
MALABO anc. Santa Isabel 34 H 11
Malacca péninsule 29 B 13
Malacca 29 B 14
Malaga 22 F 8
MALAISIE État 29 DE 13
Malaita île 31 J 2
Malakâl 35 N 9
Malakoff 14 E 8
Malang 29 E 17
Malanje 33 C 3
Mälaren lac 17 LM 2
Malatya Ant. Mélitène 25 E 15
MALAWI État, anc. Nyassaland 33 G 4
Malawi lac 33 G 4
Malbork anc. Marienbourg) 21 FG 4
Malchin 20 G 3
MALDIVES État et île 27 N 12
Male 27 N 12
Malegaon 27 N 9
Malesherbes 11 K 7
Malestroit 10 DE 8
Malgache (République) voir Madagascar 33 JK 6
MALI État 34 EF 7
Malicorne-sur-Sarthe 10 GH 8
Malindi 35 P 12
Malines (Mechelen) 18 J 6
Malmédy 18 L 7
Mallaig 17 C 5
Mallicolo (Malekula) île 31 J 4
Malmberget 24 C 2
Malmö 17 K 6
Malo-les-Bains 11 L 1
Malouines (Falkland) îles 37 D 17
Malpensa 19 F 6
MALTE île et État 23 DE 9
Malton 18 D 3
Maluku îles 29 JK 15
Mamaia 23 L 3
Mamers 10 H 7
Man île 17 C 7
Man 34 D 9
Manado 29 J 14
MANAGUA 37 EF 10
Manakara 33 K 6
MANAMA 26 H 7
Mananjary 33 K 6
Manaslu mont 30 BC 11
Manaus 39 EF 4
Manche département nº 50 cartes 8 et 10 F 5
Manche mer 9 CD 2
Manche (La) région 22 FG 4
Manchester (É.-U., New-Hampshire) 38 K 2
Manchester (Royaume-Uni) 18 B 4
Mandal 17 H 4
Mandalay 28 A 9
Mandchourie 30 GH 5
Mandres-les-Roses 14 J 10
Manfredonia 23 E 5
Mangalia 23 L 3
Mangalore 27 NO 11
Mangya 27 R 3
MANILLE 26 G 11
Manipur État fédéré nº 15 27 S 7
Manisa Ant. Magnésie du Sipyle 25 B 14
Manitoba province 35 E 5
Manizales 39 B 2
Mannheim 20 D 10
Manono 33 EF 2
Manosque 13 M 7
Manresa 22 K 3
Mans (Le) 10 H 8
Mansfield 18 CD 5
Mansle 12 E 3
Mansurah 35 R 2
Mantes-la-Jolie 11 K 6
Mantiqueira serra 37 L 14
Mantoue 19 KL 8
Manzaleh lac 35 R 1
Manzhouli 28 G 2
MAPUTO anc. Lourenço Marques 33 FG 7
Maquela do Zombo 33 BC 2
Mar (Serra do) 37 K 14
Maraba 39 H 5
Maracaibo 39 C 1
Maracay 39 D 1
Maradi 34 H 8
Marâgheh 25 HJ 15
Marajo île 37 K 11
Maramba anc. Livingstone 33 E 5
Maranhão État fédéré 39 J 5
Marañon fleuve branche mère de l'Amazone (ou Solimoes) 37 G 12
Maras 25 E 15
Marawi (Merowé) 35 N 7
Marbella 22 EF 8
Marble Bar 31 B 5
Marburg 20 D 8
Marche 18 K 8
Marche région (France) 9 E 5
Marches région (Italie) 23 D 4
Marcillac-Vallon 12 H 6
Marckolsheim 11 S 7
Marcoing 11 L 3
Marcoule 13 L 7
Marcoussis 14 D 12
Marcq-en-Barœul 11 Q 1
Mardan 27 N 5
Mar del Plata 37 D 14
Mardin 25 F 15
Marèges centrale 12 H 4
Marengo 19 F 9
Marennes 12 C 3
Mareuil 12 E 4
Margarita île 39 E 1
Mari ruines 25 F 16
Marianské-Lazné (anc. Marienbad) 20 G 9
Mariannes îles 7 LM 3
Mariazell 20 J 12
Maribor 23 E 1
Marie Galante île 36 M 3
Marienbad voir Marianské-Lazné 20 G 9
Marienbourg 18 J 8
Mariehamn 17 M 2
Mariestad 17 KL 3
Marignan (Melegnano) 19 H 7
Marignane 13 M 8
Marilia 39 H 8
Maringa 39 G 9
Maringues 12 J 3
Marioupol voir Jdanov
Maritsa fleuve 23 KL 5
Markerward 18 K 3
Marl 20 B 1
Marles 11 P 2
Marly (forêt de) 14 AB 7
Marly-la-Ville 14 H 2
Marly-le-Roi 14 B 7
Marmande 12 E 6
Marne département nº 51, cartes 8 et 11 O 6
Marne rivière 11 O 8
Marne-la-Vallée 14 JK 7
MAROC État 34 E 3
Marolles-en-Brie 14 J 10
Marolles-en-Hurepoix 14 E 14
Maroua 34 J 9
Marovoay 33 K 5
Marquises îles 6 B 4
Marra monts 32 F 4
Marrakech 34 E 4
Marsala 23 C 8
Marsberg 20 D 7
Marseille Ant. Massalia 13 M 8
Marshall îles 7 M 3
Martel 12 G 5
Martigny 19 C 5
Martigny-les-Bains 11 PQ 7
Martigues 13 LM 8
Martinique départ. français d'Outre-Mer 36 L 5
Martos 22 F 7
Marvejols 12 J 6
Marx 23 H 9
Mary (Puy) mont 12 H 5
Mary 27 K 4
Maryborough 31 G 5
Maryland État fédéré nº 8 38 J 4
Marzuq (Mourzouk) 34 J 5
Masada ruines 26 C 7
Masan 28 J 5
Mascara 22 J 9
Mascareignes îles 32 J 8
MASCATE 27 K 8
Mas d'Agenais 12 DE 6
Mas d'Azil (Le) 12 F 9
Masdjed-i-Soleiman 26 H 5
MASERU 33 EF 8
Massachusetts État fédéré nº 3 35 K 3
Massada ruines 26 C 7
Massaouah (Mesewa) 35 OP 8
Masseube 12 E 8
Massif central région 9 F 5 F 7
Massy 14 E 10
Matadi 33 B 2
Matagani 38 HJ 1
Matam 34 C 7
Matamoros 38 E 7
Matanzas 38 J 7
Mataró 22 K 3
Mathura 27 O 7
Matignon 10 E 6
Mato Grosso État fédéré 39 FG 6
Matosinhos 22 B 3
Matroûh 35 M 4
Matsue 28 K 5
Matsuyama 28 KL 6
Maubeuge 11 N 3
Mauléon (Deux-Sèvres) 10 G 10
Mauléon (Pyrénées-Atlantiques) 12 C 9
Maun 33 DE 5
Maure-de-Bretagne 10 E 8
Maures massif 9 H 8
Mauriac 12 H 4
MAURICE île et État 33 M 6
MAURITANIE 34 BC 7
Mauron 10 DE 7
Maurs 12 H 6
Mauthausen camp concentration 20 J 11
Mauvezin 12 F 8
Maxula Radès (La Goulette) 23 B 8
Mayen 20 B 8
Mayence (Mainz) 20 C 9
Mayenne département nº 53 cartes 8 et 10 FG 7
Mayenne rivière 10 G 7
Mayenne 10 G 7
Mayet 10 H 8
Mayombé monts 32 E 6
Mayotte île et départ. français d'Outre-Mer 33 JK 4
Mayumba 34 H 12
Mazagan auj. El Jadida 34 DE 3
Mazamet 12 H 8
Mazanderan région 26 HJ 4
Mazatlan 38 C 7
MBABANE 33 F 7
Mbala 33 F 3
Mbandaka anc. Coquilhatville 35 K 11
Mbanza Mgungu 33 B 2
Mbuji-Mayi 33 D 2
Méandre (Bouyouk) fleuve 23 M 7
Meaux 11 L 6
Meched (Meshed) 27 K 4
Mecklembourg État (land) 20 FG 4
Mecque (La) 26 E 7
Medan (Sumatra) 29 A 14
Médan (Yvelines) 14 A 5
Medellín 39 B 2
Médenine 34 HJ 3
Medford 38 A 2
Medgidia 23 L 3
Médina del Campo 22 EF 3
Médine 26 E 7
Méditerranée mer 32 EF 1
Medvejegorsk 24 E 4
Meekatharra 31 B 6
Meerut 27 O 6
Megève 19 B 6
Meghlaya État fédéré nº 16 27 R 7
Mehun-s-Yèvre 11 K 9
Meije (La) mont 19 B 8
Meiningen 20 E 8
Meissen 20 H 7
Mekambo 34 J 11
Meknès 34 E 3
Mékong fleuve 28 A 6
Mèkran région 27 K 7
Melbourne 31 F 7
Melekess 24 J 8
Melilla 34 F 3
Mélitène auj. Malatya 25 F 15
Melitopol 25 E 11
Melle 12 D 2
Melun 11 et 14 K 14 L 6
Melun-Sénart 14 K 13
Memel voir Klaïpeda 21 G 3
Memmingen 20 E 12
Memphis (É.-U.) 38 FG 5
Memphis (Égypte) ruines 35 Q 3
Ménam fleuve 29 B 10
Mende 12 J 6
Mendoza (Argentine) 37 B 13
Menin 18 G 6
Mennecy 14 G 14
Menongue 33 C 4
Mens 13 M 5
Mentawai archipel 29 AB 16
Menton 13 P 7
Menucourt 14 A 3
Menuires (Les) 19 B 7
Menzel-Bourguiba 23 A 8
Meppen 20 C 5
Merano 19 L 4
Merauke 31 E 2
Merca 35 Q 11
Mercantour massif 9 HJ 7
Mercedes (Argentine) 37 D 12
Mercedes (Uruguay) 37 D 14
Mer du Nord 17 F 7
Mergui 29 A 11
Méribel 19 B 7
Mérida (Espagne) 22 D 6
Mérignac 12 C 5
Merlebach auj. Freming-Merlebach 11 R 5
Méroé site préhistorique 35 O 7
Mer Rouge 35 P 7
Merseburg 20 F 7
Mersin 25 C 15
Mers 10 J 3
Merthyr Tydfil 18 A 7
Méru 11 K 5
Méry-s-Oise 14 D 3
Méry-s-Seine 11 N 6
Merzig 20 B 9
Mesnil-Aubry (Le) 14 FG 3
Mésopotamie région 16 L 8
Messina 33 F 6
Messine 23 E 7
Mestghanem anc. Mostaganem 34 G 3
Métaponte ruines 23 F 6
Météores 23 H 6
Metz 11 Q 5
Meudon Ville et Forêt 14 D 8
Meulan 11 K 6
Meung-s-Loire 11 K 8
Meurthe rivière 11 Q 6
Meuthe-et-Moselle département nº 54 cartes 8 et 11 P 6
Meuse département nº 55 cartes 8 et 11 O 6
Meuse fleuve 11 OP 5
Mexicali 38 AB 5
MEXICO État fédéré, nº 6 et ville 38 DE 8
MEXIQUE État 38 D 7
Meymac 12 G 4
Meyrueis 12 J 7
Mezen 24 G 2
Mezen fleuve 24 H 3
Mézidon 10 H 5
Mézières voir Charleville 11 N 4
Mézières-en-Brenne 10 J 10
Mézin 12 E 7
Miami 38 J 7
Miâneh 25 J 5
Miass 24 L 7
Michigan État fédéré 38 G 2
Michoacan État fédéré 38 D 8
MICRONÉSIE États fédérés 31 D 1
Micurin 23 LM 4
Middelburg 18 H 5
Middlesbrough 18 D 2
Midi de Bigorre pic 12 DE 9
Midi d'Ossau pic 12 C 9
Midlands (East et West) régions 17 DE 8
Mihajlovgrad 23 J 4
Milan 19 G 7
Mildura 31 E 6
Milet ruines 25 B 15
Millas 12 H 10
Millau 12 J 6
Milly-la-Forêt 11 KL 7
Milo île 23 K 8
Milwaukee 38 G 3
Mimizan 12 B 6
Mina-el-Ahmadi 26 G 6
Minas (Uruguay) 39 KL 3
Minas Gerais État fédéré 39 HJ 8
Minch détroit 17 C 4
Mindanao île 29 J 13
Minden 20 D 6

Mindoro *île* 29 G 11
Minehead 18 A 8
Minieh (Al-Minyâ) 35 Q 4
Minna 34 G 9
Minneapolis 38 F 2
Minnesota *État fédéré* 38 F 2
Minorque (Menorca) *île* 22 M 4
Minquiers *îlots* 10 E 6
MINSK 24 C 8
Miquelon *île* 38 L 1
Miramas 13 LM 8
Miranda de Ebro 22 F 2
Mirande 12 E 8
Mirandola 19 L 8
Mirebeau 10 H 10
Mirecourt 11 PQ 7
Mirepoix 12 G 9
Miri 29 EF 14
Mirina 23 K 6
Misiones *province* 37 E 12
Miskolc 21 H 10
Misool *île* 29 K 15
Mississippi *fleuve* 36 E 6
Mississippi *État fédéré* 38 G 5
Missouri *rivière* 36 D 5
Missouri *État fédéré* 38 F 4
Misti *volcan* 37 G 13
Misratah 37 J 4
Mitchell *mont* 36 F 7
Mitchourinsk 24 F 9
Mitry-Mory 14 K 4
Mizoran *État fédéré n° 17* 30 S 7
Mlada Boleslav 21 J 8
Mljet *île* 23 F 4
Moanda 34 J 12
Moba 30 F 2
Mobile 38 G 6
Mobutu *lac* 35 MN 11
Moçambique 33 J 4
Mocuba 33 H 5
Modane 19 BC 8
Modène 19 L 9
Moëro *lac* 33 F 3
Mogadiscio *voir* Muqdisho 35 QR 11
Mogador *auj.* Essaouira 37 D 3
Mohács 21 F 12
Mohammedia *anc.* Fédala 32 AB 11
Mohèli (Mwali) *île* 33 J 4
Mohenjo Daro *ruines* 27 LM 7
Mohilev 24 D 8
Mointy 27 N 1
Moi-Rana 24 A 2
Moissac 12 F 7
Moissy-Cramayel 14 J 12
Mojacar 22 H 7
Mokha 26 EF 10
Mokpo 28 J 6
Mol 18 K 6
MOLDAVA *État* 25 BC 10
Molde 17 H 1
Molepolole 33 E 6
Molfetta 23 F 5
Molières (Les) 14 B 11
Molise *région* 23 DE 5
Mölln 20 EF 4
Mölndal 17 K 4
Molotov *auj.* Perm 24 K 6
Moloundou 34 J 11
Moluques *voir* Maluku 29 JK 15
Mombasa 35 P 12
Mön *île* 20 G 2
MONACO 13 P 8
Monastier (Le) 13 K 5
Monastir 23 B 9
Monbazillac 12 E 5
Mönchengladbach 20 AB 2
Moncontour 10 D 7
Moncton 38 L 2
Mondego *fleuve* 22 C 4
Mondoubleau 10 J 8
Monflanquin 12 E 6
Monforte de Lemos 22 CD 2
Mongalla 35 N 10
Monghyr 27 Q 7
MONGOLIE *État* 28 CE 2
Mongolie intérieure *région* 28 E 4
Mongu 33 DE 4
Monistrol-s-Loire 13 K 4
Monreale 23 D 7
MONROVIA 34 C 10
Mons 18 H 7
Mons-en-Barœul 11 R 2
Monsoult 14 E 2
Montagne Pelée 36 L 4
Montaigu 10 F 10
Montaigut 12 H 2
Montalivet-les-Bains 12 BC 4
Montana 19 D 5
Montana *État fédéré* 38 D 2
Montargis 11 L 8
Montauban 12 FG 7
Montbard 11 N 8
Montbazillac 12 E 5
Montbazon 10 J 9
Montbéliard 11 QR 8
Montbenoît 11 QR 10
Mont Blanc *mont* 9 HJ 5
Mont-Blanc *massif et tunnel routier* 19 C 6
Montbrison 13 K 4
Montceau-les-Mines 10 NM 10
Mont-Cenis *col* 19 C 8
Montchanin 11 O 10
Montchegorsk 24 E 2
Montcornet 11 N 4
Mont-de-Marsan 12 D 7
Montdidier 11 J 4
Mont-Dore (Le) 12 J 4
Monte-Carlo *voir* Monaco 13 P 8
Montélimar 13 L 6
Montendre 12 D 4
Monténégro *République fédérée de l'ex-*Yougoslavie 23 G 4
Montereau-Faut-Yonne 11 LM 7
Monteria 39 B 1
Monterrey 38 D 7
Montes Claros 39 J 7
Montesquiou 12 DE 8
MONTEVIDEO 37 E 14
Monfermeil 14 J 6
Montferrand (*banlieue de* Clermont Ferrand) 12 J 3
Montferrat *collines* 19 E 8
Montfort 10 E 7
Montfort-l'Amaury 11 K 6
Mont-Genèvre *col* 19 C 9
Montgeron 14 G 11
Montgomery 38 G 5
Monthermé 11 O 4
Montier-en-Der 11 NO 7
Montignac 12 F 5
Montigny 11 Q 5
Montigny-le-Bretonneux 14 AB 9
Montlhéry 14 DE 12
Mont-Louis 12 G 10
Montluçon 12 HJ 1
Montmédy 11 O 4
Montmélian 13 N 4
Montmirail 11 M 6
Montmorency 14 EF 4
Montmorency *Forêt* 14 E 3
Montmorillon 10 J 11
Montoire-s-le-Loir 10 J 8
Montpelier 38 J 2
Montpellier 13 K 8
Montpezat *centrale* 13 K 5
Montpezat-de-Quercy 12 F 7
Montpont-en-Bresse 13 LM 2
Montréal (Aude) 12 G 9
Montréal (Canada) 38 J 2
Montredon-Labessonnié 12 H 8
Montréjeau 12 E 9
Montrésor 10 J 9
Montreuil 14 G 7
Montreux 19 C 4
Montrevel-en-Bresse 13 LM 2
Montrichard 10 J 9
Montrouge 14 E 8
Mont-St-Michel 10 E 6
Montsalvy 12 H 6
Montségur 12 FG 9
Montserrat 22 K 3
Montserrat *île* 39 H 1
Mont-Tendre *mont* 19 B 4
Monza 23 B 2
Moosonee 38 H 1
Mopti 34 E 8
Moradabad 27 P 6
Morava *rivière* 21 E 9
Moravie *région* 16 F 5
Moray (Firth of) 17 K 4
Morbihan *département n° 56* cartes 8 et 10 D 8
Morcenx 12 C 7
Morelia 38 D 8
Morelos *État fédéré n° 7* 38 E 8
Morena *sierra* 16 B 7
Morenci 38 C 5
Moret 11 L 7
Morez 13 N 2
Morgat 10 A 7
Morgins 19 C 5
Morhange 11 Q 5
Morin (Grand et Petit) *rivières* 11 M 6
Morlaix 10 BC 6
Morombe 33 J 6
Moron de la Frontera 22 E 7
Morondova 33 J 6
MORONI 31 J 3
Morosaglia 13 S 10
Morotai 29 K 14
Morsang-sur-Orge 14 F 11
Morsang-sur-Seine 14 H 13
Mortagne-au-Perche 10 HJ 7
Mortagne-s-Sèvre 10 F 10
Mortain 10 G 6
Morteau 11 Q 9
Morvan *massif* 9 F 4
Morzine 13 O 2
MOSCOU (Moskva) 24 E 7
Moselle *département n° 57* cartes 8 et 11 R 5
Moselle *rivière* 11 P 5
Moshi 33 H 1
Moskva *rivière* 24 E 8
Mosselbaai 33 D 9
Mossendjo 33 AB 1
Mossoul 25 G 16
Most 20 H 8
Mostar 23 F 4
Motala 17 L 3
Mothe-Achard (La) 10 E 10
Motherwell 17 D 6
Motril 22 F 7
Mouila 34 H 12
Mouinak 27 K 2
Moukden *voir* Shenyang 28 H 4
Moulay Idriss 32 C 11
Moulins 11 M 11
Moulins-Engilbert 11 MN 10
Moulmein 29 A 10
Moulouya *oued* 34 F 3
Mounana 34 J 12
Moundou 34 J 9
Mount Isa 31 E 4
Mount Magnet 31 B 6
Mount Morgan 31 FG 5
Mourenx 12 C 8
Mourmansk 24 E 2
Mourmelon-le-Grand 11 N 5
Mourom 24 G 7
Moussoro 35 K 8
Moustiers-Ste-Marie 13 N 7
Mouthe 11 Q 10
Moûtiers 19 B 7
Mouzon 11 O 4
Moyeuvre-Grande 11 P 5
MOZAMBIQUE (Moçambique) *État* 33 G 5
Mozyr 14 C 9
Mpanda 33 F 2
Mtwara 33 J 3
Mubi 34 J 9
Mudanjiang 28 J 3
Mufulira 33 F 4
Mugla 23 M 8
Mühlhausen 20 E 7
Mukacevo 25 A 10
Mukalla 26 G 10
Mulde *rivière* 20 G 7
Mülheim 20 A 2
Mulhouse 11 RS 8
Müllheim 19 E 1
Multan 27 MN 6
Münden 20 E 7
Mungbere 35 M 11
Munich (München) 20 F 12
Munster (France) 11 R 7
Münster (Allemagne) 20 C 6
MUQDISHO (Mogadiscio) 35 QR 11
Murallon *mont* 37 H 18
Murat 12 J 5
Murchison *chutes* 35 N 11
Murcie 22 H 7
Mur-de-Bretagne 10 D 7
Mure (La) 13 M 5
Mures *rivière* 23 H 2
Muret 12 F 8
Murgab 27 N 4
Mürren 19 E 4
Mussidan 12 E 5
Muster *voir* Dissentis-Muster 19 G 4
Mutare 36 G 5
Muzaffarpur 27 Q 7
Muzillac 10 D 8
Muzuffarnagar 27 O 6
Mwanza 33 G 1
Mweka 33 D 2
Mwene Ditu 33 D 2
Mycènes *ruines* 23 J 8
Mykonos *île* 23 KL 8
Mynaral 27 N 2
Myrdah 17 H 2
Mysore 27 O 11
Mystra *ruines* 23 J 8
Mytilène (Lesbos) *île* 23 KL 6

N

Naberejnine Tchelny 24 JK 7
Nabeul 23 B 8
Nacala 33 J 4
Nadiad 27 N 8
Nadjran 26 F 9
Næstved 14 K 6
Nagaland *État fédéré n° 18* 27 S 7
Nagano 28 L 5
Nagasaki 28 J 6
Nagerkoil 28 O 12
Nagoya 28 L 5
Nagpur 27 P 8
Nagykanizsa 21 EF 12
Nahr el Hassi (Oronte) *fleuve* 26 B 2
Nahuel Huapi *lac* 37 B 15
Nâin 25 L 17
Naïn *site biblique* 26 B 6
NAIROBI 35 OP 12
Nakhitchevan 25 HJ 14
Nakuru 35 O 12
Nalanda *ruines* 27 Q 7
Naltchik 25 G 13
Namangan 27 M 3
Namib *région* 32 E 9
NAMIBIE *anc.* Sud-Ouest-Africain *État* 33 C 6
Nampula 33 H 4
Namsos 24 A 2
Namur *ville* 18 JK 7, *province n° 20*
Nançay 11 KL 9
Nanchang 28 F 7-8
Nanchang 28 D 7
Nancy 11 G 6
Nander 27 O 9
Nangis 11 LM 6
Nanjing (Nankin) 28 G 6
Nanning 28 D 9
Nanterre 14 CD 6
Nantes 10 EF 9
Nantilla *centrale* 12 H 9
Nantua 13 M 2
Nanumanga *île* 31 KL 2
Nayang 28 E 6
Nanyuki 35 OP 11
Nao *cap* 22 J 6
Napata *site préhistorique* 35 N 7
Napier 31 K 8
Naples (Napoli) 23 D 5
Naplouse 26 B 6
Napo *rivière* 37 G 12
Narayanganj 27 RS 7
Narbada *fleuve* 27 O 8
Narbonne 12 J 9
Narian Mar 24 HJ 2
Narva 24 C 6
Narvik 24 B 1
Nashville 38 G 4
Nasik 27 N 9
NASSAU 38 JK 7
Nasser *lac* 35 N 6
Nässjö 17 L 4
Natal (Afrique du Sud) *province* 33 F 8
Natal (Brésil) 39 L 5
Naucelle 12 H 7
Nauders 19 K 3
Naupacte *voir* Lépante 23 HJ 7
Nauplie 23 J 8
NAURU *État et île* 31 J 1
Navacelles 12 J 7
Navacerrada 22 EF 4
Navarin (Pylos) 23 H 8
Navarre *région* 22 GH 2
Navas de Tolosa (Las) 22 F 6
Naxos *île* 23 L 8
Nayarit 38 C 7
Nay-Bourdettes 12 D 9
Nazaré 22 B 5
Nazareth *site biblique* 26 BC 6
Nazarieyh 26 G 6
Nazret 35 P 9
Ndélé 35 K 9
Ndola 33 F 4
N'DJAMENA *anc.* Fort-Lamy 33 J 9
Ndjole 34 H 12
Nebraska *État fédéré* 38 E 3
Neckar *rivière* 20 D 10
Necochea 13 D 14
Nedjd *région* 26 F 8
Nedjef 25 H 18
Nefoud *région* 26 EF 6
Negev *région* 26 C 8
Nègrepelisse 12 G 7
Negros *île* 29 H 12
Nehâvend 25 K 17
Neisse (Nysa) *rivière* 20 J 7
Neiva 39 B 3
Nejin 24 D 9
Nekempte 35 O 9
Nellore 27 O 10
Nelson 31 J 8
Nemours 11 L 7
NÉPAL *État* 27 RQ 6
Nérac 12 E 7
Néris-les-Bains 11 H 2
Nerja 22 F 8
Nerva 22 D 7
Nesebar 23 LM 4
Neubrandenburg 20 H 4
Neuchâtel *ville et canton* 19 C 3
Neuf-Brisach 11 RS 7
Neufchâteau (Belgique) 18 K 8
Neufchâteau (Vosges) 11 P 7
Neufchâtel-s-Aisne 11 N 5
Neuilly-Plaisance 14 H 7
Neuilly-sur-Marne 14 J 7
Neuilly-sur-Seine 14 E 6
Neumünster 20 E 3
Neunkirchen 20 B 10
Neuquén 37 B 15
Neuruppin 20 G 5
Neuschwanstein 20 E 12
Neuss 20 A 2
Neussargues-Moissac 10 J 5
Neustadt 20 C 10
Neustift 19 L 3
Neustrelitz 20 GH 4
Neuves-maisons 11 PQ 6
Neuvic 10 GH 4
Neuville-lès-Dieppe 10 J 3
Neuwied 20 C 8
Nevada *État fédéré* 38 B 3
Nevers 11 M 10
Nevis *île* 39 H 1
Newark (*agglomération* New York) 38 K 3
Newark-on-Trent 18 D 5
Newbury 18 CD 8
Newcastle (Afrique du Sud) 33 F 7
Newcastle (Australie) 31 G 6
Newcastle (Tyneside) (Royaume-Uni) 18 C 1
NEW DELHI 27 O 6
New Hampshire *État fédéré n° 2* 35 K 2
New Haven (Connecticut) 38 K 3
New Jersey *État fédéré n° 6* 38 J 3
New Plymouth 31 J 8
Newport 18 B 7
Newport News 38 JK 4
Newquay 10 A 2
Newry 17 C 7
Newtown 18 A 6
New York 38 K 3
New York *État fédéré* 38 J 2-3
Nexon 12 F 4
Ngan Hoei *région, voir* Anhui 28 F 6
Ngaoundéré 34 J 10
Ngwane *État, auj.* Swaziland 33 F 7
Nha Trang 29 DE 11
NIAMEY 37 FG 8
NICARAGUA *État* 37 F 11
Nice 13 OP 8
Nicée *auj.* Iznik 25 C 14
Nichapour 27 K 4
Nicobar *îles* 27 S 12
Nicolaïev 25 D 11
NICOSIE 25 CD 16
Niederbronn 11 S 5
Niémen *fleuve* 24 B 7
Nienburg 20 D 5
Nieuport 18 G 6
Nièvre *département n° 58* cartes 8 et 12 M 9
Niger *fleuve* 34 E 7
NIGER *État* 34 HJ 7
NIGERIA *État* 34 J 9
Nijni Novgorod *anc.* Gorki 24 G 7
Nijni Taghil 24 KL 6
Nikel 23 E 1
Nikolaievsk 30 H 4
Nikopol 25 DE 11
Nil *fleuve* 32 G 6
Nil *sources* 33 F 2
Nil bleu *rivière* 35 N 8
Nilopolis 39 KL 9
Nimba *mont* 32 BC 5
Nimègue (Nijmegen) 18 KL 5
Nîmes 11 K 7
Nimroud *ruines* 25 GH 16
Ninive *ruines* 25 GH 16
Niort 12 D 2
Nippour *ruines* 26 HJ 17
Niš 23 H 4
Niterói 39 J 9
Nitra 21 F 10
Niue *île* 6 A 4
Nivelles 18 HJ 7
Nizamabad 27 QP 9
N'Kongsamba 34 HJ 11
Nœux-les-Mines 11 P 3
Nogaro 12 D 7
Nogent-en-Bassigny 11 P 7
Nogent-le-Rotrou 10 J 7
Nogent-sur-Marne 14 H 8
Nogent-s-Oise 11 K 5
Nogent-s-Seine 11 M 7
Noginsk 24 E 7
Noire *mer* 25 D 12
Noirétable 15 K 3
Noirlac *abbaye* 11 L 10
Noirmoutier *île et ville* 10 D 10
Noisiel 14 K 7
Noisy-le-Grand 14 J 7
Noisy-le-Sec 14 GH 6
Nome 36 C 1
Nonancourt 10 J 6
Nong Khai 29 BC 10
Nontron 11 E 4
Nonza 13 RS 9
Nora 23 A 7
Noranda 38 H 2
Nord *cap.* 16 G 1
Nord *département n° 59* cartes 8 et 11 L 2
Nord (*mer du*) 17 F 7
Norden 20 B 4
Nordenham 20 D 4
Norderstedt 20 E 4
Nordhausen 20 F 7
Nordhorn 20 B 5
Nördlingen 20 EF 11
Nordvik 30 F 3
Norfolk 38 J 4
Norilsk 30 E 3
Normandie *région* 9 DE 2
Norrköping 17 LM 3
Northampton 18 D 6
Northern *région* 17 D 6
North West *région* 17 D 7
Nort-s-Erdre 8 F 9
NORVÈGE *État* 16 E 2
Norwich 17 F 7
Notre-Dame (Forêt de) 14 J 9
Nottingham 18 CD 5
Nouadhibou *anc.* Port-Étienne 34 B 6
NOUAKCHOTT 34 B 7
Noukha 25 J 13
Noukous 27 K 2
NOUMÉA 31 J 5
Nouveau Brunswick *province* 38 K 2
Nouveau Mexique *État fédéré* 38 D 5
Nouvelle-Bretagne *île* 31 FG 2
Nouvelle-Calédonie *île et territoire français d'Outre-mer* 31 HJ 5
Nouvelle Castille *province* 22 F 5
Nouvelle Écosse *province* 38 L 2
Nouvelle Galles du Sud *État fédéré* 31 F 6
Nouvelle-Guinée *auj.* Irian-Java 31 E 2
Nouvelle Orléans (La) 38 G 6
Nouvelles-Hébrides *auj.* VANUATU *État et îles* 31 JK 4
NOUVELLE-ZÉLANDE *État* 31 JK 8
Nouvion-en-Thiérache 11 M 3
Nouzonville 11 O 4
Nova Iguaçu 39 KL 9
Novare 19 F 8
Novgorod 24 D 6
Novi Pazar 23 H 4
Novi Sad 23 G 2
Novokazalinsk 27 K 2
Novokouznetsk 30 E 5
Novomoskovsk 24 F 8
Novorossiisk 25 E 12
Novosibirsk 30 E 5
Novotcherkassk 25 FG 11
Novyi Port 24 LM 1
Nowa Sól 20 J 6
Nowgong 27 S 6
Nowy Sacz 21 H 9
Noyon 11 LM 4
Nozeroy 11 Q 10
Nsanje 33 G 5
Nubie *région* 35 N 7
Nuevo Laredo 38 DE 6
Nuevo Leon *État fédéré* 38 E 7
Nui *île* 31 L 2
Nuits-St-Georges 11 O 9
NUKU'ALOFA 31 N 5
Numance *ruines* 22 G 3
Nuremberg (Nürnberg) 20 F 10
Nyala 35 L 8
Nyandoma 24 F 5
Nyassaland *État auj.* MALAWI 33 G 4
Nyborg 17 J 6
Nyiregyháza 21 H 10
Nyköbing (Danemark) 21 B 3
Nyköping (Suède) 17 M 3
Nynäshamn 17 M 3
Nyon 13 N 2
Nyons 13 LM 6
Nysa 21 F 8
Nzérékoré 34 D 9
Nzeto 33 B 2

O

Oakland 38 A 3
Oak Ridge 38 H 4
Oaxaca *État fédéré et ville* 38 E 9
Ob *fleuve* 30 E 5
Oberammergau 19 L 1
Obergurgl 19 L 3
Oberhausen 20 A 1
Oberland *massif* 19 D 4
Obernai 11 R 6
Obidos 39 G 4
Obock 35 Q 8
Ocean *île* 31 K 1
Och 27 N 3
Octeville 10 E 4
Odda 17 H 3
Odemis 23 M 7
Odense 17 J 6
Oder *fleuve* 16 F 5
Odessa 25 C 11
Odienne 34 D 9
Offenbach 20 D 9
Offenburg 20 C 11

Ogaden région 35 Q 10
Ogbomosho 34 G 9, nº 6
Ogden 38 C 3
Oglio rivière 19 K 6
Ognon rivière 11 P 9
Ogooué fleuve 34 HJ 12
Ohio rivière 36 F 7
Ohio État fédéré 38 H 3
Ohre (Eger) rivière 20 H 8
Ohrid 23 H 5
Oimiakon 30 G 3
Oisans massif 9 H 6
Oise département nº 60 cartes 8 et 11 K 5
Oita 28 K 6
Oka rivière 24 G 7
Okawango région 33 D 5
Okhotsk mer et ville 30 H 3
Oklahoma 38 E 5
Oklahoma État fédéré 38 E 5
Oland île 17 M 4
Olavarria 37 CD 14
Olbia 23 B 5
Oldenburg 20 C 4
Oldenzaal 18 M 4
Oldham 18 BC 4
Olduvai (Oldoway) site préhistorique 35 O 12
Oléron île 12 B 3
Olesnica 21 E 7
Olivet 11 K 8
Ollioules 13 MN 9
Olmeto 13 R 11
Olomouc 21 E 9
Olonzac 10 H 9
Oloron-Ste-Marie 12 CD 9
Olpe 20 C 7
Olsztyn anc. Allenstein 21 G 5
Olten 19 E 2
Olympe mont 23 HJ 6
Olympie ruines 23 H 8
Olynthe ruines 23 J 6
Omaha (É.-U., Nebr.) 38 E 3
Omaha Beach 10 G 5
OMAN État 28 J 8
Oman mer 27 L 8
Ombrie région 23 CD 4
Omdourman 35 N 8
Omo rivière 35 O 10
Omsk 30 DE 4
Onega 24 F 4
Onega lac 24 E 5
Onitsha 34 GH 10
Ontario province 36 F 5
Oodnadatta 31 DE 5
Oosterhout 18 J 5
Opatija 23 D 2
Opava 21 F 8
Opole anc. Oppeln 21 F 8
Oradea Mare 21 J 11
Oradour-s-Glane 12 F 3
Oraison centrale 13 N 7
Orange (Australie) 31 F 6
Orange (France) 13 L 7
Orange État libre 33 E 7
Orange fleuve 33 E 8
Orbais l'Abbaye 11 M 6
Orcades îles 17 D 3
Orcha 24 D 8
Orchies 11 R 3
Orcières 13 N 6
Ordessa parc naturel 22 J 2
Ordu 25 E 14
Orebro 17 L 3
Oregon État fédéré 38 B 2
Orel 24 E 9
Orenbourg (Tchkalov) 24 KL 9
Orénoque fleuve 37 H 10
Orense 22 C 2
Orge rivière 14 E 13
Orgelet-le-Bourget 13 M 2
Orgeval 14 A 6
Orianienburg 20 H 5
Orihuela 22 HJ 6
Orissa État fédéré nº 19 28 Q 9
Oristano 23 A 6
Orkney îles 17 D 3
Orléans 11 K 8
Orly Ville et aéroport 14 FG 10
Ormuz détroit 26 J 7
Ormans 11 Q 9
Orne département nº 61 cartes 8 et 10 H 6
Orne rivière 10 G 6
Oronte (Nahr el Hassi) fleuve 26 B 2
Orry ville et forêt 14 H 1
Orsk 24 L 9
Orsay 14 C 1
Orthez 12 C 8
Oruro 39 D 7
Orvieto 23 C 4
Osaka 28 L 5
Osbogbo 34 G 10, nº 5
Osijek 23 FG 2
Oskarshamn 17 M 4
OSLO 16 J 3
Osmaniye 26 B 1
Osnabrück 20 C 6
Osorno 37 A 15
Oss 18 K 5
Ostende 18 G 6
Osterode 20 E 7
Ostersund 24 A 3
Ostie 23 C 5
Ostrava 21 F 8
Ostrowiec 21 H 7
Osuna 22 E 7
Othis 14 K 2
Otrante 23 G 6
OTTAWA 38 J 2
Ottmarsheim 11 S 8
Ottobeureu 20 E 12
Otwock 21 H 6
OUAGADOUGOU 34 F 8
Ouahigouya 34 EF 8
Oualata 34 E 7
Ouargla (Wargla) 34 G 4
Oubangui rivière 35 K 10
Ouchy (Lausanne) 19 BC 4
Oudtshoorn 33 D 9
Oued (El) 34 H 3
Ouedj 26 DE 6
Oued Zem 32 B 12
Ouessant île 10 A 6
Ouesso 34 J 11
Oufa ville et rivière 24 K 7
OUGANDA État 32 N 11
Ougarit (Ras Shamra) ruines 26 B 3
Ouistreham 10 G 5
Oujda 34 F 3
Oukhta 24 HJ 4
OULAN BATOR 28 D 2
Oulianovsk 24 H 8
Oullins 15 L 3
Oulu 24 C 3 et lac D 3
Oum Saïd 26 H 7
Our ruines 25 H 18
Oural chaîne 16 L 3
Ouralsk 24 J 9
Ourcq rivière 11 M 5
Ourghentch 27 K 3
Ouro Prêto 39 J 8
Ourouk ruines 25 J 18
Ouroumtchi voir Urumqi 28 A 3
Oussouriisk 28 J 3
Oustinov 24 J 7
Oust Kamenogorsk 28 A 1
OUZBEKISTAN État 27 L 3
Oviedo 22 DE 2
Owando anc. Fort-Rousset 34 J 11
Oxford 18 CD 7
Oyonnax 13 M 2
Ozoir-la-Ferrière 14 K 9

P

Paarl 33 CD 9
Pabianice 21 G 7
Pacy-s-Eure 10 J 6
Padang 29 B 15
Paderborn 20 D 6
Padirac 12 G 5
Padoue 23 C 2
Paducah 38 G 4
Paestum ruines 23 E 6
Paijanne lac 24 C 5
Paimpol 10 D 6
Paimpont 10 E 7
Pakanbaru 29 B 15
PAKISTAN État 27 LM 6
Pakse 29 CD 11
Palais (Le) 10 C 9
Palaiseau 14 D 10
Palau île 29 L 13
Palavas-les-Flots 13 G 12
Palawan île 29 G 12
Palembang 29 C 16
Palencia 22 EF 3
Palerme 23 D 7
Palestine région 26 C 7
Palingues 13 K 2
Pallanza 19 F 6
Pallice (La) 12 C 2
Palma île (Baléares) 22 K 9
Palma de Majorque 22 L 5
Palmyre ruines 25 F 16
Pamiers 12 G 9
Pamir massif 30 D 6
Pampelune (Pamplona) 22 GH 2
Panaji 27 N 10
PANAMA État et ville 39 A 1
Pancevo 23 H 3
Pantelleria île 23 C 8
Pantin 14 G 6
Paola 23 E 7
Pao Teou voir Baotou 28 E 4
Pao Ting voir Baoding 28 F 5
PAPEETE (Tahiti) 6 A 4
Papenburg 20 C 5
Paphos 25 C 16
PAPOUASIE-NOUVELLE-GUINÉE État 31 EF 2
Pâques île 6 C 5
Pará État fédéré 39 G 5
Paracel îles 29 E 10
Paracin 23 H 3
Paraguay rivière 37 J 14
PARAGUAY État 39 F 9
Paraiba État fédéré 39 L 5
Parakou 34 F 9
PARAMARIBO 39 G 2
Paraná 37 D 3
Parana fleuve 37 K 14
Paraná État fédéré 39 G 9
Paray-le-Monial 13 K 2
Parchim 20 F 4
Pardubice 21 E 8
Parentis-en-Born 12 BC 6
PARIS-Ville département nº 75 cartes 7 12 K 6 et 14 F 7
Paris-Plage voir Le Touquet 12 K 2
Parker barrage 38 B 4
Parmain 14 CD 1
Parme 23 B 3
Parnaiba 39 K 4
Partenkirchen (Garmisch-) 19 LM 1
Parthenay 10 G 10
Pasadena 38 B 4
Pasargades ruines 26 J 6
Pas-de-Calais département nº 62 cartes 8 et 11 L 3
Passaic (aggl. New York) 38 K 3
Passarovitz (Pozarevac) 23 H 3
Passau 20 H 11
Pasto 39 B 3
Patagonie région 37 H 17
Patan (Inde) 27 N 8
Patan (Népal) 27 Q 6
Patay 11 K 8
Paterson (aggl. New York) 38 K 3
Patiala 27 O 5
Patna 27 Q 7
Patras 23 H 7
Pattani 29 B 13
Pau 12 D 8
Pauillac 12 C 4
Pavie 19 GH 8
Pavilly 10 J 4
Pavlovo 24 G 7
Paysandú 37 D 13
PAYS-BAS État 18 KL 3
Pays de Galles 17 CD 8
Paz (La) [Bolivie] 39 D 7
Paz (La) [Mexique] 38 B 7
Pazardzik 23 JK 5
Paz del Rio 39 C 2
Péage-de-Roussion (Le) 13 L 4
Pec 23 H 4
Pecos rivière 38 D 6
Pecq (Le) 14 BC 6
Pécs 21 F 12
Pedro Afonso 39 H 6
Peenemünde 20 H 3
Peine 20 E 6
Peipous lac 24 C 6
Peira-Cava 13 OP 7
PÉKIN voir Beijing 28 F 4
Pella ruines 23 J 6
Pellegrue 12 DE 5
Péloponnèse région 15 G 8
Pelotas 39 L 2
Péluse ruines 35 R 2
Pematangsiantar 29 A 14
Pemba île 33 J 2
Pendjab État fédéré nº 20 27 N 6
Peñiscola 22 J 4
Penmarch pointe 9 A 3
Penne d'Agenais 12 F 6
Pennsylvalnie État fédéré 38 J 3
Penrith 18 B 2
Pensacola 38 G 6
Penza 24 G 8
Penzance 10 A 3
Peoria 38 FG 3
Perche région 9 D 3
Percy 10 F 6
Pereira 39 B 2
Pergame auj. Bergama 25 B 14
Pergé ruines 25 C 15
Périers 10 F 5
Perigord région 9 D 6
Périgueux 12 E 4
Perm anc. Molotov 24 K 6
Pernambuco État fédéré 39 KL 5
Pernik 23 J 4
Péronne 11 L 4
PÉROU État 39 BC 6
Pérouges 13 KL 3
Pérouse (Perugia) 23 CD 4
Perpignan 12 J 10
Perreux-sur-Marne (Le) 14 H 7
Perros-Guirec 10 C 6
Persepolis ruines 26 J 6
Perth (Australie) 31 B 7
Perth (Écosse) 17 D 5
Perthus col 12 H 10
Pervouralsk 24 L 6
Pesaro 23 D 3
Pescara 23 DE 4
Peschiera 19 K 7
Peshawar 27 M 5
Pesmes 11 P 9
Pessac 12 C 5
Petchenga 24 E 1
Petchora ville et fleuve 24 J 3
Peterborough 18 E 6
Peterhead 17 E 4
Petit Clamart 14 D 9
Pétra ruines 25 D 18
Petrified Forest parc naturel 38 CD 4
Petropavlovsk-Kamtchatski 30 H 3
Petroșani 23 J 2
Petrozavodsk 24 E 5
Peyrehorade 12 C 8
Peyruis 13 N 7
Pézenas 12 J 8
Pforzheim 20 CD 11
Phæstos ruines 23 K 9
Phalodi 27 N 7
Phalsbourg 11 R 6
Pharsale 23 HJ 7
Philadelphie 38 JK 3
Philæ ruines 35 S 7
Philippeville auj. Skikda 34 H 2
PHILIPPINES État 29 HJ 11
Phitsanulok 26 B 10
Phocée ruines 23 L 7
Phœnix île 34 M 2
Phoenix 38 BC 4
Phuket 29 A 13
Piana 13 R 10
Piatigorsk 25 G 12
Piatra Neamt 23 K 1
Piaui État fédéré 39 J 5
Piave fleuve 21 B 12
Picardie région 9 E 2
Pickering 18 D 2
Picquigny 11 K 4
Piedicroce d'Orezza 13 S 10
Piémont région 23 A 2
Pierrefitte-s-Seine 14 F 5
Pierrefonds 11 LM 5
Pierrefontaine 11 Q 9
Pierrelatte 15 L 6
Pierrelaye 14 C 3
Pietermaritzburg 33 F 8
Pietersburg 33 F 6
Pignerol 19 D 9
Pila anc. Schneidemühl 21 E 5
Pilcomayo rivière 37 H 14
Pilica rivière 21 G 7
Pinang (Georgetown) 29 AB 13
Pinde mont 16 G 8
Pingliang 28 D 5-6
Pinsk 24 B 8
Piombino 23 B 4
Piotrków 21 G 7
Pirée (Le) 23 K 7
Pirmasens 20 C 10
Pirna 20 H 8
Pirot 23 J 4
Pise 23 B 3
Pisek 21 D 9
Pitcairn île 6 B 5
Pitești 23 K 3
Pithiviers 11 E 7
Pittsburgh 38 J 3
Pityuses îles 22 K 6
Piura 39 A 5
Plagne (La) 19 C 7
Plaily 14 JK 2
Plaisance (Gers) 12 DE 8
Plaisance (Italie) 19 H 8
Plaisir 11 K 6
Plancoët 10 E 6
Plasencia 22 DE 5
Platte (North et South) rivière 36 E 6
Plauen 20 FG 8
Pleaux 12 H 5
Pléneuf 10 D 6
Plérin 10 D 6
Plessis-Chênet (Le) 14 G 14
Plessis-le-Roi 14 J 13
Plessis-Robinson (Le) 14 DE 9
Plettenberg 20 C 7
Pleumeur-Bodou 10 C 6
Pleven 23 JK 4
Pliska 23 L 3
Ploče 23 F 4
Plock 21 G 6
Ploërmel 10 D 8
Plœuc-s-Lié 10 D 7
Plogoff 10 A 7
Ploiești 23 KL 2
Plombières 11 Q 7
Plouaret 10 C 6
Plougastel-Daoulas 10 B 7
Plouguenast 10 D 7
Plouha 10 D 6
Plovdiv 23 K 5
Plymouth 17 C 9
Plzen (Pilsen) 20 GH 9
PNOM PENH 29 C 12
Pô plaine du 19 HK 8
Pobeda mont 30 E 6
Poblet monastère 22 J 3
Po Chan voir Boshan 28 G 5
Podolie région 18 G 5
Podor 34 BC 7
Podporojié 24 E 5
Pointe-à-Pitre 36 L 2
Pointe-Noire 34 H 12
Poiré-s-Vie (Le) 12 B 1
Poitiers 10 H 11
Poitou région 9 DE 5
Poix-de-Picardie 11 K 4
Policastro 23 E 6
Poligny 13 M 1
POLOGNE État 21 F 6
Polotsk 24 C 7
Polounotchnoie 24 L 4
Poltava 25 DE 10
Polynésie Française voir Iles Marquises et de la Société 6 B 4 Comprend aussi les îles Touamotou, Gambier, Toubouai
Poméranie anc. province 20 J 4
Pommard 12 O 10
Pompei ruines 23 DE 5
Pompey 11 Q 6
Ponce 38 M 8
Pondichéry 27 P 11
Ponferrada 22 D 2
Pongo de Manseriche 39 B 4
Pons 12 D 4
Pontacq 12 D 9
Ponta Delgada 20 C 9
Ponta Grossa 39 L 1
Pont-à-Marcq 11 R 2
Pont-à-Mousson 11 P 6
Pontarlier 11 Q 10
Pont-Audemer 10 J 5
Pontault-Combault 14 JK 9
Pontaumur 12 H 3
Pont-Aven 10 C 8
Pontchâteau 10 DE 9
Pont-d'Ain 13 M 3
Pont-de-Roide 11 R 9
Pont du Gard 13 K 7
Ponte-Leccia 13 RS 10
Pontevedra 22 C 2
Pontianak 29 D 15
Pontivy 10 D 7
Pont-l'Abbé 10 B 8
Pont-l'Évêque 10 H 5
Pontorson 10 EF 6
Pontresina 19 J 4
Pont-Saint-Esprit 13 KL 6
Pont-Sainte-Maxence 11 L 5
Ponts-de-Cé (Les) 10 G 9
Pont-s-Yonne 11 M 7
Pontypool 18 B 7
Poole 18 BC 9
Poona 27 NO 9
Poopó lac 37 B 10
Popocatepetl volcan 36 D 9
Porbandar 27 M 8
Porculla col 37 F 12
Pori 24 B 4
Porkkala 24 B 5
Pornic 10 E 9
Pornichet 10 D 9
Porquerolles île 13 N 9
Porrentruy 19 D 2
PORT-AU-PRINCE 38 KL 8
Port-Barcarès 12 J 10
Port-Bou 12 J 10
Port-Cros île 13 N 9
Port-de-Bouc 13 L 8
Portel (Le) 11 K 2
Port Elizabeth 33 E 9
Port-en-Bessin 10 FG 5
Portes de Fer col 23 H 3
Port-Etienne auj. Nouadhibou 34 B 6
Port-Gentil 34 H 12
Port-Grimaud 11 NO 9
Port Harcourt 34 G 10
Port Hedland 31 B 5
Portillon col 12 E 10
Portimão 22 C 7
Portland (Maine) 38 K 2
Portland (Oregon) 38 A 1
Port-la-Nouvelle 12 J 9
PORT-LOUIS 33 M 6
PORT-MORESBY 31 F 2
Port-Navalo 10 D 8
Port Nelson 36 F 5
Port Nolloth 33 BC 8
Porto (Corse) 13 R 10
Porto (Portugal) 22 C 3
Porto Alegre 39 LM 2
Porto Amboim 33 AB 3
Portofino 23 B 3
PORT OF SPAIN 39 E 1
PORTO-NOVO 34 FG 10
PORTO RICO îles et État associé aux États-Unis 38 M 8
Porto Torres 23 A 5
Porto-Vecchio 13 S 12
Pôrto Velho 39 E 5
Porto Vesme 23 A 6
Porto Pirie 31 E 6
Porto-Radium 36 E 3
Portrush 16 B 6
Port-Royal, abbaye 14 A 10
Port-Saïd 35 R 1
Port St-Johns 33 F 8
Port-St-Louis 13 L 8
Port Shepstone 33 F 8
Portsmouth (Angleterre) 18 D 9
Portsmouth (É.-U., Virginie) 38 JK 4
Port-Soudan 35 O 6
Port-s-Saône 11 Q 8
Port Tewfik 35 R 3
PORT-VILA 31 J 4
PORTUGAL État 22 C 7-D 3
Port-Vendres 12 J 10
Posadas 37 E 12
Potosi 39 D 8
Potsdam 20 GH 6
Pouchkine 24 D 6
Pougatchev 24 J 9
Pougues-les-Eaux 11 L 10
Pouilles région 23 F 6
Pouilly-en-Auxois 11 NO 9
Pouilly-s-Loire 11 M 9
Pouldu (Le) 10 BC 8
Pourtalet (Le) col 12 D 9
Pouzauges 10 F 10
Powell lac 38 C 4
Poyanghu lac 28 FG 7
Požarevac 23 H 3
Prades 12 H 10
Pragnères centrale 12 DE 9
PRAGUE (Praha) 21 D 8
Praia a Mare 23 E 6
Pralognan 13 O 4
Prato 23 C 3
Prats-de-Mollo-la-Preste 12 H 10
Prêcheur (Le) 36 K 4
Pré-en-Pail 10 G 7
Prémanon 19 A 4
Prémery 11 M 9
Prenzlau 20 H 4
Président Prudente 39 G 8
Preslav 23 L 4
Prešov 21 H 9
Preston (Australie) 31 A 5
Preston (Royaume-Uni) 18 B 4
PRETORIA 32 G 11
Prévéza 23 GH 7
Přibram 21 D 9
Priène ruines 25 AB 15
Prieska 33 D 8
Prijepoly 23 G 4
Prilep 23 H 5
Prilouki 24 D 9
Prince Édouard île et province 38 KL 1
Prince Rupert 36 C 4
PRINCIPE île 37 G 11
Pripet rivière 24 B 9
Prirzen 23 H 5
Priština 23 H 4
Privas 13 L 5
Proddatur 27 P 10
Propriano 11 R 12
Prout fleuve 25 B 11
Provence région 9 H 8
Providence 38 K 3
Provins 11 M 6
Provo 38 C 3
Pruszkow 21 G 6
Przemysl 21 HJ 8
Pskov 24 CD 6
Pucallpa 39 B 5
Puebla État fédéré (nº 9) et ville 38 E 8
Pueblo 38 D 4
Puerto... voir aussi au nom qui suit Puerto
Puerto Cabezas 38 H 9
Puertollano 22 F 6
Puerto Montt 37 A 15
Puerto Princesa 29 G 12
Puget-Théniers 13 O 7
Puigcerda 12 G 10
Puigmal mont 12 GH 10
Puisaye région 9 F 4
Puiseaux 11 L 7
Puiseux-Pontoise 14 A 2
Pula 23 D 3
Pulawy 21 H 7
Puno 39 C 7
Purus rivière 37 H 12
Puteaux 14 D 6
Puy (Le) 13 K 5
Puy-de-Dôme département nº 63 cartes 8 et 12 J 4
Puy-de-Dôme mont 12 H 3
Puy de Sancy 9 F 6
Puylaurens 12 G 8
Puy-l'Évêque 12 F 6
Puymorens 12 G 10
Pweto 33 F 3
Pylat 12 B 6
Pylos (Navarin) 23 H 8
PYONG YANG 28 H 5
Pyrénées Atlantiques département nº 64 cartes 8 et 12 C 9
Pyrénées-Orientales département nº 66 cartes 8 et 12 H 10

Q

Qacentina anc. Constantine 34 H 3
Qârum lac 35 Q 3
QATAR État 26 J 7
Qazvin 29 H 4
Qina 35 N 5
Qingdao 28 GH 5
Qinghai région 28 B 5
Qinhuangdao 28 G 4
Qiqihar 28 H 2
Qom (ou Qhom) 26 H 5

Qsar el Heir *ruines* 25 EF 17
Quanzhou 28 G 8
Quarré-les-Tombes 11 N 9
Québec *province* 36 G 5
Québec 38 J 2
Quedlinburg 20 F 7
Queensland *État fédéré* 31 F 5
Queenstown 33 E 8
Quelimane 33 H 5
Quemo 27 P 3
Quercy *région* 9 E 7
Querétaro *État fédéré nº 4* 38 DE 8
Quérigut 12 GH 10
Quesnoy (Le) 11 S 4
Quetta 27 M 6
Queyras *région* 13 O 6
Quezon City 29 H 11
Quiberon 10 C 9
Quillan 12 G 9
Quilon 27 O 12
Quilpie 31 EF 5
Quimper 10 B 7
Quimperlé 10 BC 8
Quincy-sous-Sénart 14 HJ 11
Quinguey 11 PQ 9
Qui Nhom (Binh Dinh) 29 DE 11
Quintana Roo *État fédéré* 38 G 8
Quipeio *mont* 32 E 7
QUITO 39 A 4
Qumram *grottes* 26 C 7

R

Rabastens 12 DE 8
RABAT 34 E 3
Radom 21 H 7
Radomsko 21 G 7
Radstadt 20 H 12
Ragaz (Bad-) 19 H 3
Raguse 23 D 8
Raincy (Le) 14 HJ 6
Rainier *mont* 36 C 5
Rainier *parc naturel* 38 B 1
Raipur 27 P 8
Raismes 11 S 3
Rajahmundry 27 PQ 9
Rajasthan *État fédéré nº 21* 27 N 7
Rajkok 27 MN 8
Raleigh 38 J 4
Ramatuelle 13 O 9
Rambervillers 11 Q 7
Rambouillet 11 K 6
Rance *rivière* 10 E 7
Ranchi 27 Q 7
Randan 12 J 3
Randers 17 J 5
RANGOON 29 A 10
Raon-l'Étape 11 QR 7
Raoul *île* 31 L 6
Rapallo 13 RS 6
Raqqa 25 F 16
Ras Shamra (Ougarit) *ruines* 26 B 3
Ras Tanura 26 GH 7
Rastatt 20 C 10
Rathenow 20 G 5
Rätikon *massif* 19 J 2
Ratisbonne (Regensburg) 20 G 10
Ratlam 27 NO 8
Raucourt 11 O 4
Ravenne 23 CD 3
Ravensbrück *(camp concentration)* 20 GH 4
Ravensburg 19 H 1
Rawalpindi 27 N 5
Rawicz 21 E 7
Rawlinna 31 C 6
Rawson 37 C 16
Raz (pointe du) *cap* 9 A 3
Razgrad 23 KL 3
Ré *île* 12 B 2
Reading 18 D 8
Réalmont 12 H 7
Réau 14 K 13
Recht 26 H 4
Recife 39 L 6
Recklinghausen 20 B 1
Redcar 18 D 2
Red River *rivière* 36 E 7
Redon 10 E 8
Redruth 10 A 3
Regen 20 G 10
Reggane 34 F 5
Reggio di Calabria 23 E 7
Reggio nell' Emilia 19 K 9
Regina 38 D 1
Rehoboth 33 C 6
Reichenbach 20 FG 8
Reichshoffen 11 S 5
Reigate 10 H 1
Reims 11 N 5
Remagen 20 C 8
Remiremont 11 QR 7
Remoulins 13 L 7
Remscheid 20 B 2
Renaix (Ronse) 18 H 7
Rendsburg 20 D 3
Rennel *île* 31 H 3
Rennes 10 EF 7
Reno 38 B 3
Réole (La) 12 D 6
Repulse Bay 36 F 3
Requena 22 F 5
Réquista 12 H 7
Reschen-Scheideck (Résia) *col* 19 K 3
Resistencia 37 CD 12
Reşiţa 23 H 2
Rethel 11 N 4
Rethondes *(clairière de l'Armistice)* 11 LM 5
Rethymnon 23 K 9
Retournac 13 K 4
Réunion (La) *île et département français d'Outre-Mer* 33 L 1
Reus 22 J 4
Reutlingen 20 D 11
Revda 24 L 6
Revel 12 G 8
Revigny-s-Ornain 11 O 6
Revilla Gigedo *îles* 38 B 8
Revin 11 N 3
REYKJAVIK 17 A 2
Rezaheh 26 G 4
Rezayeh *lac* 25 H 15
Rheden 18 L 4
Rhénanie du Nord-Westphalie *État (land)* 20 BC 6 et 7
Rhénanie-Palatinat *État (land)* 20 B 9
Rheine 20 BC 6
Rheinfelden 19 E 1
Rheydt 20 B 7
Rhin *fleuve* 16 E 5
Rhinau 11 S 7
Rhode Island *État fédéré nº 35* 38 K 3
Rhodes (Rodhos) *île et ville* 23 M 8
Rhodésie *État, voir* Zimbabwe 33 F 5
Rhodope *monts* 16 G 7
Rhondda 18 A 7
Rhône *département nº 69* cartes 8 et 13 L 3
Rhône *fleuve et affluents* carte 9
Rhyle 18 A 4
RIAD (RIYAD) 26 G 7
Riaillé 10 F 9
Rians 13 M 8
Riau *îles* 29 C 15
Riazan 24 F 8
Ribeauvillé 11 R 7
Ribeirão Prêto 39 H 8
Ribérac 12 E 4
Riberalta 39 D 6
Ricamarie (La) 13 KL 4
Riceys (Les) 11 NO 8
Richelieu 10 J 10
Richmond 38 J 4
Riesa 20 H 7
Rieti 23 CD 4
Rieupeyroux 12 H 6
Rieux-Volvestre 12 F 9
Riez 13 N 7
RIGA 24 B 6
Rignac 12 H 6
Rijeka *anc.* Fiume 23 E 2
Rijswik *anc.* Ryswick 18 J 4
Rimini 23 D 3
Rimnicu Sărat 23 KL 2
Rîmnicu-Vîlcea 23 JK 2
Ringköbing 21 A 2
Rino 13 S 9
Riobamba 39 AB 4
Rio Branco (Brésil) 39 CD 6
Rio de Janeiro *État fédéré et ville* 39 JK 9
Rio de la Plata *estuaire* 37 D 14
Rio Gallegos 37 BC 17
Rio Grande 39 L 2
Rio Grande do Norte *État fédéré* 39 L 5
Rio Grande do Sul *État fédéré* 39 KL 2
Rioja (La) *province* 22 G 3
Riom 11 J 2
Riom-ès-Montagnes 12 H 4
Rio Tinto 22 D 7
Rioz 11 PQ 9
Riquewihr 11 R 7
Risle *rivière* 10 J 6
Risör 17 J 4
Ris-Orangis 14 FG 12
Riva 19 L 6
Rive-de-Gier 13 K 4
Rivera 37 E 13
Rives 13 M 4
Rivesaltes 12 H 10
Rivoli 19 L 7
Rize 25 F 13
Rjukand 17 H 2
Roanne 13 K 3
Roanoke 38 H 4
Roca *cap* 22 AB 6
Rocamadour 12 FG 5
Roche-Bernard (La) 10 D 9
Rochechouart 12 EF 3
Rochefort 12 C 3
Rochefoucauld (La) 12 DE 3
Roche-Guyon (La) 11 K 5
Rochelle (La) 12 C 2
Roche-Posay (La) 10 J 10
Rochepot (La) 13 KL 1
Rochester 38 J 3
Roche-sur-Yon (La) 10 F 10
Rochette (La) 13 MN 4
Rocheuses (Montagnes) *chaîne* 35 D 5
Rockford 38 G 3
Rockhampton 31 G 5
Rocky Mountains *parc naturel* 38 D 3
Rocroi 11 N 4
Rodâ 35 Q 4
Rodez 12 H 6
Roermond 18 L 6
Rogliano 13 S 9
Rohan 10 D 7
Rohtak 27 O 6
Roissy *aéroport* Paris-Charles-de-Gaulle 14 J 4
Roissy-en-Brie 14 K 9
Roissy-en-France 14 H 4
Romainville 14 G 6
Roman 23 L 1
Romans 13 L 5
Rombas 11 Q 5
ROME 23 C 5
Romilly-s-Seine 11 M 7
Romorantin 11 K 9
Roncevaux (Roncesvalles) *ville et col* 12 B 9
Ronchamp 11 Q 8
Ronda 20 E 8
Rönne 17 L 6
Roosendaal 18 J 5
Roquecourbe 12 GH 8
Roquefort (Landes) 12 CD 7
Roquefort-s-Soulzon 12 J 7
Roraima *mont* 37 J 11
Roraima *territoire* 39 E 3
Röros 14 J 1
Rosario 13 C 13
Roscoff 10 B 6
Rosenheim 21 FG 11
Rosette (Rachid) 35 Q 1
Roskilde 20 FG 1
Roslavl 24 D 8
Rosny-sous-Bois 14 H 7
Rosporden 10 BC 7
Rossano 23 F 6
Rosso 34 B 7
Rostock 20 G 3
Rostov 25 F 11
Rostrenen 10 C 7
Rotondo *mont* 9 J 9
Rotterdam 18 J 4
Rottweil 20 D 11
Rotuma *île* 31 L 3
Roubaix 11 M 2
Roudnyi 24 M 8
Rouen 10 J 5
Rouergue *région* 9 EF 7
Rouge (Mer) 35 P 7
Rougeau (forêt de) 14 HJ 13
Roulers (Roeselare) 18 G 6
Roumaila 25 J 18
ROUMANIE *État* 23 JK 2
Rourkela 27 Q 8
Rousses (Les) 11 PQ 11
Roussillon *région* 9 F 9
Roustavi 25 H 13
Routba 25 F 17
Rovaniemi 24 D 2
Rovereto 19 L 6
Rovno 24 B 9
Royan 12 C 3
Royat 12 J 3
ROYAUME-UNI *État* 17 D 6
Roye 11 L 4
Roznava 21 H 9
Ruda Slaska 21 F 8
Rue 11 K 3
Rueil-Malmaison 14 C 7
Ruffec 12 E 2
Rufisque 34 B 7
Rugby 18 D 6
Rügen *île* 20 H 3
Ruhr *région* 20 B 2
Rungis 14 F 10
Ruse 21 K 3
Rüsselheim 20 CD 9
RUSSIE (Fédération de) *État* 7 J 2 et 30 D 4 et 24-25
Rustenburg 32 FG 11
Ruwenzori *mont* 32 FG 5
RWANDA *État* 35 N 12
Rybinsk (Chtcherbakov) 24 F 6
Ryukyu *îles* 28 J 8

S

Saalfeld 20 F 8
Saanen 19 D 4
Saarlouis (Sarelouis) 20 B 10
Saas-Fee 20 E 5
Saba *ruines* 26 F 10
Sabadell 22 K 3
Sabah *région* 29 FG 13
Sabhab 34 J 5
Sables d'Olonne (Les) 10 E 11
Sablé-sur-Sarthe 10 G 8
Sabol 27 K 6
Sabres 12 C 7
Sabzawar 26 J 4
Saclay 14 C 10
Sacramento 38 A 3
Saad el-Ali *barrage* 35 RS 7
Sadiya 27 S 6
Safi 34 D 3
Saginaw 38 GH 3
Sagone 15 R 11
Sagonte 22 J 5
Sagres 22 B 7
Sahara *désert* 33 CE 3
Saharanpur 27 O 6
Saïda (Sidon) 26 B 5
Saïgon (Ho Chi Minh Ville) 29 D 12
Saihut 26 H 10
Saillans 13 M 6
Saimaa *lac* 25 D 5
Saintes 12 D 3
Saintes (Iles des) 36 L 3
Saintonge *région* 9 C 6
Saintry-sur-Seine 14 H 13
Saïs *ruines* 35 Q 2
Saïun 26 G 10
Sakania 33 F 4
Sakhaline *île* 30 H 4
Sakishima *île* 28 H 9
Salado *rivière* 37 J 15
Salalah 26 J 10
Salamanque (Salamanca) 22 E 4
Salat *rivière* 10 F 9
Salavat 24 K 8
Salazie 33 L 1
Salbris 11 K 9
Salé 32 B 11
Salekhard 24 L 2
Salem (É.-U., Orégon) 38 AB 2
Salem (Inde) 27 P 11
Salerne 23 E 6
Salers 12 H 5
Salette (N.-D.) de la 13 N 5
Salgótarjan 21 G 10
Salies-de-Béarn 12 C 8
Salies-du-Salat 12 F 9
Salina Cruz 38 E 9
Salindres 13 K 7
Salins-les-Bains 11 P 10
Salisbury (Royaume-Uni) 18 C 8
Salisbury (Zimbabwe) *auj.* HARARE 33 F 5
Saljany 25 K 14
Salles-Curan 11 H 7
SALOMON *îles et État* 31 HJ 3
Salon-de-Provence 13 M 8
Salonique *voir* Thessalonique 23 J 6
Salpaus Selkä *collines* 16 G 3
Salsk 25 FG 11
Salsomaggiore 19 J 9
Salta 37 B 12
Salt Lake City 38 C 3
Salto 37 D 13
Saluces 19 D 9
Salvador (Brésil) 39 KL 7
SALVADOR *État* 38 G 9
Salvetat-Peyralès (La) 12 G 7
Salzbourg (Salzburg) *ville et land* 21 C 10-11
Salzgitter 20 E 6
Samara *anc.* Kouibychev 24 J 8
Samarcande (Samarkand) 27 M 3
Samarie *région* 26 BC 6
Samarinda 29 G 15
Samarra 25 GH 17
Samatan 12 F 8
Samawa 25 H 18
Samedan 19 J 4
Sammân 25 L 16
Samoa *îles* 31 M 4 *comprenant les îles occidentales* indépendantes et les îles américaines
Samoens 19 C 5
Samos *île* 23 L 7
Samothrace *île* 23 K 6
Sampit 29 E 16
Samsun 25 E 13
San 34 E 8
SAN'A 26 F 10
Sanaga *fleuve* 34 J 10
Sancerre 11 LM 9
Sanchi *ruines* 27 O 8
Sandakan 29 G 13
Sandness 17 G 4
Sandomierz 21 H 8
Sandviken 17 L 2
Sangli 27 O 10
Sanguinaires *îles* 13 QR 11
Sannois 14 D 5
Santander 22 F 2
Santarém (Brésil) 39 G 4
Santarém (Portugal) 22 B 5
SANTIAGO (Chili) 37 B 14
Santiago 38 L 8
Santiago de Cuba 38 JK 8
Santiago del Estero 37 C 12
Santillana des Mar 22 F 2
Santorin (Théra) *île* 23 L 9
Santos 39 H 9
Saône *rivière* 11 P 9
Saône-et-Loire *département nº 71* cartes 8 et 11 O 11
SAO TOMÉ ET PRINCIPE *État* 34 G 11
Saoura *oued* 34 F 4
Sapele 34 G 10
Saporro 28 L 3
Saragosse (Zaragoza) 22 H 3
Sarajevo 23 F 3
Saramon 12 E 8
Saransk 24 G 8
Saratov 24 GH 9
Sarawak *région* 29 EF 14
Sarcelles 14 F 4
Sardaigne *île et région* 23 AB 6
Sardes *ruines* 23 M 7
Sargasses (mer des) 38 M 7
Sarh *anc.* Ft-Archambault 35 K 9
Sarlat-Caneda 12 F 5
Sarnath *ruines* 27 P 7
Sarnen 19 F 3
Sarralbe 11 R 5
Sarrans *centrale* 12 H 5
Sarre *État (land)* 20 B 10
Sarrebourg 11 R 6
Sarrebruck (Saarbrücken) 20 B 10
Sarreguemines 11 R 5
Sarre-Union 11 R 5
Sartène 13 R 12
Sarthe *département nº 72* cartes 8 et 10 HJ 8
Sarthe *rivière* 10 H 7
Sartrouville 14 CD 5
Sasebo 28 J 6
Saskatchewan *province* 36 E 5
Saskatoon 38 D 1
Sasolburg 32 G 12
Sassari 23 A 5
Sassnitz 20 H 3
Satillieu 13 KL 5
Satlej *rivière* 27 N 6
Satolas 13 L 3
Satu Mare 21 J 10
Sauda 17 H 3
Saugues 12 J 5
Saujon 12 C 3
Sauldre *rivière* 11 K 9
Saulieu 11 N 9
Sault 13 M 7
Sault-Ste-Marie 38 G 2
Saumur 10 GH 9
Saurimo 33 D 3
Sauternes 12 D 6
Sauveterre 12 D 5
Sauzon 10 C 9
Savannah 38 J 5
Savannakhet 29 C 10
Save *rivière* 12 E 9
Savenay 10 E 9
Saverdun 12 G 9
Saverne 11 R 6
Savigny-le-Temple 14 J 13
Savigny-sur-Orge 14 F 11
Savognin 19 H 4
Savoie *département nº 73* cartes 8 et 13 N 4
Savoie *région* 10 Q 5
Savona 13 Q 6
Savone 23 A 3
Sawu *île* 31 B 3
Saxe 20 G 7
Saxe-Anhalt *État (land)* 20 F 5 et 7
Say 34 F 8
Scaer 10 BC 7
Scanno 23 D 5
Scapa Flow *baie* 17 D 3
Scarborough 18 E 2
Sceaux 14 E 9
Schaffhouse *ville et canton* 19 F 1
Schärding 20 H 11
Schefferville 36 GH 5
Scheidegg (Kleine) 19 EF 4
Schiedam 18 J 5
Schiltigheim 13 S 6
Schio 19 M 6
Schirmeck 11 R 6
Schleswig-Holstein *État (land)* 20 D 2, E 3
Schruns 19 J 3
Schwabach 20 F 10
Schwabisch Hall 20 E 10
Schwandorf 20 G 10
Schwarze Pumpe 20 J 7
Schwedt 20 H 5
Schweinfurt 20 E 9
Schwerin 20 F 4
Schwyz *ville et canton* 19 G 3
Scilla 23 E 7
Scilly *îles* 17 B 9
Scorff *rivière* 10 C 8
Scranton 38 J 3
Scunthorpe 18 DE 4
Scuol-Tarasp-Vulpera 19 K 3
Scutari *voir* Uskudar 25 B 13
Seaham 18 D 2
Seattle 38 B 1
Sebasteia *auj.* Sivas 25 E 14
Sebastopol 25 D 12
Seclin 11 QR 10
Secondigny 10 G 11
Secunderabad 27 O 9
Sedan 11 O 4
Seefeld 19 L 2
Seeland *île* 20 FG 1
Sefrou 32 D 11
Ségeste *ruines* 23 CD 8
Segonzac 12 D 4
Ségou 34 D 8
Ségovie 22 F 4
Segré 10 G 8
Segre *rivière* 22 J 3
Segura *fleuve* 22 G 6
Seille *rivière* 11 P 10
Sein *île* 10 A 7
Seine *fleuve et affluents* carte 9
Seine-et-Marne *département nº 77* cartes 9 et 11 M 6
Seine-Maritime *département nº 76* cartes 9 et 10 J 4
Seine-Port 14 J 14
Seine-St-Denis *département nº 93* cartes 8 et 14 H 5 J 6
Sekhira *anc.* La Skhirra 34 J 3
Sekondi-Takoradi 34 E 10
Sélestat 11 R 57
Séleucie *ruines* 25 DE 16
Séleucie-s-le Méandre (*auj.* Aydin) 25 B 15
Selinonte *ruines* 23 C 8
Semara 34 D 5
Semarang 29 E 17
Semipalatinsk 30 E 5
Semur-en-Auxois 11 N 9
Sena 33 G 5
Sénart (forêt de) 14 GH 11
Sénégal *fleuve* 32 B 4
SÉNÉGAL *État* 34 B 8
Sendai 28 M 4
Senj 23 E 3
Senlis 11 L 5
Sens 11 M 7
Senta 23 G 2
Senurès 35 Q 3
SÉOUL 28 J 5
Sept-Iles (Les) 10 C 6
Sept Iles (Canada) 38 K 1
Sequoia *parc* 38 AB 1
Seraing 18 K 7
Serbie *République fédérée de l'ex-Yougoslavie* 23 H 4
Sercq *île* 10 E 5
Serembam 29 B 14
Sereth *rivière* 23 L 1
Serfaus 19 K 3
Sergipe *État fédéré* 39 L 6
Sermaize-les-Bains 11 O 6
Serov 24 L 5
Serowe 33 E 6
Serpouchov 24 E 8
Sérrai 23 J 5
Serre-Chevalier 19 B 8
Serre-Ponçon *lac et barrage* 13 N 6
Serres 15 M 6
Servian 12 J 8
Sestrières 19 C 8
Sète 13 K 8
Sétif *auj.* Stif 34 GH 3
Setúbal 22 B 6
Sevan *lac* 25 H 14
Séverac-le-Château 12 J 6
Severodvinsk 24 F 4
Séville 22 D 7
Sevran 14 J 5
Sèvre Nantaise *rivière* 10 F 10
Sèvre Niortaise *fleuve* 12 C 2
Sèvres 14 D 8
SEYCHELLES *îles et État* 32 J 6
Seyhan *fleuve* 25 E 15
Seyne (Alpes-de-Haute-Provence) 13 N 6
Seyne (La) [Var] 13 MN 9
Sézanne 11 MN 6
Sfax 34 J 3
's-Gravenhage *voir* La Haye 18 HJ 3
Shaba *anc.* Katanga *région* 33 E 2
Shahjahanpur 27 P 6
Shandong *anc.* Chan Toung *province* 28 G 5
Shanghai 28 GH 7
Shannon 17 A 7
Shantou 28 F 9
Shanxi *anc.* Chan Si *province* 28 E 5
Shaoguan 28 EF 8
Shaoyang 28 E 8

ıasta mont 36 C 6
ıeffield 18 CD 4
ıenandoah parc naturel 38 HJ 4
ıenxi anc. Chen Si province 28 D 6
ıenyang 28 H 4
ıerbrooke 38 JK 2
-Hertogenbosch voir Bois-le-Duc 18 K 5
ıetland îles 17 E 2
ıijiazhuang 28 F 5
ıikarpur 27 M 6
ıillong 27 S 7
ıimoga 27 NO 10
ıimonoseki 28 JK 6
ıinyanga 33 H 1
ıolapur 27 NO 9
ıreveport 38 F 5
ırewsbury 18 B 5
ıuangyaschan 28 J 2
alkot 27 N 5
ang Tan voir Xiangtan 28 E 8
auliai 24 B 7
benik 23 E 3
bérie région 30 EF 4
biu 23 J 2
bu 29 E 14
chem auj. Naplouse site biblique 26 C 7
cile île et région 23 D 8
dé ruines 25 C 15
egen 20 C 8
em Reap 29 C 11
enne rivière 10 F 6
enne 23 C 4
erck-les-Bains 11 Q 4
ERRA LEONE État 34 C 9
erre 19 D 5
gean 12 HJ 9
ghetul 23 J 1
ghişoara 23 K 2
gmaringen 20 D 12
güenza 22 G 4
guiri 34 CD 8
irt 25 G 15
kasso 34 D 9
kkim État fédéré n° 22 27 R 6
char 27 S 7
istra 20 L 3
s 19 J 5
van 25 F 15
mferopol 25 D 12
mla 27 O 6
monstown 33 C 9
mplon col 19 E 5
naï région 28 B 10
naloa État fédéré 38 C 7
ndiga 33 G 2
NGAPOUR 29 C 14
ngen 19 G 1
n Kiang province, voir Xinjiang 27 P 2
ntra (Cintra) 22 B 6
ıulju 28 H 4
on (France) 11 Q 6
on (Suisse) 19 D 5
ouah (Siwa) 35 M 4
oule rivière 12 J 3
oux Falls 38 E 3
mione 19 K 7
ak 23 F 2
sonne 11 N 4
steron 13 MN 7
tard 18 L 6
Tcheou voir Xuzhou 28 F 6
vas Ant. Sebasteia 25 E 14
t 13 O 3
agen 21 B 1
agerrak détroit 17 J 4
egness 18 EF 5
elleftea 24 B 3
hirat 32 B 11
hirra (La) auj. Sekhira 34 J 3
hodër 23 G 5
en 17 J 3
kda anc. Philippeville 34 H 2
ve 17 J 5
old 17 G 3
opje 23 H 5
övde 17 KL 4
ven 23 L 4
vaquie région 21 FG 9
OVÉNIE État 23 E 2
psk anc. Stolp 21 E 4
Smederovo 23 GH 3
Smolensk 24 D 8
Smyrne voir Izmir 25 B 14
Snake rivière 38 C 3
Snowdon mont 16 C 4
Sochaux 11 R 8
Société îles 6 AB 4
Socotra île 35 S 8
Söderhamn 17 LM 1
Södertälje 17 M 3
Sodome site biblique 26 C 8
Sofala anc. Beira 36 G 5
SOFIA (Sofija) 23 J 4
Sohag 35 R 5
Sohar 26 J 7
Soignies 18 H 8
Soissons 11 M 5
Soisy-sous-Montmorency 14 E 4
Soisy-sur-Seine 14 GH 12
Sokodé 34 F 9
Sokol 24 F 6
Sokoto 34 G 8
Sölden 19 L 3
Solenzara 13 S 11
Solesmes (Nord) 11 M 3
Solesmes (Sarthe) 10 GH 8
Soleure (Solothurn) ville et canton 19 DE 2
Solférino 19 K 7
Solihull 18 C 6
Solikamsk 24 K 5
Solimões (nom de l'Amazone dans une partie de son cours) 37 H 12
Solin anc. Salona ruines 23 F 4
Solingen 20 B 2
Solliès-Pont 13 N 9
Solloum (As-Sallûm) 35 LM 3
Sologne région 9 E 4
Solre-le-Château 11 N 3
Soltanieh 25 JK 16
Soltau 20 E 5
Solway firth 18 A 2
Somali plateau 32 J 4
SOMALIE État 35 R 10
Sombor 23 G 2
Somme département n° 80 cartes 8 et 11 K 4
Somme fleuve 11 L 4
Somport col 12 C 9
Sonneberg 20 F 8
Sopot 21 F 4
Sopron 21 E 10
Sore 12 C 6
Sorgues 13 L 7
Soria 22 G 3
Sorlingues îles, voir Scilly 17 B 9
Sorong île 29 L 15
Sorrente 23 D 6
Sortavala 24 D 5
Sosnogorsk 24 J 4
Sosnowiec 21 G 8
Sospel 13 P 7
Sotchi 25 F 12
Sotteville-lès-Rouen 10 J 5
Soua Teou voir Shantou 28 F 9
Souda 23 K 9
Soudan région 32 CE 4
SOUDAN État 35 MN 9
Soueida 25 E 17
Soufrière (La) volcan 36 KL 2
Souillac 12 F 5
Soukhona rivière 24 G 5
Soukhoumi 25 F 13
Souleimaniya 25 HJ 16
Soumy 24 E 9
Sour (Tyr) [Liban] 26 B 5
Sourdeval 10 G 6
Sousse 23 B 9
Soustons 12 B 7
Sou Tcheou voir Suzhou 28 G 7
Souterraine (La) 12 FG 2
Southampton 18 C 9
Southport 18 A 4
South Shields 18 D 1
South West région 17 CD 9
Souvigny 12 J 2
Sovietsk (Tilsit) 21 H 3
Soweto 32 G 11
Soyaux 12 E 3
Sozopol 23 LM 4
Spa 18 L 7
Spalding 18 E 5
Sparte 23 J 8
Spezia (La) 23 B 3
Spiez 19 DE 4
Spincourt 11 P 5
Spire (Speyer) 20 CD 10
Spitzberg (Svalbard), 30 D 2
Split 23 F 4
Splugen col 19 H 4
Spokane 38 C 1
Sporades du Sud archipel 23 L 7-8
Sporades septentrionales îles 23 K 6
Springfield 38 F 4
Springs 32 H 11
Srebrenica 23 G 3
SRI LANKA (CEYLAN) État 27 P 12
Srinagar 27 N 5
Stade 20 D 4
Stadt Allendorf 20 D 8
Stadthagen 20 D 6
Stafford 18 B 5
Stains 14 F 5
Stalingrad auj. Volgograd 25 G 10
Stanke Dimitrov 23 J 4
STANLEY 37 D 17
Stanovoi monts 30 G 4
Stans 19 F 3
Starachowice 21 H 7
Stara Zagora 23 KL 4
Stargard 20 J 4
Stassfurt 20 F 6
Stavanger 17 G 3
Stavelot 18 L 7
Stavropol 25 G 12
Steep Rock 38 F 2
Stelvio col 19 K 4
Stenay 11 O 4
Stendal 20 F 5
Stepanakert 25 J 16
Sterlitamak 24 KL 8
Stettin voir Szczecin 20 J 4
Stevenage 18 E 7
Stewart île 31 HJ 9
Steyr 29 J 12
Stif anc. Sétif 34 GH 3
Stip 23 J 5
Stirling 17 CD 5
STOCKHOLM 17 M 2
Stockport 18 C 4
Stockton-on-Tees 18 C 2
Stoke on Trent 18 B 5
Stralsund 20 GH 3
Stranraer 17 C 6
Strasbourg 11 RS 6
Stratford-upon-Avon 18 C 6
Straubing 20 G 11
Strausberg 20 H 5
Stresa 19 F 6
Stromboli volcan 16 E 8
Stroud 18 C 7
Strumica 23 J 4
Stuttgart 20 D 11
Styrie (Steiermark) État (land) 21 D 11
Subotica 23 G 2
Suceava 23 L 1
Sucre 39 DE 8
Sucy-en-Brie 14 HJ 9
Sud-Africaine (République) voir Afrique du Sud État 33 DE 7
Sudbury 38 H 2
Sudètes monts 16 F 5
SUÈDE État 16 F 3
Suez canal 26 A 9
Suez (As Suways) 35 R 2
Suhl 20 E 8
Suippes 11 N 5
SUISSE État carte 19
Sukkur 27 M 7
Sula îles 29 J 15
Sulawesi île 29 GH 15
Sulina 23 M 2
Sully-s-Loire 11 K 8
Sulu îles 29 H 13
Sumatra île 29 B 15
Sumba île 29 G 18
Sumbawa île 29 G 18
Sumer site préhistorique 25 J 18
Šumen 26 L 4
Sumgait 25 K 14
Sund détroit 17 K 5
Sundalsöra 17 H 1
Sunderland 18 D 1
Sundsvall 24 A 4
Sunyani 34 E 9
Suoche (Yarkend) 27 O 4
Superbagnères 12 DE 10
Superior 38 F 2
Surabaya 29 EF 17
Surakarta 29 E 17
Surat 27 N 8
Suresnes 14 D 7
Surgères 12 CD 3
SURINAME État 39 FG 2
Survilliers 14 J 2
Suse (Italie) 19 C 8
Suse (Iran) ruines 26 G 5
Sušice 21 C 9
Susten col 19 F 4
SUVA 31 L 4
Suwalki 21 H 4
Suzhou 28 G 7
Svalbard (Spitzberg) 30 D 2
Sverdlovsk auj. Ekaterinbourg 24 L 6
Svir fleuve canalisé 24 E 5
Svištov 23 K 3
Swakopmund 33 B 6
Swansea 18 A 7
SWAZILAND État 33 F 7
Swidnica 21 E 7
Swindon 18 C 8
Swinoujście 20 J 3
Sybaris ruines 20 F 6
Sydney (Australie) 31 G 6
Sydney (Canada) 38 L 1
Syktykar 24 HJ 5
Syracuse 23 E 8
Syr Daria fleuve 27 K 2
SYRIE État 25 F 6
Syzran 24 H 8
Szarvas 21 H 11
Szczecin anc. Stettin 21 D 5
Szczecinek anc. Neustettin 21 E 5
Szeged 21 G 12
Székesfehérvar 21 F 11
Szekszárd 21 G 12
Szentes 21 GH 11
Szimizetusa 23 H 2
Szolnok 21 GH 11
Szombathely 21 E 11

Saint

St-Affrique 12 H 7
St-Agrève 13 K 5
St-Aignan 10 J 9
St-Albans 18 E 7
St-Alban-s-Limagnole 12 J 5
St-Amand-en-Puisaye 11 LM 8
St-Amand-les-Eaux 11 S 3
St-Amand-Montrond 11 L 10
St-Amans 12 J 5
St-Amour 13 LM 2
St-André-de-Cubzac 12 D 5
St-Andrews 17 D 5
St-Anton 19 K 3
St-Antonin 12 G 7
St-Astier 12 E 5
St-Aubin-du-Cormier 10 F 7
St-Austell 10 B 2
St-Avold 11 QR 5
St-Barthélemy île 32 H 1
St-Béat 12 E 9
St-Benoît-du-Sault 12 G 2
St-Benoît-s-Loire 11 L 8
St-Bernard (Grand) col 19 D 6
St-Bernard (Petit) col 19 C 6
St-Berthevin 10 G 8
St-Bertrand-de-Comminges 12 E 9
St-Brévin 10 E 9
St-Brieuc 10 D 6
St-Calais 10 J 8
St-Cast-le-Guildo 10 DE 6
St-Catherine monastère 26 C 11
St-Céré 12 G 5
St-Cergue 19 B 4
St-Chamond 13 L 4
St-Chély-d'Apcher 12 J 5
St-Chinian 12 HJ 8
ST-CHRISTOPHE ET NIÈVES îles et État 39 H 1
St-Claud 12 E 3
St-Claude 13 MN 2
St-Cloud 14 D 7
St Croix île 39 H 1
St-Cyr-l'Ecole 14 B 9
St-David 17 BC 8
ST-DENIS (Réunion) 33 L 1
St-Denis (France) 14 F 5
St-Didier-en-Velay 13 K 4
St-Dié 11 R 7
St-Dizier 11 O 6
St-Égrève 13 M 4
St-Émilion 12 D 5
St-Estèphe 12 C 4
St-Étienne 13 K 4
St-Étienne-de-Baïgorry 12 B 9
St-Étienne-de-Tinée 13 O 6
St-Eustache île 39 H 1
St-Fargeau 11 M 8
St-Fergus 17 E 4
St-Florent 13 RS 9
St-Florent-le-Vieil 10 F 9
St-Florentin 11 N 8
St-Flour 12 J 5
St-Gall ville et canton 19 GH 2
St-Galmier 13 K 4
St-Gaudens 12 E 9
St-Gaultier 12 G 1
St-Genis-de-Saintonge 12 D 4
St-Genis-Laval 13 KL 3
St-Germain-des-Fossés 12 J 2
St-Germain-en-Laye 14 B 6 et forêt 14 B 5
St-Germain-Laval 13 K 3
St-Germain-Lembron 12 J 4
St-Germain-lès-Corbeil 14 H 12
St-Georges-de-Didonne 12 BC 4
St-Gervais 19 BC 6
St-Gervais d'Auvergne 12 H 3
St-Géry 12 G 6
St-Gildas-de-Rhuys 10 D 9
St-Gilles-Croix-de-Vie 10 E 10
St-Gilles-du-Gard 13 K 8
St-Gingolph 11 R 11
St-Girons 12 F 9
St-Gobain 11 M 4
St-Gothard col 19 F 4
St-Gratien 14 DE 5
St-Hélier 10 E 5
St-Herblain 10 EF 9
St-Hilaire-du-Harcouët 10 F 6
St-Hubert 18 K 8
St-Jacques-de-Compostelle (Santiago) 22 BC 2
St-Jean (Canada) 38 K 2
St-Jean-d'Acre auj. Akka 26 B 6
St-Jean-d'Angély 12 D 3
St-Jean-de-Bournay 13 LM 4
St-Jean-de-Luz 12 B 8
St-Jean-de-Maurienne 13 N 4
St-Jean-de-Monts 10 DE 10
St-Jean-Pied-de-Port 12 BC 9
St-Jeoire 13 N 2
St-John's (Terre Neuve) 36 J 6
St-John's (Canada) 38 M 1
St-Joseph (É.-U., Missouri) 38 F 4
St-Julien 13 M 2
St-Junien 12 F 3
St-Just-en-Chevalet 13 K 3
St-Kitts île 39 H 1
St-Laurent (Guyane) 36 K 7
St-Laurent-des-Eaux 11 K 8
St-Léonard-de-Noblat 12 G 3
St-Leu (La Réunion) 33 K 2
St-Leu-la-Forêt 14 DE 4
St-Lô 10 F 5
St-Louis (La Réunion) 33 L 2
Saint-Louis (É.-U., Missouri) 38 F 4
St-Louis (Sénégal) 34 B 7
St-Loup-sur-Thouet 10 GH 10
St-Maixent-l'École 12 DE 2
St-Malo 10 E 6
St-Mandé 14 G 7
St-Marcellin 13 LM 5
St-Mard 14 K 3
SAINT-MARIN (San Marino) État 23 C 3
St-Martin île 39 H 1
St-Martin-de-Londres 13 K 7
St-Martin-de-Ré 12 BC 2
St-Martin-du-Tertre 14 F 2
St-Martin-Vésubie 13 OP 7
St-Mathieu pointe 10 A 7
St-Mathieu 12 F 3
St-Maur-des-Fossés 14 H 8
St-Maximin-la-Ste-Baume 13 MN 8
St-Méen-le-Grand 10 E 7
St-Michel-de-Maurienne 13 N 4
St-Michel-sur-Orge 14 E 12
St-Mihiel 11 P 6
St-Moritz 19 HJ 4
St-Nazaire 10 E 9
St-Nectaire 12 J 4
St-Nicolas (Sint-Niklaas) 18 HJ 6
St-Nicolas-de-Redon 10 E 8
St-Nom-la-Bretèche 14 A 7
St-Omer 11 K 1
St-Ouen 14 EF 6
St-Ouen-l'Aumône 14 C 3
St-Palais (Pyrénées-Atlantiques) 12 C 8
St-Palais-s-Mer 12 BC 3
St-Paul (La Réunion) 33 K 1
St-Paul (É.-U., Minnesota) 38 F 3
St-Pé 12 D 9
St-Père-en-Retz 10 DE 9
St-Petersbourg anc. Leningrad 24 D 5
St-Petersburg 38 H 6
St-Philibert-de-Grand-Lieu 10 E 10
St-Pierre et Miquelon (archipel et département d'Outre-Mer) 38 M 1
St-Pierre-d'Oléron 12 B 3
St-Pierre-le-Moutier 11 LM 11
St-Pol-de-Léon 10 B 6
St-Pol-sur-Mer 11 K 1
St-Pol-sur-Ternoise 11 K 3
St-Polten 21 DE 10
St-Pons 12 HJ 8
St-Pourçain-sur-Sioule 12 J 2
St-Quay-Portrieux 10 D 6
St-Quentin 11 M 4
St-Quentin-en-Yvelines 14 A 9
St-Rambert-d'-Albon 13 L 4
St-Rambert-en-Bugey 13 M 3
St-Raphaël 13 O 8
St-Rémy-lès-Chevreuse 14 B 10
St-Saëns 10 J 4
St-Saulge 11 M 10
St-Savin 12 F 2
St-Savinien 12 D 3
St-Sébastien (San Sebastián) 22 G 2
St-Sever 12 C 7
St-Thegonnec 10 BC 6
Saint-Trond (Sint-Truiden) 18 K 7
St-Tropez 13 O 8
St-Vaast-la-Hougue 10 F 4
St-Valery-en-Caux 10 H 4
St-Valéry-s-Somme 11 K 3
St-Vallier 13 L 4
St-Vaury 12 G 2
St-Véran 13 O 5
St-Vincent cap 22 B 7
ST-VINCENT État et île 39 H 1
St-Vincent-de-Tyrosse 12 BC 8
St-Vincent-sur-Jard 12 B 2
St-Vith 18 L 8
St-Vrain 14 EF 14
St-Wandrille 10 J 5
St-Wendel 20 B 9
St-Yriex-la-Perche 12 F 4

Sainte

Ste-Anne-d'Auray 10 D 8
Ste-Anne-la-Palud 10 AB 7
Ste-Baume mont et grotte 13 MN 8
Ste-Croix-les-Rasses 19 B 3
Ste-Enimie 12 J 6
Ste-Foy-la-Grande 12 E 5
Ste-Geneviève-des-Bois 14 EF 12
Ste-Hélène île 6 F 4
Ste-Hermine 12 C 2
Ste-Livrade 12 E 6
STE-LUCIE État et île 39 J 1
Ste-Marie île 33 L 5
Ste-Marie-aux-Mines 11 R 7
Ste-Maure 10 J 10
Ste-Maxime 13 O 8
Ste-Menehould 11 O 5
Ste-Mère-Église 10 F 5
Ste-Odile 11 R 6
Stes-Maries-de-la-Mer 13 KL 8
Ste-Savine 11 MN 7
Ste-Sévère 12 GH 2
Ste-Suzanne 33 M 1

San

San Antonio 38 E 6
San Antonio Oeste 37 BC 15
San Bernardino (É.-U., Californie) 38 B 4
San Bernardino (Suisse) 19 G 4
San Carlos 29 H 12
San Cristóbal 39 C 2
San Diego 38 A 4
San Fernando 29 G 10
San Fernando de Apure 39 CD 2
San Francisco 38 A 3
San Gimignano 23 BC 4
SAN JOSÉ (Costa Rica) 37 F 10
San José (É.-U. Californie) 38 A 3
San Juan (Argentine) 37 B 13
SAN JUAN (Porto Rico) 38 M 8
San Julian 37 C 17
San Lorenzo 37 C 13
San Luis Potosi État fédéré (n° 2) et ville 30 DE 7
San-Martino-di-Lota 13 S 9
San Pedro (Argentine) 37 D 14
San Pedro (Côte-d'Ivoire) 37 D 10
San Pedro Sula 38 GH 9
San Rafael 37 B 14
San Remo 13 P 7
SAN SALVADOR 38 G 9

Santa-São

Santa Ana 38 B 4
Santa Catarina État fédéré 39 LM 1
Santa Clara 38 J 7
Santa Cruz îles 31 S 3
Santa Cruz 37 BC 17
Santa Cruz (Bolivie) 39 E 7
Santa Cruz de Tenerife 22 L 9
Santa Fe (Argentine) 37 C 13
Santa Fe (É.-U., Nouv. Mex.) 38 D 4
Santa Isabel île 31 H 2
Santa Isabel voir Malabo 34 H 11
Santa Maria île 22 C 9
Santa Marta 39 B 1
SANTO DOMINGO 38 L 8

São Francisco fleuve 37 L 12
Sao Joâo de Meriti 39 KL 9
São Jorge île 22 AB 9
São Luis (Brésil) 39 J 4
São Miguel île 22 C 9
São Paulo État fédéré 39 H 8
São Paulo 39 H 9
São Tomé île et ville 34 G 11
SÃO TOMÉ ET PRINCIPE État 34 GH 11

T

Tabarka 21 A 8
Tabasco État fédéré 38 F 8
Tabbas 26 J 5
Tabora 33 G 2
Tabriz 26 G 3
Tabuk 26 E 6
Tachaouz 27 K 3
Tackkent 27 M 3
Tacna 39 C 7
Tacoma 38 B 1
TADJIKISTAN État 27 M 3
Taegu 28 J 5
Taejon 28 J 5
Taganrog 25 F 11
Tage fleuve 22 G 4
Tagula île 31 G 3
Tahat sommet 32 D 3
Tahiti île 6 A 4
Tahoua 34 G 8
Tahta 35 R 5
Taiba 34 B 7
TAIBEI 28 GH 8
Tai Chou voir Taizhong 28 G 9
Taif 26 E 8
Taïmyr presqu'île 30 E 3
Tainan 28 G 9
Tain-l'Ermitage 13 L 5
Tai Peh voir Taibei 28 GH 8
Taiping 29 B 13
Taitao péninsule 37 H 17
TAIWAN (FORMOSE) État 28 H 9
Taiyuan 28 E 5
Ta'iz 26 F 10
Taizhong 28 G 9
Takamatsu 28 KL 6
Ta Kao voir Gaoxiong 28 G 9
Takoradi voir Sekondi 34 E 10
Talara 39 A 4
Talavera de la Reina 22 E 5
Talca 37 A 14
Talcahuano 37 A 14
Taldy-Kourgan 27 NO 2
Talence 12 C 5
Tallahassee 38 H 6
Tallard 15 N 6
TALLINN 24 C 5
Talmont (Charente-Maritime) 12 C 4
Talmont (Vendée) 12 B 2
Talposlz mont 16 K 1
Tamale 34 F 9
Tamanrasset 34 GH 6
Tamatave auj. Toamasina 33 I 5
Tamaulipas État fédéré 38 E 7
Tambacounda 34 C 8
Tambov 24 G 9
Tamchekket 34 CD 7
Tamil Nabu État fédéré nº 23 27 P 12
Tamise fleuve 18 C 7
Tampa 38 H 6
Tampere 24 C 4
Tampico 38 E 8
Tamworth 31 G 6
Tana lac 35 OP 8
Tananarive voir Antananarivo 33 K 5
Tanaro rivière 19 E 9
Tancarville 10 H 5
Tandil 37 D 14
Tandjung 29 F 15
Tanezrouft région 32 CD 3
Tanga 33 H 2
Tanganyika lac 33 F 2
Tanger 34 E 2
Tanggu 28 G 4
Tang Kou voir Tanggu 28 G 4
Tangshan 28 G 4
Tanimbar île 29 L 17
Tanis ruines 35 R 2
Tanout 34 H 8
Tantah 35 Q 2
TANZANIE État 33 G 2
Taolanaro 33 K 7
Taormina 23 E 8
Taoudenni 34 E 6
Tapajós rivière 37 J 12
Tarâbalus [Liban] 26 B 4
Tarabulus anc. Tripoli [Libye] 34 J 4
Tarakan 29 G 14
Tarare 13 KL 3
Tarascon 13 L 7
Tarasp voir Scuol 19 K 3
Taravo fleuve 13 R 11
Tarawa île 31 KL 1
Tarazona 22 H 3
Tarbert 17 BC 4
Tarbes 12 D 8
Taree 31 G 6
Tarente 23 F 6
Tarija 39 DE 8
Tarlac 29 G 11
Tarn département nº 81 cartes 8 et 12 G 7
Tarn rivière 12 J 7
Tarn-et-Garonne département nº 82, cartes 8 et 12 F 7
Tarnopol 25 B 10
Târnovo 23 KL 4
Tarnów 21 H 8
Taroudant 34 DE 4
Tarragone 22 K 4
Tarrasa 22 K 3
Tarsus Ant. Tarse 25 D 15
Tartas 12 C 7
Tartous 26 B 3
Tartu 24 C 6
Tasmanie région 31 F 8
Tassili des Ajjer région 34 H 5
Tatabanya 21 F 11
Tatra massif 16 FG 5
Taubaté 39 HJ 9
Taunus massif 9 J 1
Tauranga 31 K 7
Taurus chaîne 16 HJ 8
Tautavel gisement préhistorique 12 H 9
Tauton 18 A 9
Taverny 14 D 3
Tavignano fleuve 13 S 10
Tavistock 10 BC 2
Tavoy 29 A 11
Tawau 29 G 14
Tazerbo 35 K 5
TBILISSI (Tiflis) 25 H 13
TCHAD État 35 K 8
Tchad lac 34 J 8
Tchâlous 25 KL 15
Tchang Tcha voir Changsha 28 EF 7
Tchang Tcheou voir Yangshupu 28 G 6
Tchang Te voir Changde 28 E 7
Tchan Kiang voir Zhanjiang 28 E 9
Tchapaïevsk 24 J 9
Tchardzhou voir Leninsk 27 K 3
Tchéboksary 24 H 7
TCHÉCOSLOVAQUIE État 21 DG 9
Tche Kiang région, voir Zhejiang 28 G 7
Tcheliabinsk 24 M 7
Tcheliouskine cap 30 F 2
Tchelkar 27 K 1
Tchelnizki 25 BC 10
Tcheng Tcheou voir Zhengzhou 28 EF 6
Tcheng Tou voir Chengdu 28 C 7
Tcherepovets 24 EF 6
Tcherkassy 25 CD 10
Tcherkesse 25 FG 12
Tcherniakowsk 21 H 4
Tchernigov 24 D 9
Tchernovitsi 25 B 10
Tcherrapundji voir Cherrapunji 27 RS 7
Tchibanga 34 H 12
Tchimkent 27 LM 2
Tchistopol 24 HJ 7
Tchita 28 F 1
Tchkalov (Orenbourg) 24 KL 9
Tchou 27 N 2
Tchoung King voir Chongqing 28 D 7
Tebessa 34 H 3
Tecuci 23 L 2
Tedzhen 27 K 4
Tees rivière 18 C 2
Teesside 17 E 6
Tefé 39 D 4
TEGUCIGALPA 38 G 9
TÉHÉRAN 26 H 4
Tehuantepec golfe 38 EF 9
Teil (Le) 13 L 6
Tekirdag 23 L 5
Tekro 35 K 7
Telanaipura (Djambi) 29 BC 15
Tel-Aviv 26 B 7
Teleki 27 O 2
Tell-el-Amarna ruines 35 R 4
Telukbetung 29 C 16
Tema 34 F 10
Temara 32 B 11
Templin 20 H 5
Temuco 37 A 15
Tenasserim 29 A 11
Tence 13 K 5
Tende ville et col 13 P 7
Ténéré région 34 H 6
Tenerife île 22 L 9
Tenke 33 E 3
Tennant Creek 31 D 4
Tennessee rivière 36 F 7
Tennessee État fédéré 38 G 5
Teofilo Otoni 39 JK 7
Teotihuacan site archéologique 38 E 8
Tepic 38 C 8
Teplice 20 H 8
Terek fleuve 25 H 12
Teresina 39 JK 5
Tergeste auj. Trieste 23 D 2
Tergnier 11 M 4
Termes 27 LM 4
Termonde 18 HJ 6
Terneuzen 18 H 6
Terni 23 CD 4
Terrasson 12 F 5
Terre de Feu région 37 J 18
Terre-Neuve province et île (Canada) 36 J 5
Tessalit 34 F 6
Tessin rivière 19 G 4
Tessin canton 19 FG 5
Teste (La) 12 C 6
Tete 33 G 5
Tétouan 34 EF 3
Tetovo 23 H 5
Tetschen voir Děčin 20 HJ 8
Tewkesbury 18 C 7
Texas État fédéré 38 E 6
THAÏLANDE État 29 B 11
Thana 27 N 9
Thanjavur 27 P 11
Thann 11 R 8
Thaon 11 Q 7
Thar désert 30 D 7
Thasos île 23 K 5
Thèbes ruines (Égypte) 35 S 6
Thèbes (Grèce) 23 J 7
Theddlehorpe 17 E 7
Thenon 12 F 5
Théra (Santorin) île 23 L 9
Thérain rivière 11 K 5
Thermopyles défilé 23 J 7
Thessalonique (Salonique) 23 J 6
Thézenay 10 G 10
Thials 14 FG 9
Thiaucourt-Regniéville 11 P 5
Thiers 12 J 3
Thiès 34 B 7
Thillay (Le) 14 H 4
THIMBU 27 R 6
Thionville 11 Q 5
Thirsk 18 CD 3
Thiviers 12 F 4
Thizy 13 K 3
Thônes-St-Bernard 13 N 3
Thonon-les-Bains 13 N 2
Thorens-Glières 13 N 3
Thouarcé 10 G 9
Thouars 10 G 10
Thoune 19 D 4
Thourotte 11 L 4
Thrace région 16 H 7
Thuin 18 J 7
Thulé 36 G 2
Thunder Bay 38 G 2
Thurgovie canton 19 GH 1
Thuringe anc. province 20 E 8
Thurso 17 D 4
Thury-Harcourt 10 G 6
Thyborön 21 A 2
Tian Chan monts 30 DE 6
Tianjin 28 FG 5
Tianshui 28 D 6
Tibériade 26 C 6
Tibesti massif 32 E 3
Tibet province, voir Xizang 27 P 5
Tibre fleuve 23 C 4
Tidjikdja 34 C 7
Tiel 18 K 5
Tielt 18 H 6
Tientsin voir Tianjin 28 FG 5
Tiflis voir Tbilissi 25 H 3
Tigery 14 H 12
Tignes centrale 13 O 4
Tigre fleuve 26 G 4
Tijuana 38 A 5
Tijuca 39 KL 9
Tikal site archéologique 38 G 9
Tikhorestsk 23 FG 11
Tikhvin 24 E 6
Tiksi 30 F 3
Tilburg 18 K 5
Tilimsen anc. Tlemcen 34 F 3
Tilsit (auj. Sovietsk) 21 H 3
Timan monts 16 JK 2
Timaru 31 J 8
Timgad ruines 34 H 3
Timimoun 34 F 4
Timişoara 23 H 2
Timmins 38 H 2
Timor île 29 J 18
Tindouf 34 DE 4
Tinos îles 23 K 7
Tinténiac 10 E 7
Tioumen 24 M 6
Tiran îles 26 C 11
TIRANA (Tiranë) 23 G 5
Tiraspol 25 C 11
Tire 23 M 7
Tirgovişte 23 K 3
Tirgu Jiu 23 J 3
Tirgu Mureş 23 K 1
Tirlemont (Tienen) 18 J 7
Tiruchirapalli 27 P 11
Tirunelveli 27 OP 12
Tisza rivière 21 H 10
Titicaca lac 37 H 13
Titograd 23 G 4
Titovo Uzcice 23 G 3
Titov Veles 23 H 5
Tivoli 23 D 5
Tizi Ouzzou 34 G 2
Tiznit 34 D 4
Tjirebon 29 D 17
Tlaxcala État fédéré nº 8 38 E 8
Toamasina anc. Tamatave 33 L 5
TOBAGO île et État Trinité-Tobago 39 EF 1
Tobolsk 30 D 4
Tobosco (El) 22 G 5
Tobrouk (Tobruq) 35 K 3
Tocantins rivière 37 K 13
Tocopilla 39 C 8
Togliatti 24 J 8
TOGO État 34 F 9
Tokat 25 E 14
Tokay 21 H 10
Tokelau île 6 A 4
TOKYO 28 M 5
Tolbukhin 23 L 3
Tolède 22 F 5
Toledo 38 H 3
Toliary anc. Tuléar 33 J 6
Tolima mont 37 G 11
Tomar 22 C 5
Tombouctou 34 E 7
Tomelloso 22 FG 5
Tomsk 30 E 4
Tonale col 19 K 5
Tönder 20 D 2
TONGA État et îles 31 M 5
Tongatapu 31 M 5
Tongres (Tongeren) 18 K 7
Tongue 17 D 4
Tonlé Sap lac 29 C 11
Tonnay-Charente 12 CD 3
Tonneins 12 E 6
Tonnerre 11 N 8
Tönsberg 17 J 3
Toovoomba 31 FG 5
Topeka 38 EF 4
Torbay 18 A 9
Torcy 14 K 7
Tordesillas 22 E 3
Torgau 20 G 7
Torhout (Thourout) 18 GH 6
Torigni-s-Vire 10 F 5
Tormes rivière 22 D 4
Toro 22 E 3
Toronto 38 H 3
Torremolinos 22 F 8
Torreón 38 D 7
Torres îles 31 J 3
Tortosa 22 J 4
Torun 21 F 5
Toscane région 23 BC 4
Touapse 25 F 12
Toubkal djebel 32 C 2
Tougourt 34 H 3
Touimazy 24 K 8
Toul 11 P 6
Toula 24 F 8
Toulon 13 N 9
Toulouse 12 FG 8
Toummo 34 J 6
Toungouska rivière 30 EF 4
Toung Ting voir Dongtinghu lac 28 EF 7
Touquet-Paris-Plage (Le) 12 K 2
Toura 30 EF 4
Touraine région 9 D 4
Tourane voir Da Nang 29 D 10
Tourcoing 11 M 2
Tour-du-Pin (La) 19 M 4
Tourfan 27 Q 2
Tourlaville 10 F 4
Tourmalet col 12 DE 9
Tournai (Doornik) 18 H 7
Tournon 13 L 5
Tournus 11 O 10
Tours 10 J 9
Toury 11 K 7
Toussuire (La) 19 B 8
Toussus-le-Noble 14 C 9
Townsville 31 F 4
Toyama 28 L 5
Tozeur 34 H 3
Trabzon (Trébizonde) 25 F 14
Trafalgar cap 22 D 8
Tralee 17 A 8
Tralles ruines, auj. Aydin 25 B 15
Tramore 17 B 8
Tranche-s-Mer (La) 10 E 11
Tranh Hoa 29 C 10
Transvaal province 33 F 7
Trapani 23 C 7
Trappe (Abbaye de la) 10 HJ 6
Trappes 14 A 9
Trasimène lac 23 C 4
Trebbia rivière 19 H 9
Trébizonde (Trabzon) 25 F 14
Tréguier 10 C 6
Treignac 11 G 3
Trélazé 10 G 9
Trelleborg 17 KL 6
Tremblade (La) 12 BC 3
Tremblay-en-Frace 14 J 5
Trent rivière 18 D 5
Trente 19 L 5
Trentin-Haut-Adige région 23 C 2
Trenton 38 JK 3
Tréport (Le) 10 J 3
Tres Arroyos 37 CD 14
Trés Marias barrage 39 J 7
Trêves (Trier) 20 B 9
Trévise 23 C 2
Trévoux 13 L 3
Triel-sur-Seine 14 A 4
Trieste Ant. Tergeste 23 D 2
Trieux rivière 10 C 6
Trikkala 23 HJ 6
Trincomale 27 PQ 12
TRINIDAD État et île 39 E 1
Trinidad 39 E 7
TRIPOLI (Libye) auj. Tarabulus 34 J 4
Tripolis (Grèce) 23 J 8
Tripolitaine région 34 J 4
Tripura État nº 24 27 S 7
Trivandrum 27 O 12
Trnava 21 F 10
Trogir 23 E 4
Troie ruines 23 L 6
Troisdorf 20 BC 8
Trois Rivières 38 J 2
Trollhatan 17 K 4
Tromsø 24 C 1
Tronador mont 37 H 16
Trondheim 24 A 3
Trouville 10 H 5
Trowbridge 18 BC 8
Troy (É.-U., New York) 38 J 3
Troyes 11 N 7
Trujillo (Espagne) 22 E 5
Trujillo (Pérou) 39 A 5
Truro 10 A 3
Truyère rivière 12 J 5
Tsaidam voir Chaidempendu 28 AB 5
Tsang Po (Brahampoutre) fleuve 28 Q 6
Tsaratanana mont 32 J 7
Tshikapa 33 CD 2
Tsimlianskaïa lac 25 G 10
Tsi Nan voir Jinan 28 F 5
Tsing Hai région voir Qinghai 28 B 5
Tsin Hai LIen voir Xinhailian 28 G 6
Tsing Tao voir Qingdao 28 G 5
Tsi Ning voir Jining 28 EF 4
Tsin Wang Tao voir Qinhuangdao 28 G 4
Tsiou Kouan voir Shaoguan 28 EF 8
Tsiu An Tcheou voir Quanzhou 28 G 8
Tubarao 39 M 1
Tübingen 20 D 11
Tucson 38 C 5
Tucumán 37 B 12
Tudela 22 H 3
Tulcea 23 M 2
Tuléar auj. Toliary 33 J 6
Tulle 12 G 4
Tulsa 38 E 4
Tumaco 39 A 3
Tumbes 39 A 4
Tunah el Gebel ruines 35 Q 4
Tunbridge Wells 18 EF 8
TUNIS Ant. Tunes 23 C 8
TUNISIE État 34 J 3
Tupungato volcan 37 H 16
Turbat 27 L 7
Turbie (La) 13 OP 7
Turda 23 J 1
Turgoviste 23 KL 4
Turia fleuve 22 H 5
Turin 19 D 8
Turkana anc. Rodolphe lac 35 O 11
Turkestan 27 M 2
Turks et Caïcos îles 38 L 7 / p. 196
TURKMENISTAN État 27 K 3
Turku (Abo) 24 B 5
Turnhout 18 JK 6
Turnu Severin 23 J 3
TURQUIE État 25 CG 14
Tuticorin 27 P 12
Tuttlingen 20 D 12
TUVALU État et îles anc. îles Ellice 31 LM 2
Tuzla 23 G 3
Tweed rivière 17 D 6
Twickenham (grand Londres) 18 E 8, nº 5
Tynda 30 G 4
Tyne rivière 18 B 1
Tynemouth 18 D 1
Tyr auj. Sour 26 B 5
Tyrol État fédéré 19 KM 3
Tyrrhénienne 23 C 4

U

Ubaye rivière 13 O 6
Ubeda 22 FG 7
Uberaba 39 H 8
Uberlândia 39 H 8
Ubon 29 C 11
Ubundu 33 E 1
Ucayali rivière 37 G 12
Udaipur 27 N 7
Uddevalla 17 K 3
Uden 18 K 5
Udine 23 D 2
Ueckermunde 20 H 4
Uelé rivière 35 M 11
Uelzen 20 EF 5
Ugine 13 N 3
Uig 17 C 4
Uige 33 B 2
Uitenhage 33 E 9
Ujorod 25 A 10
Ujiji 33 F 2
Ujjain 27 O 8
Ujung Pendang (Macassar) 29 G 16
UKRAINE État 25 C 10
Ulcinj 23 G 5
Ulhasnagar 27 N 9
Ulis (Les) 14 C 11
Ullapool 17 D 4
Ulm 17 E 11
Ulster région 16 C 4
Ulvik 17 H 2
Umea 24 B 3
Umtata 33 EF 8
Unstrut rivière 20 F 7
Unterwald canton 19 F 3
Unterwasser-Klöntal 19 GH 2
Upernavik 36 GH 2
Upington 33 D 7
Uppsala 17 M 2
Urbino 23 D 3
Urfa 25 F 15
Urgup 25 D 15
Uri canton19 G 3
Urk 18 K 3
U.R.S.S. ancien État au Communauté d'État Indépendants voir text page 2
Uruguaiana 39 K 2
URUGUAY État 37 DE 13
Uruguay fleuve 37 J 15
Urumqi 28 A 3
Uşak 25 B 14
Ushuaia 37 B 18
Uskudar anc. Scuta 25 B 13
Ussel 12 H 4
Usti anc. Aussig 20 HJ 8
Utah Beach 10 F 5
Utah État fédéré 38 C 3
Utique ruines 23 B 8
Utrech province nº 18 JK 4
Utrera 22 E 7
Utsonomiya 28 M 5
Uttar Pradesh nº 25 27 P
Uxmal site archéologiq 38 G 8
Uyuni 39 D 8
Uzerche 12 G 4
Uzès 13 K 7

V

Vaal rivière 32 F 9
Vaaldam réservoir barra 32 GH 12
Vaasa (Vasa) 24 BC 4
Vác 21 G 10
Vadorada 27 N 8
VADUZ 19 H 3
Váh rivière 21 F 9
Vaigatch île 24 J 1
Vaires-sur-Marne 14 K 7
Vaison-la-Romaine 13 L
Valachie plaine 16 G 7
Valais canton 19 D 5
Val André (Le) 10 D 6
Valbella (Lenzerheid 19 H 4
Valberg 13 O 7
Valdai plateau 16 H 4
Val d'Aoste région 19 DE
Val-de-Marne département nº 94 cartes 8 14 H 8-9
Val-de-Meuse (Le) 11 P
Valdepeñas 22 FG 6
Valdès péninsule 37 H 1
Valdez 36 C 2
Val d'Isère 19 C 7
Valdivia 37 A 15

Val d'Oise *département* nº 95, cartes 8 et 14 FG 2
Valençay 11 K 9
Valence (France, Drôme) 13 L 5
Valence (Espagne) 22 J 5
Valencia 39 C 1
Valenciennes 11 M 3
Valensole 13 N 7
Valentigney 11 R 9
VALETTE (LA) 23 D 9
Valkenswaard 19 K 6
Valladolid 22 EF 3
Vallauris 13 OP 8
Valleraugues 12 J 7
Vallon-Pont-d'Arc 13 K 6
Vallorbe 19 B 4
Valmy 11 O 5
Valognes 10 F 4
Valparaiso 37 A 14
Valras 12 J 9
Valréas 13 L 6
Vals 19 GH 4
Vals-les-Bains 13 K 6
Valteline *vallée* 19 HJ 5
Van 25 G 14
Van *lac* 25 G 15
Vancouver 38 AB 1
Vanderbijl 32 G 12
Vandœuvre (*banlieue de* Nancy) 11 Q 6
Vänern *lac* 17 K 3
Vanesborg 17 K 4
Vankarem 30 G 1
Vannes 10 D 8
Vanoise *massif* 13 O 4
Vanua Levu *île* 31 L 4
VANUATU *anc.* Nouv.-Hébrides *État* 31 JK 4
Vanves 14 E 8
Var *département* nº 83 cartes 8 et 13 O 8
Varanasi *anc.* Bénarès 27 Q 7
Varanger Fjord 24 E 1
Varaždin 23 EF 2
Varberg 17 K 5
Varde 20 D 1
Varennes-en-Argonne 11 O 5
Varèse 19 G 6
Varna 23 L 4
Värnamo 21 D 1
Vars 19 B 9
VARSOVIE (Warszawa) 21 H 6
Vaslui 23 L 1
Vassy 10 G 6
Västerås 17 L 2
Västervik 17 M 4
Vate (Efate) *île* 31 K 4
VATICAN (Cité du) 23 C 5
Vatra Dornel 23 K 1
Vättern *lac* 17 L 4
Vaucluse *département* nº 84 cartes 8 et 13 L 7
Vaucouleurs 11 P 6
Vaud *canton* 19 C 4
Vaudémont *voir* Sion 11 Q 6
Vauréal 14 A 3
Vauvert 15 K 8
Vaux *fort* 11 P 5
Vaux-le-Vicomte 11 L 6 et 14 K 14
Vavau *île* 21 M 5
Vaxjö 17 L 5
Vechta 20 CD 5
Veendam 18 M 2
Vejle 17 J 6
Velay *région* 9 F 6
Velikaïa *rivière* 24 C 7
Velikie-Louki 24 D 7
Veliki Oustioug 24 H 5
Velingrad 23 JK 5
Velizy-Villacoublay 14 CD 9
Vellore 27 P 11
Velsk 24 G 5
Venaco 13 S 10
Vence 13 O 7
Vendée *département* nº 85 cartes 8 et 10 F 11
Vendée *région* 10 C 5
Vendôme 10 J 8
Vénétie *région* 23 C 2
VENEZUELA *État* 39 CE 2
Venise 23 D 2
Venissieux 13 L 4
Venlo 18 L 5
Venraij 18 L 5
Ventersdorp 32 F 11
Ventoux *mont* 9 G 7
Ventspils 21 G 1
Veracruz *État fédéré* 38 E 8
Veracruz 38 EF 8
Verbier 19 D 5
Verceil 19 F 7
Vercors *massif* 9 G 6
Verden 20 D 5
Verdon *rivière* 13 O 7
Verdon-s-Mer (Le) 12 C 4
Verdun 11 O 5
Verdun-sur-Garonne 12 F 7
Verdun-sur-le-Doubs 11 O 10
Vereeniging 32 G 12
Vergt 12 E 5
Verkhoyansk *monts et ville* 30 G 3
Vermand 11 L 4
Vermont *État fédéré* nº 1 38 J 2
Verneuil-s-Avre 10 J 6
Vernon 10 J 5
Vernouillet 14 A 4
Vérone 19 L 7
Verrières (forêt de) 14 D 10
Versailles 14 C 8
Vert-le-Grand 14 F 13
Vertus 11 N 6
Verviers 18 L 7
Vervins 11 N 4
Verzy 11 N 5
Vescovato 13 S 10
Vésinet (Le) 14 C 6
Vesoul 11 Q 8
Vesterälem *îles* 24 B 1
Vestfjord 24 A 1
Vésuve *volcan* 16 EF 7
Veszprém 21 F 11
Vetlouga 24 H 6
Vetlouga *rivière* 24 H 7
Vevey 19 C 4
Veynes 13 M 6
Vézelay 11 M 9
Vézère *rivière* 12 G 4
Viana do Castelo 22 B 3
Viareggio 23 B 3
Viarmes 14 F 1
Viatka *rivière* 24 J 7
Viaur *rivière* 12 H 6
Viborg 17 J 5
Vibo Valentia 23 E 7
Vibraye 10 HJ 7
Vicdessos 12 F 10
Vic-en-Bigorre 12 D 8
Vicence 19 M 7
Vic-Fezensac 13 E 7
Vichnii-Volotchek 24 E 6
Vichy 12 J 3
Vic-le-Comte 12 J 4
Vico 13 R 11
Vic-s-Cère 12 G 5
Victoria *lac* 35 O 12
Victoria *île* 36 F 3
Victoria *désert* 31 CD 6
Victoria *État fédéré* 31 EF 7
Victoria (Cameroun) 34 H 10
Victoria (Canada) 38 AB 1
Victoria (Hong-Kong) 28 F 9
Victoria (Ciudad) 38 E 7
Victoria Falls *chutes* 33 DE 5
Vidin 23 J 3
Viedma 34 C 15
Vieille Castille *voir* Castille la Mancha 22 E 5
Viella 12 EF 10
VIENNE (Autriche) 21 E 10
Vienne (Isère) 13 L 4
Vienne *département* nº 86, cartes 8 et 10 H 11
Vienne *rivière* 12 G 3
VIENTIANE 29 C 10
Vierges *îles* 36 J 9
Viersen 20 B 7
Vierzon 11 K 9
VIÊT-NAM *État* 29 D 11
Vieux-Boucau 12 B 7
Vigan (Le) 12 J 7
Vigeois 12 G 4
Vignemale *mont* 9 CD 8
Vigevano 19 G 8
Vigneux-sur-Seine 14 G 10
Vigo 22 C 3
Vihiers 10 G 9
Vijayanagar *ruines* 27 O 10
Viking *gisement* 17 F 7
Vilaine *rivière* 10 E 8
Vila Nova de Gaia 22 B 4
Vila Real 22 C 3
Vilayawada 27 Q 10
Villach 21 C 11
Villa Cisneros *voir* Dakhla 34 B 5
Villacoublay *voir* Vélizy-V. 14 CD 9
Villalba 22 CD 2
Villandraut 12 CD 6
Villanueva y Geltru 22 K 4
Villard-de-Lans 13 M 5
Villars 19 C 5
Villebon 10 J 7
Villebon-sur-Yvette 14 D 11
Villecresnes 14 HJ 10
Ville-d'Avray 14 CD 8
Villedieu-les-Poêles 10 F 6
Villefranche 13 P 8
Villefranche d'Albigeois 12 H 7
Villefranche de Rouergue 12 G 6
Villefranche-du-Lauragais 12 G 8
Villefranche-du-Périgord 12 F 6
Villefranche-s-Saône 13 KL 3
Villejuif 14 F 9
Villemomble 14 HJ 7
Villemur 12 F 7
Villena 22 H 6
Villenave d'Ornon 12 D 5
Villeneuve d'Agen 12 G 6
Villeneuve-d'Ascq 11 R 2
Villeneuve-la-Garenne 14 EF 5
Villeneuve-le-Roi 14 G 10
Villeneuve-St-Georges 14 GH 10
Villeneuve-s-Lot 12 EF 6
Villeneuve-s-Yonne 11 M 7
Villeparisis 14 K 5
Villepinte 14 J 5
Villers-Bocage 10 G 5
Villers-Cotterêts 11 M 5
Villersexel 11 Q 8
Villerupt 11 P 4
Villeurbanne 13 L 3
Villiers 14 H 14
Villiers-le-Bel 14 G 4
Villiers-sur-Marne 14 J 8
Villingen 20 CD 12
VILNIUS 24 B 7
Vimoutiers 10 H 6
Vimy 11 L 3
Viña del Mar 37 A 13
Vinaroz 22 J 4
Vincennes 14 G 7
Vincennes *bois* 14 G 8
Vinh 29 CD 10
Vinkovci 23 FG 2
Vinnitsa 25 C 10
Vintimille (Ventimiglia) 13 P 7
Vire 10 F 6
Virginie *État fédéré* 38 J 4
Virginie occid. *État fédéré* 38 H 4
Viroflay 14 CD 8
Virton 18 K 9
Viry-Châtillon 14 F 11
Visakhapatnam 27 Q 9
Visby 17 M 4
Viseu 22 C 4
Viso *mont* 19 B 9
Vistule (Wista) *fleuve* 21 H 8
Vitebsk 24 D 7
Viterbe 23 C 4
Viti *voir* Fidji 32 L 4
Viti Levu *île* 31 KL 4
Vitória (Brésil) 39 K 8
Vitoria (Espagne) 22 G 2
Vitoria da Conquista 39 JK 7
Vitré 10 F 7
Vitrolles 13 M 8
Vitry-le-François 11 O 6
Vitry-sur-Seine 14 FG 8
Vitteaux 11 O 9
Vittel 11 PQ 7
Vivero 22 D 1
Viviers 13 L 6
Vivonne 12 E 2
Vix *site préhistorique* 11 O 8
Vizcaya *province* nº 1 22 G 1
Vizille 13 M 5
Vladimir 24 F 7
Vlieland *île* 18 JK 2
Vlorë (Valona) 23 G 6
Vltava *rivière* 21 D 9
Vogelgrun 11 S 7
Vohémar 33 L 4
Voi 35 P 12
Voiron 13 M 4
Vojvodine *région* 23 C 2
Volga *fleuve* 24 D 7
Volgograd (Stalingrad) 25 G 10
Voljski 25 H 10
Volkhov 24 E 5, *rivière* D 6
Völkingen 20 B 10
Vologda 24 F 6
Volos 23 J 6
Volpiano 19 E 8
Volsk 24 H 9
Volta blanche *rivière* 34 EF 8
Volta noire *rivière* 34 E 8
Volta Redonda 39 HJ 9
Voltkinsk 24 J 6
Volubilis *ruines* 32 D 11
Volvic 12 J 3
Vorarlberg *État féd.* 19 J 2
Vorey 13 K 5
Vorkouta 24 KL 1
Vorochilovgrad (Lougansk) 25 F 10
Voronej 24 F 9
Vosges *département* nº 88, cartes 8 et 11 Q 7
Vosges *massif* 9 H 3
Voss 17 G 2
Vouillé 10 H 10
Voulte (La) 13 L 5
Vouvant 12 CD 2
Vouvray 10 J 9
Vouziers 11 O 5
Voves 11 K 7
Vraca 23 J 4
Vranje 23 HJ 4
Vredenburg 33 C 8
Vršac 23 H 3
Vukovar 23 G 2
Vulpera *voir* Scuol 10 K 3
Vytegra 24 EF 5

W

Wa 24 E 9
Waal *branche du Rhin inférieur* 18 K 5
Waalwijk 18 JK 5
Wabush 36 H 5
Waco 38 E 5
Waddenzee *mer* 18 K 2
Wadi Halfa 35 N 6
Wad Madani 35 O 8
Wageningen 18 K 4
Wagga Wagga 31 F 7
Wahran *anc.* Oran 34 F 3
Wakam *région* 27 N4
Wakefield 18 CD 4
Walbrzych *anc.* Waldenburg 21 E 8
Waldkraiburg 20 G 11
Waldshut-Tiengen 19 F 1
Wallis *îles* 31 M 4
Walsall 18 C 6
Walsrode 20 E 5
Walvis Bay 33 B 6
Wanganui 31 J 8
Wantage 18 CD 7
Wanxian 28 D 7
Warangei 27 P 9
Wartburg 20 E 7
Waren 20 G 4
Wargla *anc.* Ouargla 34 G 4
Warnemünde 20 F 3
Warri 34 G 10
Warszawa *voir* Varsovie 21 H 6
Warta *rivière* 21 FG 7
Warwick 18 C 6
Wash (The) *baie* 18 E 5
Washington *État fédéré* 38 B 1
WASHINGTON 38 J 4
Wasquehal 11 R 2
Wassy 11 O 6
Waterford 17 B 8
Waterloo 18 J 7
Wattrelos 11 R 1
Wau 35 M 10
Weert 18 KL 6
Weiden 20 G 9
Weifang 28 G 5
Weimar 20 F 7
Weinheim 20 D 9
Weipa 31 E 3
Weissenfels 20 G 7
Welkom 33 E 7
Welland *canal* 38 J 3
Wellingborough 18 DE 6
WELLINGTON 31 JK 8
Wels 20 H 11
Wengen 19 E 4
Wenzhou 28 GH 8
Wernigerode 20 F 6
Wertheim 20 D 9
Wesel 20 A 1
Weser *fleuve* 20 E 8
Westerwald *massif* 9 HJ 1
West Midlands *région* 17 D 8
Weston-super-Mare 18 B 8
West Palm Beach 38 HJ 6
Westphalie *voir* Rhénanie du Nord 20 C 7
Westport 17 A 7
Wetar *île* 29 J 18
Wetzlar 20 CD 8
Wewak 31 E 1
Wexford 17 B 8
Weymouth 18 B 9
Whangarei 31 K 7
Whitby 18 D 2
Whitehaven 18 A 2
Whitehorse 36 C 3
Whitney *mont* 36 C 6
Whyalla 31 E 6
Wichita 38 E 4
Wichita Falls 38 E 5
Wick 17 D 4
Wiener Neustadt 21 DE 10
Wies *église* 19 L 1
Wiesbaden 20 C 9
Wight *île* 18 D 9
Wildhaus 16 H 2
Wilhelmshaven 20 C 4
Wilhem-Pieck-Stadt Guben 20 HJ 6
Willis *îles* 28 G 3
Wilmington (É.-U., Delaware) 38 J 3
Wilmington (É.-U., Caroline N.) 38 J 5
Wiluna 31 B 6
Wiltz 18 L 8
Wimbledon (grand Londres) 18 E 8, *nº 6*
Winchester 18 CD 8
Windermere 18 B 2
WINDHOEK 33 C 6
Windsor (Angleterre) 18 D 8, *nº 1*
Windsor (Canada) 38 H 3
Winneba 34 EF 10
Winnipeg *ville et lac* 38 F 1
Winschoten 18 M 2
Winston Salem 38 H 4
Winterswijk 18 M 4
Winterthur 19 G 2
Winton 31 F 4
Wisbech 18 E 6
Wisconsin *État fédéré* 38 FG 2
Wismar 20 F 3
Wissembourg 11 S 5
Wista (Vistule) *fleuve* 21 G 8
Witbank 32 J 11
Wittenberg 20 G 6
Wittenberge 20 FG 5
Wittstock 20 G 5
Witwatersrand *zone minière* 32 G 11
Wlolawek 21 F 6
Woëvre *région* 9 G 2
Wolfenbüttel 20 EF 6
Wolfsberg 21 D 11
Wolfsburg 20 EF 5
Wolgast 20 H 3
Wollongong 31 G 6
Wolverhampton 18 B 6
Woodstock 18 D 7
Woomera 31 D 6
Worcester (Angleterre) 18 B 6
Worcester (Afrique Sud) 33 CD 9
Wörgl 20 G 12
Workington 18 A 2
Worksop 18 D 4
Worms 20 C 9
Worthing 10 G 2
Wou Si *voir* Wuxi 28 G 7
Wrexham 18 AB 5
Wroclaw *anc.* Breslau 21 E 7
Wuhan 28 E 7
Wuhu 28 G 7
Wuppertal 20 B 2
Wurtemberg *voir* Bade-Wurtemberg 20 D 12
Wurtzbourg (Würzburg) 20 E 9
Wusu (Tuschantsu) 27 P 2
Wutangqlao 28 C 7
Wuxi 28 G 7
Wye *rivière* 18 B 6
Wyndham 31 C 4
Wyoming *État fédéré* 38 D 3

X

Xai-Xai *anc.* João Belo 33 G 7
Xanthi 23 K 5
Xanthos *ruines* 25 B 15
Xérès (Jerez de la Frontera) 22 D 8
Xiamen 28 G 9
Xi'an 28 E 6
Xiangfan 28 E 6
Xiangtan 28 E 8
Xigazé *voir* Chigatsé 27 R 6
Xingu *rivière* 37 K 12
Xinhailian 28 G 6
Xining 28 C 5
Xinjiang *province 27 P 2*
Xinjing *voir* Changchun 28 H 3
Xizang (Tibet) *province* 27 P 5
Xuzhou 28 F 6

Y

Yalta 25 D 12
Yambol 23 L 4
YAMOUSSOUKRO 34 DE 10
Yampi Sound 31 B 4
Yan'An 25 E 5
Yanaon 27 Q 10
Yancheng 28 G 6
Yangquan 28 EF 5
Yangshupu 25 G 6
Yang Tsé, *ou* Yangzijang *voir* Chang Jiang 28 B 6
YAOUNDÉ 34 J 11
Yap *île* 29 M 12
YAREN 31 J 1
Yarim 26 F 10
Yat 34 J 6
Yecla 22 H 6
Yellowknife 36 E 3
Yellowstone *parc naturel* 38 CD 2
Yelva 34 G 9
YEMEN *État* 26 F 10
Yenbo 26 DE 7
Yentai 28 G 5
Yeovil 18 B 9
Yerres *rivière* 14 K 11
Yezd 26 J 5
Yibin 28 C 7
Yichang 28 E 7
Yinchuan 28 D 5
Yining (Kuldja) 27 O 2
Yirgalem 35 P 10
Yokohama 28 M 5
Yokosuka 28 M 5
Yola 34 J 9
Yonne *département* nº 89, cartes 8 et 11 M 8
York 18 D 3
Yorkshire and Humberside *région* 17 DE 7
Yosemite *parc naturel* 38 B 3
Youghal 17 B 8
YOUGOSLAVIE *ancien État* 23 FG 4
Yport 10 H 4
Ypres 18 G 6
Yssingeaux 13 K 5
Ystad 17 L 6
Yucatan *État* 38 G 8
Yukon *province et fleuve* 36 D 3
Yuma 38 B 5
Yunnan *région* 28 C 8
Yuste *monastère* 22 E 5
Yvelines *département* nº 78, cartes 8 et 14 A 11
Yverdon 19 BC 3
Yvetot 10 J 4
Yzeure 11 M 11

Z

Zaandam 18 JK 4
Zabrze *anc.* Hindenburg 21 F 8
Zadar 20 E 3
Zagazig 35 R 2
Zaghouan 23 AB 8
ZAGREB (Agram) 23 EF 2
Zahedan 27 K 6
Zahlé 26 BC 4
ZAÏRE *État* 33 DC 1
Zaïre *anc.* Congo *fleuve* 33 E 1
Zaïre (Lualaba) *sources* 33 E 3
Zakopane 21 G 9
Zalaegerszeg 21 E 11
Zalau 23 J 1
Zambèze *fleuve* 33 D 4
ZAMBIE *État* 33 F 4
Zamboanga 29 H 13
Zamora 22 E 3
Zamość 21 J 7
Zannah 26 H 7
Zante (Zakynthos) *île* 23 H 8
Zanzibar *île et ville* 33 J 2
Zaporoje 25 E 10
Zaria 34 H 9
Zarka 25 D 17
Zary 20 J 6
Zarzaïtine *gisement* 34 HJ 5
Zayzan 27 P 1
Zdanov (Jdanov) *auj.* Marioupol 25 E 11
Zdunska Wola 21 G 7
Zeila 35 Q 9
Zeist 18 K 4
Zeitz 20 G 7
Zélande *province nº 10* 18 H 5
Zelidja 34 F 3
Zemio 35 LM 10
Zemun 23 GH 3
Zendjan 25 J 15
Zenica 23 F 3
Zérère *rivière* 22 C 5
Zermatt 19 E 5
Zhangye 27 S 3
Zhanjiang 28 E 9
Zhejiang *région* 28 G 7
Zhengzhou 28 EF 6
Zhifu *voir* Yentai 28 G 5
Zhuzhou 28 EF 8
Zicavo 13 S 11
Zielona Góra 20 J 6
Zigong 28 CD 7
Ziguinchor 34 B 8
Zilina 21 F 9
Zimbabwe *ruines* 33 F 6
ZIMBABWE *État, anc.* Rhodésie 33 F 5
Zinal 19 DE 5
Zinder 34 H 8
Zittau 20 J 7
Zlatni Pjásaci 23 M 4
Zlatoust 24 L 7
Znojmo 21 E 9
Zomba 33 G 4
Zonguldak 25 CD 13
Zouara 34 J 3
Zouérate 34 C 6
Zoug *ville et canton* 19 F 2
Zrenjanin 23 H 2
Zuckerhütl *mont* 19 L 3
Zugspitze *mont* 19 L 2
Zújar *rivière* 22 E 6
Zurich, *ville, canton, lac* 19 FG 2
Zürs 10 JK 2
Zutphen 18 L 4
Zuwaytinah 35 K 4
Zweibrücken *voir* Deux-Ponts 20 B 10
Zweisimmen 19 D 4
Zwettl 20 J 11
Zwickau 20 G 8
Zwolle 18 L 3

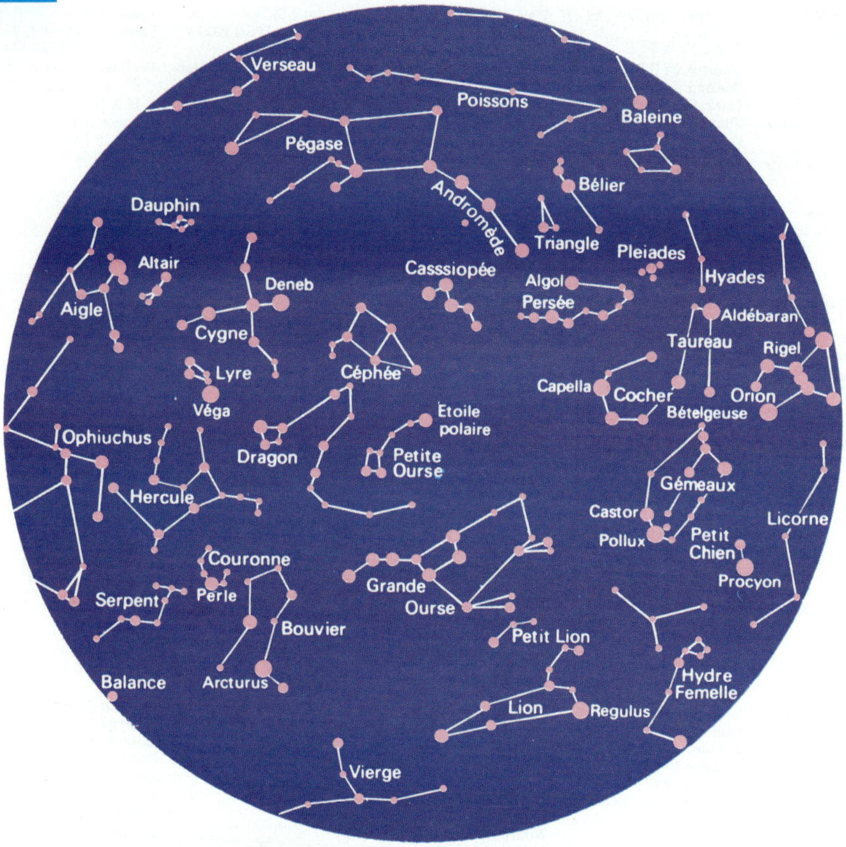

◀ Le Ciel dans l'hémisphère Nord

Durant les nuits sans nuages et sans clair de lune, nous voyons briller dans le ciel une multitude de points lumineux dont la lumière scintille : ce sont les **étoiles :** les télescopes géants permettent d'en distinguer des centaines de millions. Les étoiles forment des figures appelées **constellations.**
Nous constatons, comme les Anciens, que les étoiles paraissent accrochées à la surface intérieure d'une **sphère céleste** dont la Terre occuperait le centre. Mais depuis Copernic, mort en 1453, nous savons que la Terre n'est qu'une planète du système solaire, qu'elle tourne sur elle-même de l'Ouest vers l'Est en 23 heures 56 minutes, durée d'un **jour sidéral.** L'axe fixe autour duquel tourne la Terre, prolongé indéfiniment, « percerait » la sphère céleste au pôle boréal et au pôle austral. Le mouvement des étoiles de l'Est vers l'Ouest n'est qu'un **mouvement apparent.**

Le déplacement apparent du Soleil

Si on marque chaque jour la position du Soleil sur une carte du Ciel, on le voit se déplacer parmi les constellations qui constituent le zodiaque (Bélier, Taureau, etc.). Le soleil semblerait donc tourner autour de la Terre. C'était une certitude pour la plupart des anciens astronomes grecs. En 280 avant J.-C., Aristarque avait pourtant émis l'hypothèse du déplacement de la Terre autour du Soleil ; mais il fallut attendre dix-huit siècles pour affirmer, avec Copernic, le double mouvement de la Terre : **rotation** autour d'un axe incliné à 23° 27 et **révolution annuelle** autour du Soleil. Une preuve irréfutable en fut donnée, en 1726, par l'astronome anglais Bradley qui démontra que c'est la Terre qui parcourt une orbite de 942 millions de kilomètres, à la vitesse de 30 km/seconde, en 365 jours un quart.

Un lent mouvement de toupie

C'est, actuellement, à proximité de l'Étoile polaire que l'axe de rotation de la Terre « perce » la sphère céleste, mais ce point n'est pas fixe. Les pôles célestes se déplacent et décrivent un cercle en 26 000 années : une rétrogradation annuelle de 50 secondes par an explique le phénomène de la **précession des équinoxes.** Les équinoxes marquent, l'un le début du printemps, et, l'autre le début de l'automne, lorsque le jour est égal à la nuit sur toute la Terre.

Le Soleil et les étoiles

Notre planète apparaît comme un minuscule grain de sable lancé dans un Univers gigantesque où l'unité de mesure de la distance devient l'année-lumière : la vitesse de la lumière étant de 300 000 km à la seconde, ceci fait 9 460 milliards de kilomètres en un an (par commodité on dit « une année-lumière équivaut à dix mille milliards de km »). Le Soleil est une étoile dont le rayonnement lumineux nous parvient en huit minutes alors qu'il n'atteint l'étoile la plus proche (Proxima dans la constellation du Centaure) qu'en quatre années-lumière.

La Voie lactée

On remarque, au cours d'une nuit claire, une vaste luminosité qui doit son nom, la Voie lactée, à son aspect blanchâtre. En réalité ce que nous voyons n'est que la tranche (ou profil) d'une immense roue où s'accumulent des milliards d'étoiles, lesquelles forment une **galaxie.** Cette boule d'un diamètre de 1 500 a.-l., distante de 30 000 a.-l. de notre système solaire, l'entraîne dans une interminable ronde qui s'effectue en 250 millions d'années... si l'on retient les hypothèses les plus récentes.

L'expansion de l'Univers ?

Univers fini et clos ou Univers infini et ouvert ? Les savants en discutent. Pour l'astronome américain Edwin Hubble (1889-1953), « tout se passe comme si nous étions à la surface d'un ballon que l'on gonfle... chacun se croit au centre de l'expansion ». Ceux qui pensent qu'il y eut un commencement avancent l'idée d'une grande explosion, le « big-bang », il y a 15 milliards d'années...

◀ Le Ciel dans l'hémisphère Sud

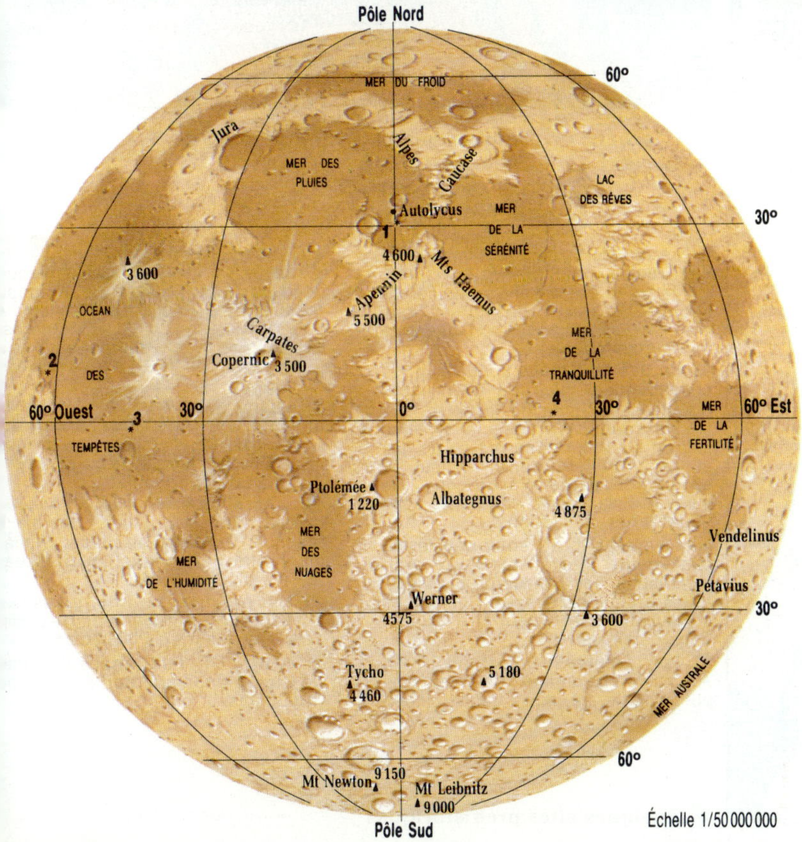

Échelle 1/50 000 000

▲ Le système solaire

	Durée de révolution (en années)	Nombre de satellites
1 Mercure	0,24	
2 Vénus	0,62	
3 Terre	1	1
4 Mars	1,88	2
5 Les astéroïdes		
6 Jupiter	11,86	12
7 Saturne	29,46	9
8 Uranus	84,02	5
9 Neptune	164,78	2
10 Pluton	248,40	

En bas, en bleu, une trajectoire de comète.

On notera que le diamètre du Soleil est 109 fois plus grand que celui de la Terre.

◀ La face visible de la Lune

1 Première sonde spatiale sur la Lune (U.R.S.S., le 13 septembre 1959).

2 Premier alunissage (U.R.S.S., le 3 février 1966).

3 Alunissage (États-Unis, le 2 juin 1966).

4 Premier homme sur la Lune (États-Unis, Apollo II, le 20 juillet 1969).

Dessins de Gérald Eveno.

▲ **Un fragment de fresque murale (3 000 avant J.-C. ?)**
Au Sahara (Tassili, au Sud de Ghat) ce document atteste la présence d'herbivores dans une zone aujourd'hui désertique. *Photo Rapho-Lajoux*

▼ **Une partie des alignements de Carnac (2 000 avant J.-C.)**
Plus de mille mégalithes dont certains de quatre mètres de haut, pèsent dix tonnes. *Photo Hachette-Spirale*

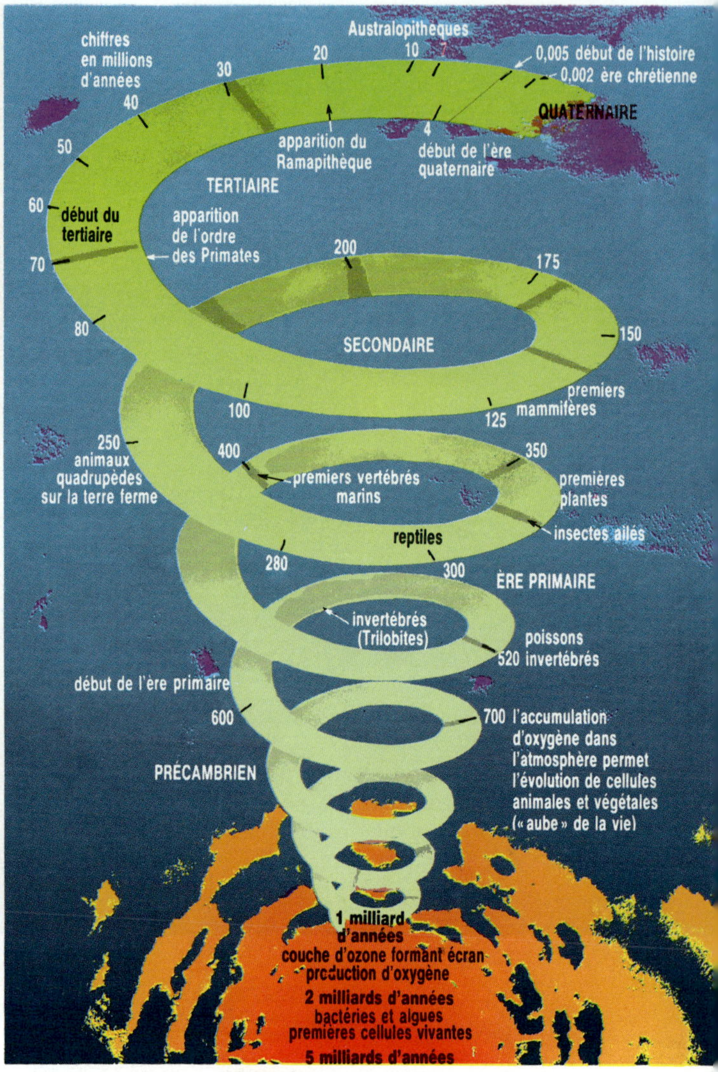

▲ **L'échelle des temps depuis 5 milliards d'années**
Représentation empruntée à Pétrole-Progrès nº 20 page 4.

■ La spirale oppose, à l'immensité des temps géologiques, la faible durée de la Préhistoire humaine qui débute il y a environ 130 millions d'années avec l'apparition des premiers mammifères.

■ Le bas de l'image suggère, il y a probablement plus de 5 milliards d'années, l'origine de la Terre. Les savants supposent que le système solaire était alors une masse de gaz et de poussière dense constituée en grande partie d'hydrogène. Ce « nuage » se serait condensé sous l'effet de la gravitation.

■ La vie apparaît sous une forme élémentaire (bactéries), il y a vraisemblablement 2 milliards d'années, et les premiers animaux, aquatiques certainement, il y a peut-être 618 millions d'années.

■ Les premiers Primates, il y a 70 millions d'années, sont de très petite taille, et notre plus lointain ancêtre remonte à 30 million d'années : c'est le Propléopithèqu découvert en Égypte. Le Ramapi thèque, il y a 20 millions d'années, peut-être été le premier à se redres ser sur ses membres inférieurs et utiliser des « outils » il y a 14 million d'années.

■ Descendants éventuels des Rama pithèques, les Australopithèques, il a entre 12 et 7 millions d'année mesurent un mètre et demi et pèsen de 20 à 50 kilogrammes.

■ C'est entre 4 et 3 millions d'année que se situe le premier « Homo ». précède l'« Homo erectus » (Pithé canthrope, Sinanthrope), mais dispa raît il y a 100 000 ans.

■ Le premier « Homo sapiens (Neandertal) sait tailler la pierre et dis paraît lui aussi il y a 30 000 ans.

■ A peine différent de nous, l'homm de Cro-Magnon apparaît il y a 40 o 30 000 ans.

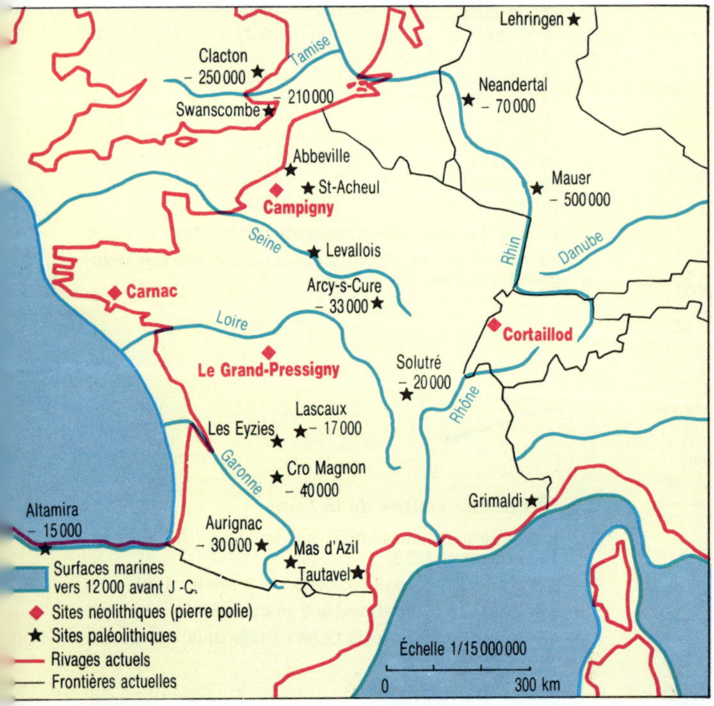

◀ **Quelques sites préhistoriques**

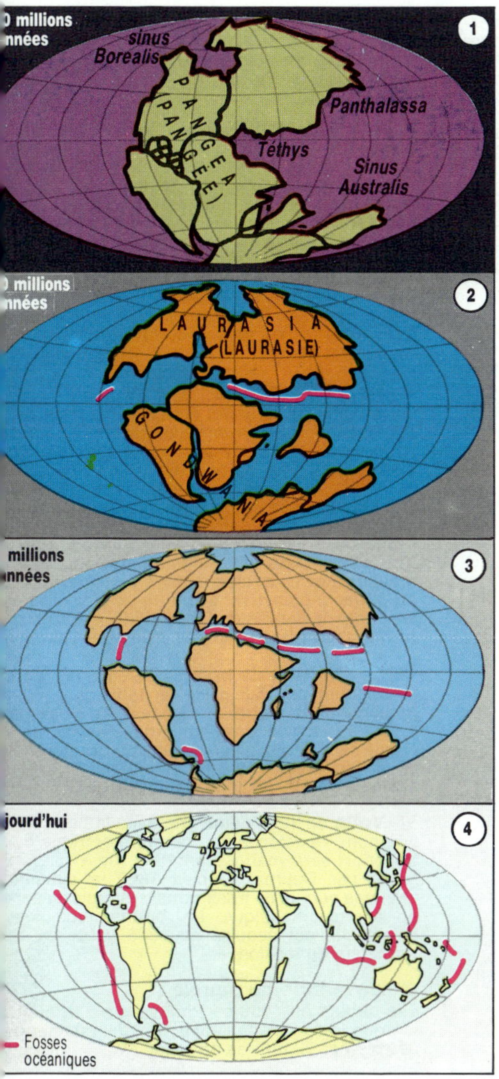

L'évolution des continents et des terres
puis 320 millions d'années

suppose qu'une seule Terre, la Pangée, a commencé e scinder il y a 180 millions d'années. Cette théorie, mulée par Wegener dès 1838 prenait en compte des nnées géologiques, biologiques et climatologiques. ngtemps mise en doute, cette **dérive des continents** a confortée, à partir de 1960, par la théorie de la tonique des plaques.

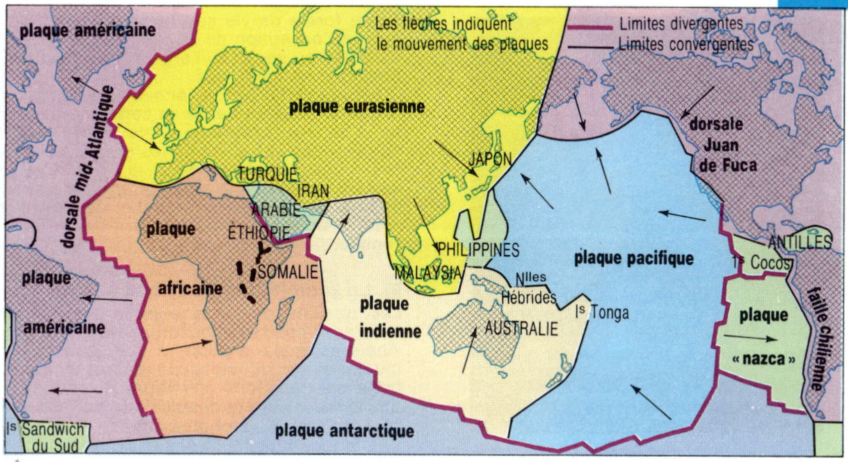

▲ La tectonique des plaques

▼ Les mouvements des plaques et le volcanisme

L'écorce terrestre — continents et océans — est faite d'énormes plaques qui divergent et convergent le long de limites que jalonnent volcans et zones séismiques.

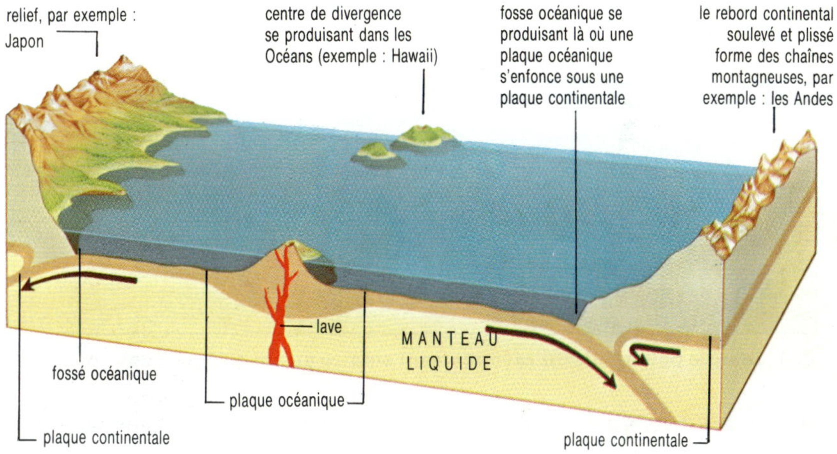

■ **Les milieux de vie** peuvent se définir comme la combinaison de multiples **écosystèmes** apparentés et caractérisés par une activité humaine dominante. Un **écosystème** est un des éléments de la biosphère (masse des espèces animales et végétales, groupées en communautés). L'écosystème met en relation : le **biotope,** lieu d'habitat non vivant, et la **biocénose** formée d'êtres vivants.

■ Les écosystèmes sont modifiés par l'homme : qu'il s'agisse de paysages ruraux ou de concentrations urbaines (où ils sont totalement artificiels). Au cours des millénaires l'homme a aménagé les milieux naturels en **espaces agricoles.**

ands milieux naturels et écosystèmes actuels ▶
rès fiche nº 6, octobre 1977 du C.N.D.P.

- Inlandsis et déserts
- Milieux semi-arides et marges désertiques
- Hautes montagnes
- Toundra
- Forêt boréale
- Forêt tempérée
- Prairie et steppe tempérée
- Milieu méditerranéen
- Milieu tropical humide à saison sèche, savane, savane arborée, forêt claire
- Forêt dense ombrophile

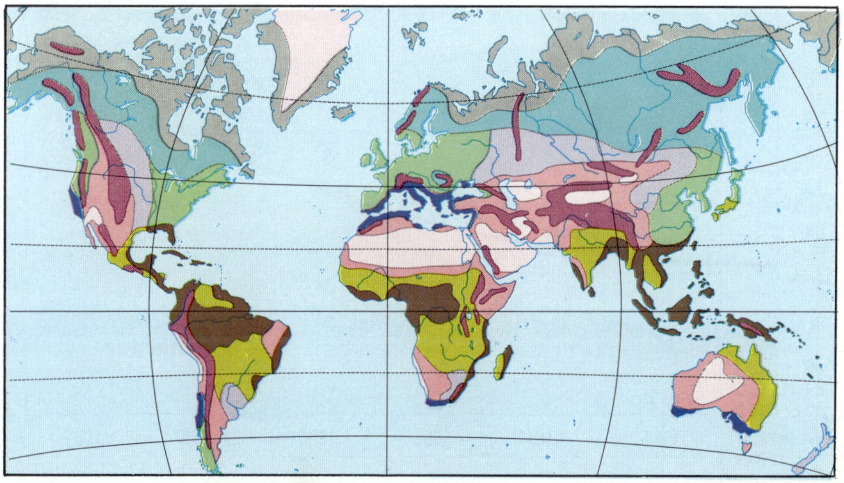

LE SOLEIL CRÉATEUR DE VIE - L'ÉNERGIE HIER ET DEMAIN

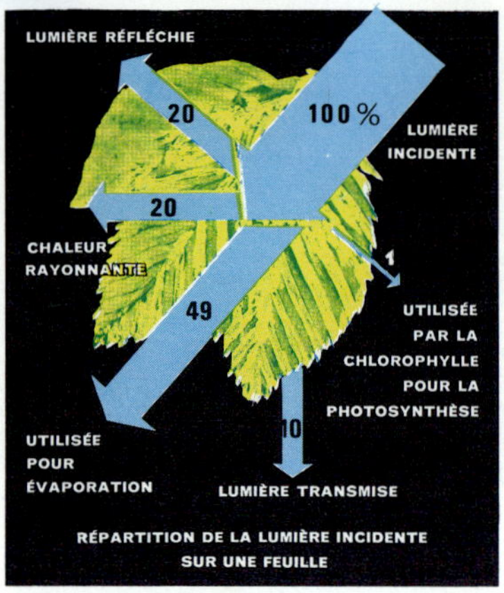

RÉPARTITION DE LA LUMIÈRE INCIDENTE SUR UNE FEUILLE

Toute forme de vie sur Terre et toutes les énergies, à l'exception de la géothermie, proviennent du Soleil où se produisent de gigantesques réactions thermonucléaires.
C'est convertie en «rayonnement» que moins de la dix-millionième partie de cette énergie parvient au sol. Au préalable, une part importante du rayonnement alimente les grands cycles naturels : l'eau, le vent... Pour la France, le rayonnement qui atteint le sol pourrait être assimilé, en théorie, au déversement annuel de cent litres de pétrole sur chaque mètre carré de surface horizontale.

Le premier maillon de la chaîne

Les qualités de cette énergie qui «tombe du ciel» sont contrebalancées par les inconvénients inhérents à sa dilution, à son caractère intermittent et aux difficultés de réaliser la plus importante des réactions chimiques du monde : celle que la nature opère depuis deux ou trois milliards d'années dans la **photosynthèse.** Les végétaux, des algues aux feuilles des arbres, stockent de l'énergie solaire, fabriquent annuellement de d à trois cents millions de tonnes de matie organiques (la «biomasse»), réalisant le pre maillon de la chaîne alimentaire nécessaire règne animal.

C'est la **chlorophylle** qui travaille à valoriser profit des vivants l'énergie du Soleil selon mécanisme dont la science n'a pas encore cidé complètement le processus permettan transformation du gaz carbonique de l'at sphère. Hormis les cellules de chlorophylle, ni humains, ni les champignons, ni les bactéries peuvent opérer la synthèse des matières car nées de base : ils ne savent que les transfor par dégradation et, finalement, ils restituent règne minéral le carbone et l'hydrogène molécules organiques sous forme de gaz car nique et d'eau.

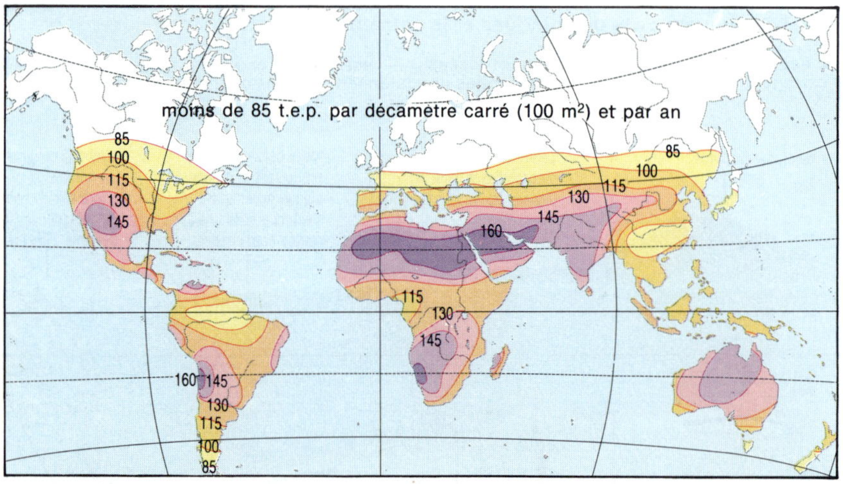

▲ L'énergie potentielle du rayonnement solaire au sol en équivalent pétrole.

▼ Part des diverses sources d'énergie dans la consommation mondiale

La préhistoire de l'énergie

On qualifie de sources d'énergie tout ce qui capable de **fournir un travail,** généralement l'intermédiaire d'une machine. A son **énergie m culaire** l'homme ajouta, au Vᵉ millénaire av notre ère, l'énergie animale, grâce au joug. Haut Moyen Âge capta la **puissance du cheva** utilisant le collier et les étriers et généra l'emploi de l'**énergie hydraulique.** Vers XIIᵉ siècle l'**énergie éolienne** devient, avec moulins à vent, la force motrice principale. Con en Chine depuis le IXᵉ siècle, la poudre utilisée le champ de bataille de Crécy (1346) est la prem forme d'**énergie artificielle** créée par l'homme

Le charbon de bois utilisé dans les prem hauts-fourneaux fait place, à partir de 1560, à **houille** en Angleterre, en Suède et en Hollande. 1782, la machine à vapeur à double effet de W donne naissance au mouvement rotatif autorégulé en 1860, Lenoir invente le moteur à explos alimenté par un mélange d'air et de gaz.

Volta en 1801 démontre, avec la pile qui po son nom, l'existence du **courant électrique** don transport sera maîtrisé en 1883 (de Vizille à G noble par Deprez). Depuis 1869 la **dynamo** Gramme permet de transformer l'énergie mécani en énergie électrique. La maîtrise complète l'électricité est acquise en 1883 grâce au tra formateur de tension.

L'aventure du pétrole

Elle débuta en 1859 en Pennsylvanie (États-U lorsque le derrick de Drake atteignit une nappe pétrole par 22 mètres de fond.

L'énergie nucléaire découverte en 1932 Irène et Joliot-Curie est «libérée» en 1942 par Fe qui réalise la première réaction en chaîne, à Chica dans la pile qui porte son nom et qui est le **pren réacteur nucléaire.**

Des équivalences énergétiques permett de comparer et d'ajouter les unes aux autres sources d'énergie : une tonne équivalent charb (1 **tec**) correspond à l'énergie produite dans combustion d'une tonne de charbon; une ton équivalent pétrole (1 **tep**) correspond à celle produ dans la combustion d'une tonne de pétrole.

	1 tonne lignite	1 tonne houille	1 tonne pétrole	10 000 thermies gaz naturel	1 tonne uranium plutoniu
tec	0,5	1,0	1,5	1,4	3 600 0
tep	0,3	0,7	1,0	0,9	2 500 0

Les «énergies nouvelles» ne constitu encore qu'un très faible appoint (en l'an 2000, a 60 millions tep, le centième des besoins de 19 Sont actuellement utilisées : le **solaire,** la **g thermie,** la **force des océans** qui sont issus d renouvellement de chaleur; le **vent,** le mouvem des **vagues** et enfin la **biomasse.**
Les pays industrialisés poursuivent, pour le lo terme, des recherches sur la **fusion thermo cléaire.** Reproduisant ce que font le Soleil et étoiles, ces expériences tentent de «mettre bouteilles» l'énergie des «Soleils en puissance». four solaire d'Odeillo (Pyrénées Orientales) a permis d'atteindre 3 000 degrés Celsius. Expérimen lement on atteint, en laboratoire, 200 millions degrés... mais pendant seulement des fractions secondes.

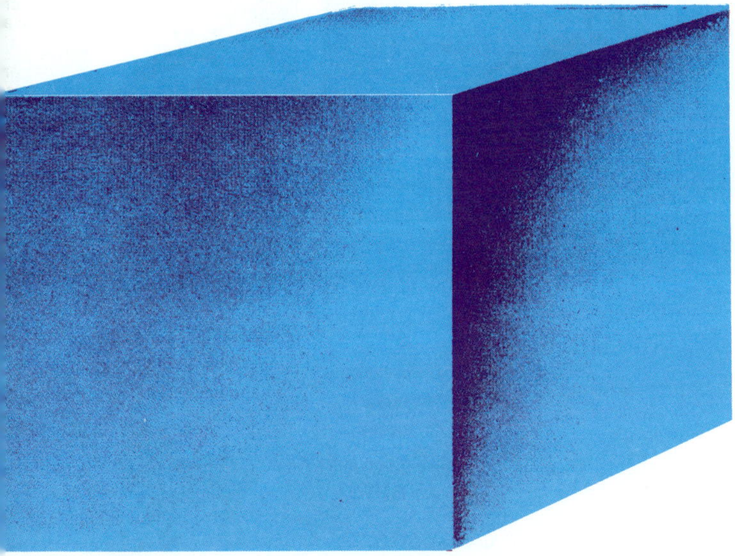

Ressources en eau

L'eau contenue dans le monde est d'environ
1 350 000 000 kilomètres cubes ou
1 350 000 000 milliards de mètres cubes (135×10^{16}) m^3

L'eau existe dans la nature sous **trois formes :**

1. Eau liquide

◀ 96,97 %
a. les océans 1 300 100 000 km^3
b. les nappes souterraines 8 000 000 km^3

0,62 % ▶ 
c. les lacs et les cours d'eau 25 000 km^3

0,01 % ▶ 
d. dans les organismes vivants (biosphère) 400 km^3

2. Eau solide

Calottes polaires, inlandsis, glaciers continentaux 32 500 000 km^3.

2,4 % ▶ 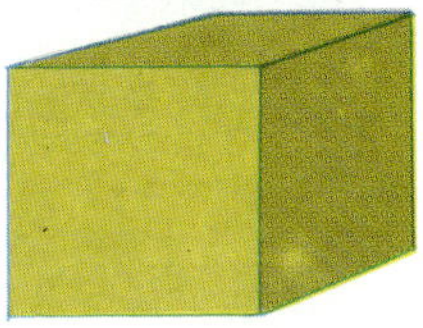

3. Eau vapeur

0,001 % ▶ dans l'atmosphère 12 700 km^2.

e cycle de l'eau comprend trois phases : **évaporation, précipitation, coulement.** Tout provient des océans et, d'une manière ou d'une autre, retourne. Ce circuit, ininterrompu, s'opère dans deux domaines :
. L'**atmosphère** en direction de laquelle s'évapore chaque jour 000 milliards de m^3 d'eau grâce à la chaleur du Soleil qui la fait passer l'état de vapeur. L'atmosphère contient, en permanence, une réserve 'eau de 13 000 km^3 qui se renouvelle tous les 8/10 jours. Sous l'effet de pesanteur cette eau retombe sous forme de précipitations (pluie, eige ou grêle).
. La **Terre** où une partie de l'eau subit, à nouveau, les phénomènes 'évaporation ; le reste ruisselle sur le sol, gagne les rivières, se 'ansforme en glace, s'infiltre en profondeur alimentant les nappes outerraines.

Les besoins en eau ne cessent de progresser passant d'environ 00 km^3 vers 1900 pour atteindre actuellement 2 860 km^3 par an, dont ,5 % pour les foyers domestiques, 22 % pour les besoins industriels et 3,5 % pour l'agriculture. Il est vraisemblable que vers 2015 il y aura quilibre entre les disponibilités accessibles et la consommation qui tteindra, selon les prévisions, 8 000 km^3. Les quantités d'eau dans la ature restent constantes et l'eau que nous consommons est celle dont se ésaltéraient les hommes de la Préhistoire. Le volume d'eau, théoquement disponible (25 000 km^3), dépasse heureusement les quantités ccessibles ; mais, dès maintenant, dans certaines régions, l'eau est evenue un bien rare et précieux.

Le cycle humain de l'eau est une nécessité vitale. Notre organisme contient, en moyenne, 650 grammes d'eau par kilogramme de poids vif. Cette eau effectue dans le corps un cycle similaire à celui qu'elle parcourt dans la nature. Il débute dans la bouche avec la salive et se termine avec l'urine et la sueur évacuant les déchets. L'eau forme de 50 à 90 % du poids de tous les êtres vivants. La masse ainsi immobilisée dans l'ensemble des organismes représente 400 km^3. Tout être vivant, qu'il appartienne au règne végétal ou animal, subit le rôle biologique de l'eau et doit en assimiler pour reconstituer sa provision et assurer l'accomplissement des fonctions physiologiques.

La «chasse à l'eau» a, depuis toujours, préoccupé l'homme. L'absence d'eau rend le sol stérile ; mais sa maîtrise permet de transformer des déserts. Aujourd'hui, en Californie, l'alimentation en eau des villes requiert des travaux gigantesques. Un peu partout, durant les étés chauds, il faut « rationner » l'eau.

Le surplus d'eau douce ne peut guère être trouvé que dans les glaces polaires ou les nappes aquifères profondes (au-delà de 800 mètres de profondeur). En revanche, une eau dite « usée » reste constituée de deux atomes d'hydrogène et d'un atome d'oxygène (H_2O) et de substances indésirables polluantes qui peuvent être détruites. Épurée, l'eau peut servir indéfiniment. Enfin, il existe des techniques de dessalement des eaux océaniques, déjà utilisées dans plus de 700 stations.

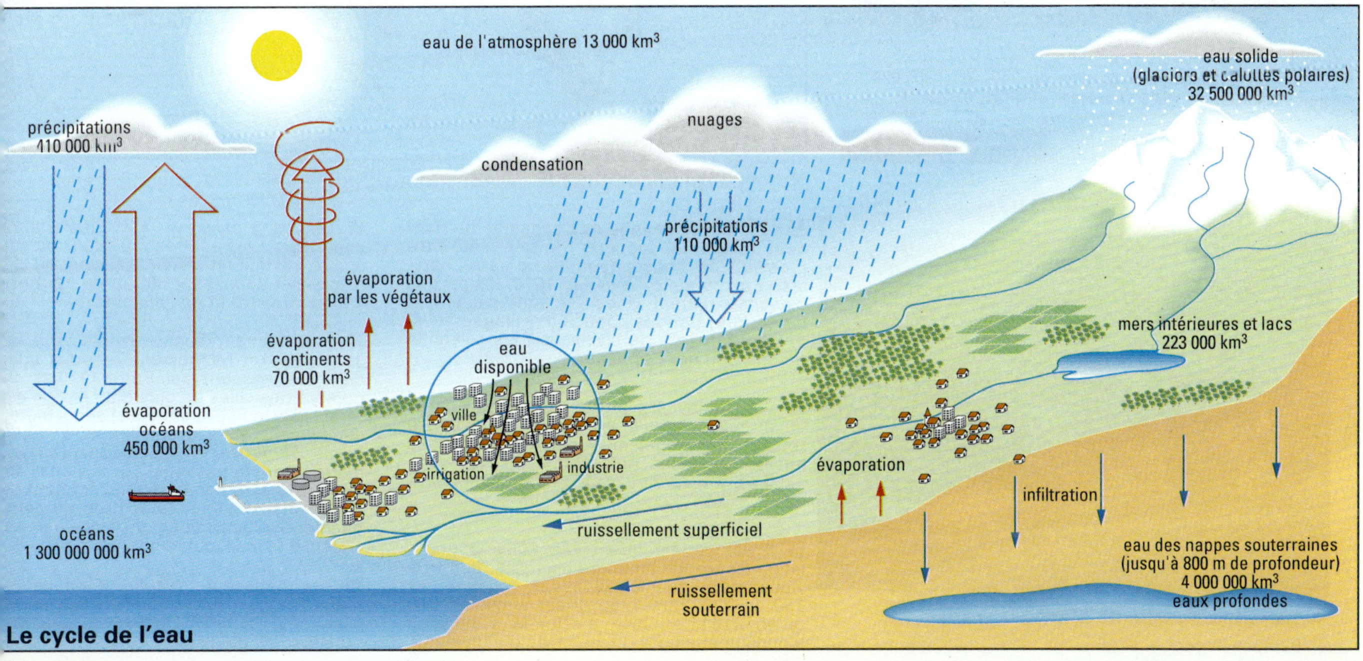

Le cycle de l'eau

LES HOMMES A LA CONQUÊTE DE LA TERRE

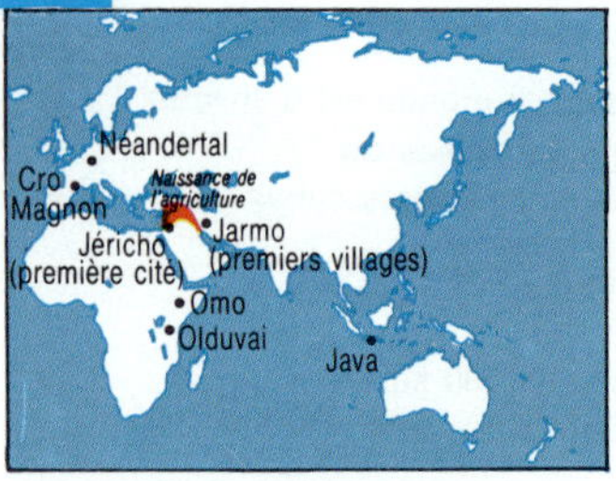

▲ Temps préhistoriques

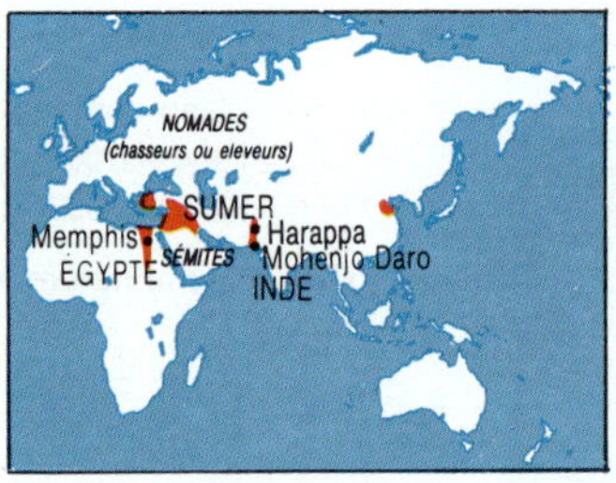

▲ Vers 2500 avant J.-C.

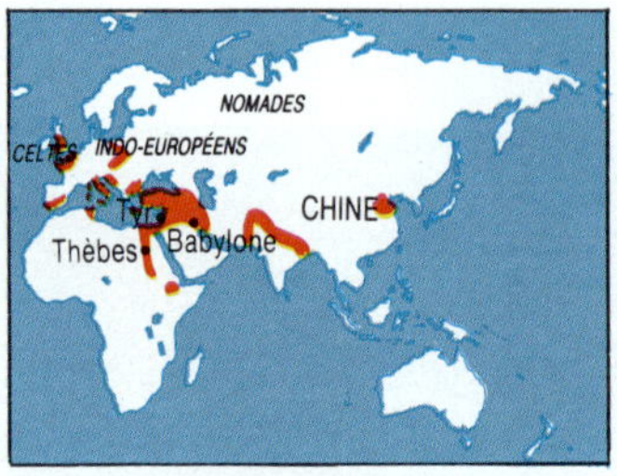

▲ Vers 1500 avant J.-C.

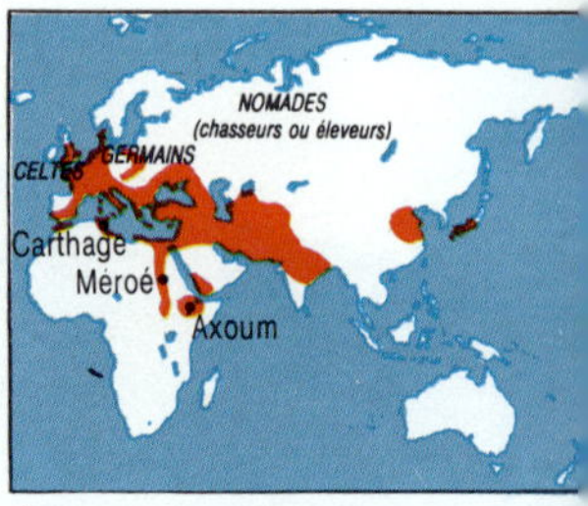

▲ Vers 500 avant J.-C.

▲ **Une habitation paléolithique 200 000 av. J.-C.**
Reconstitution de la grotte du Lazaret, près de Nice.
Photo Hachette.

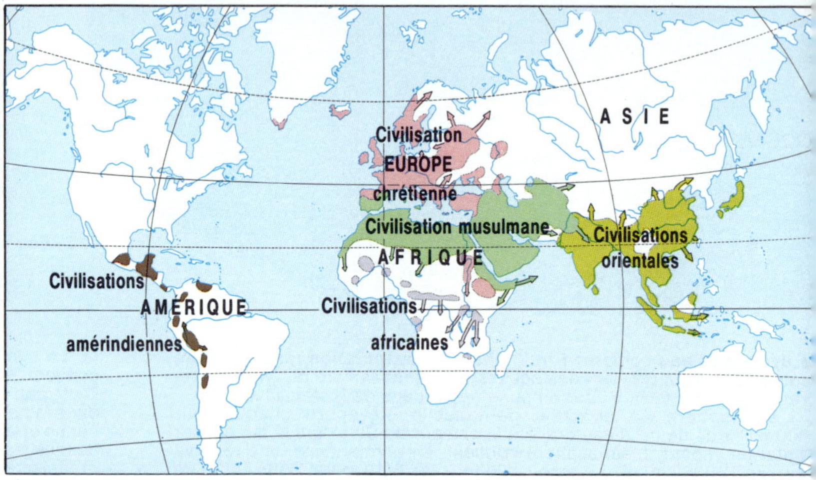

▲ Le monde en 1000 après J.-C.

▼ **Un village néolithique vers 700 avant J.-C.**
En Sardaigne, à Barumini. *Photo Central Color.*

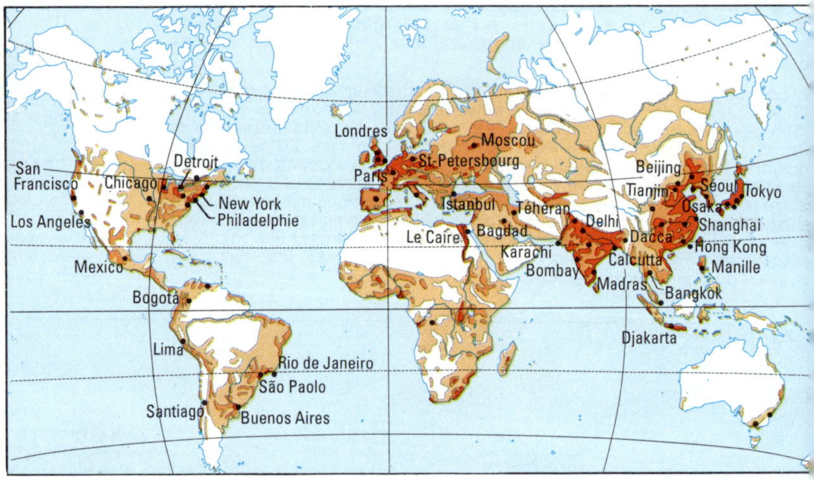

• Ville ou agglomération de plus de 2 500 000 habitants (sont nommées les villes dépassant 5 000 000 habitants)

Répartition de la population (habitants par km²) : 0 – 3 – 20 – 100

▲ Le peuplement dans le monde aujourd'hui

▲ **La ville nouvelle de Marne-la-Vallée**

© *Bernard Régent — DIAF*

■ Les taches orange des schémas du bandeau horizontal suggèrent la très lente progression de l'occupation de la terre habitée : l'œkoumène. Vers l'an 1000, les parties blanches restent vides ou sont seulement parcourues par des populations clairsemées. Entre les foyers de civilisation les relations restent peu développées.

■ Si les cinq milliards d'êtres humains constituant aujourd'hui la population mondiale se répartissaient également sur l'ensemble des terres émergées, Antarctique et Groenland exclues, il y aurait 37 habitants au kilomètre carré.

■ Il est certain qu'en l'an 2001 la population du Monde atteindra six milliards d'individus alors qu'elle dépassait à peine les 750 millions vers 1750. Il est vraisemblable qu'en 2101 (au XXIe siècle) la population mondiale atteindra dix milliards d'individus.

■ Depuis le milieu du XIXe siècle, la cr sance des villes est très rapide et l'on ass à une révolution dans la façon de bâ gratte-ciel dépassant 400 m de haut et sation du verre et de l'aluminium.

■ Relativement récente, la très forte urb sation est un phénomène mondial que chiffres traduisent mal. Entre 1970 et 19 nombre des villes de plus d'un million d'h tants a été multiplié par dix et selon toute semblance, elles accueilleront à la fin siècle 60 % de la population urbaine. métropoles dépassent 10 millions d'h tants. Onze agglomérations comptent de 10 millions d'habitants et près de cent quante concentrations urbaines dépas chacune le million d'habitants.

■ Les bâtisseurs d'aujourd'hui cherc une réponse à une question posée de 6 000 ans : comment organiser les cités hommes ? C'est le problème de l'urbanis

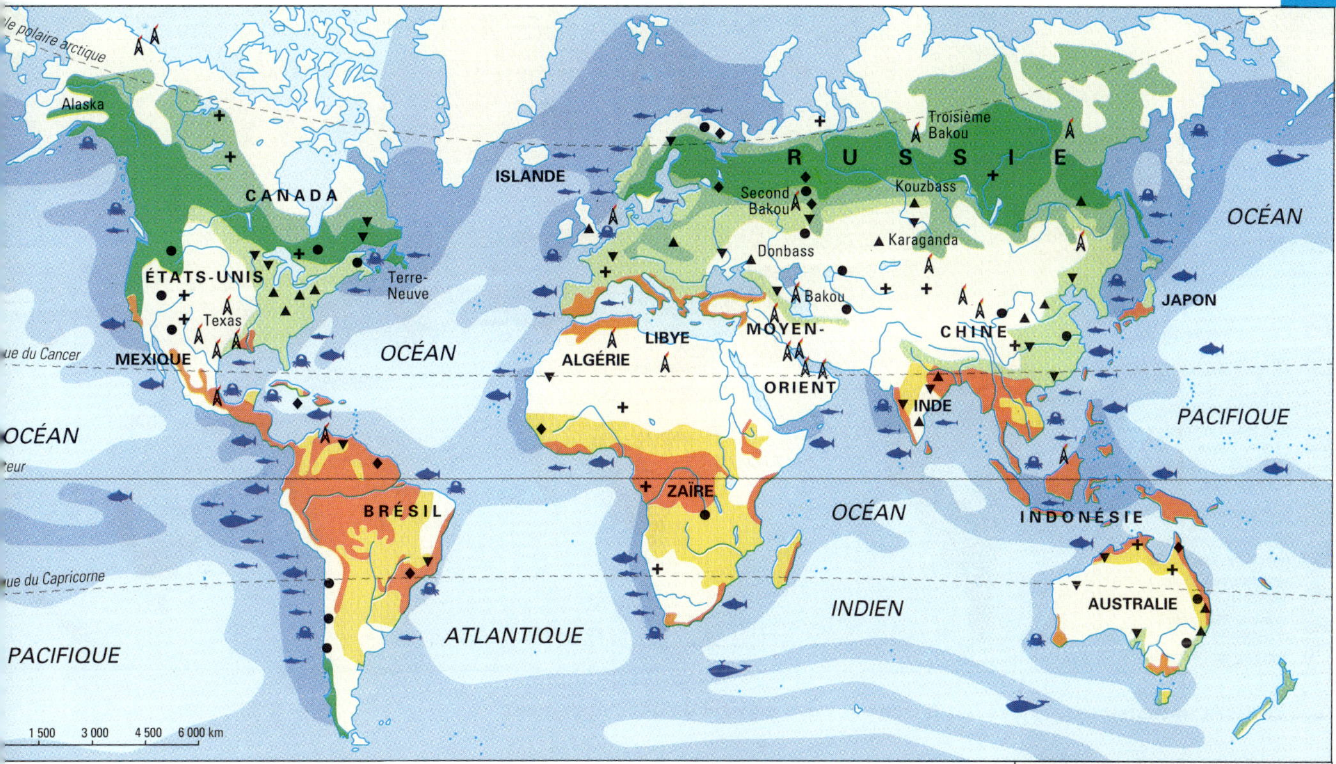

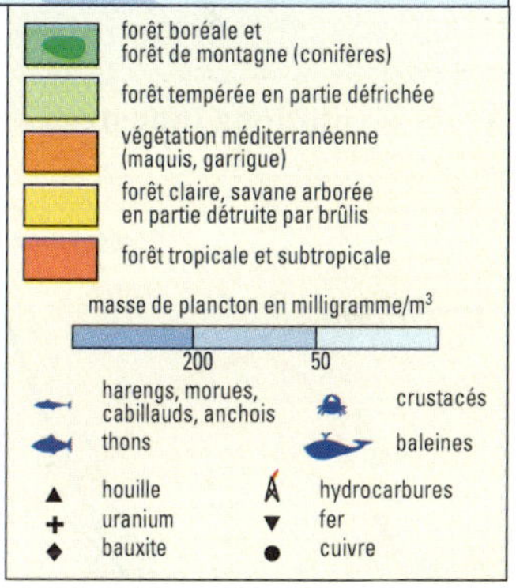

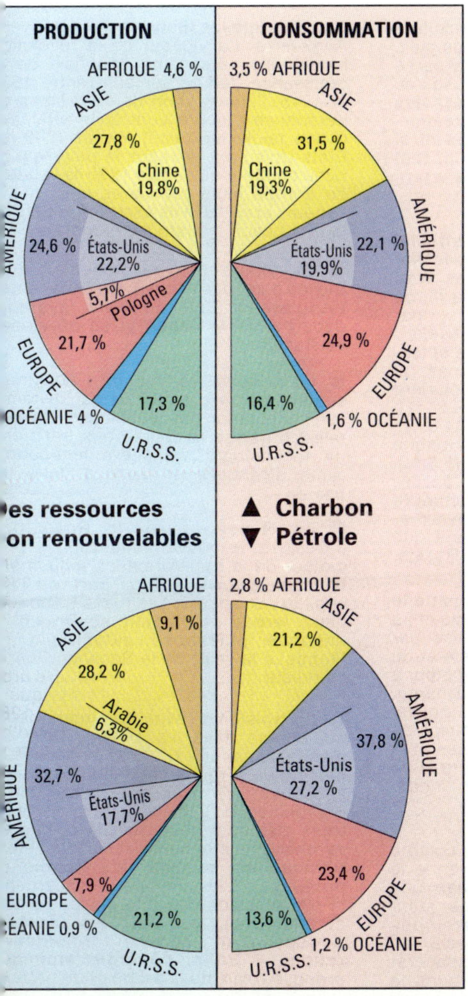

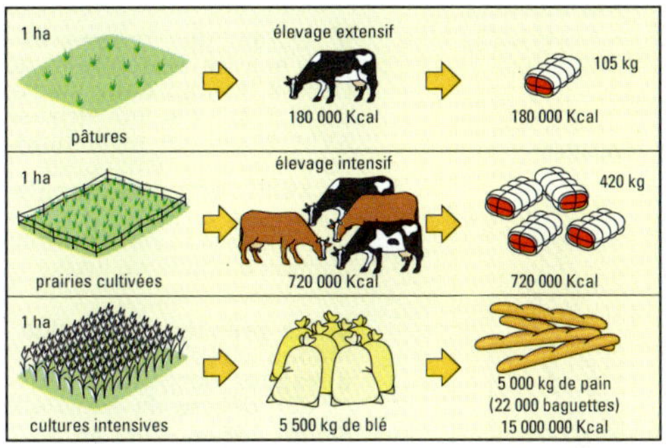

▲ **Productivité végétale et animale**

■ L'homme fut d'abord prédateur, vivant de la cueillette et de la chasse ; puis, avec **l'agriculture** il est intervenu directement dans la nature, multipliant la productivité des milieux. Avec **l'élevage** les ressources finales sont moindres que pour les cultures (document ci-dessus).

■ Les ressources du **milieu aquatique** et du **domaine forestier,** constituées d'espèces vivantes, **sont renouvelables.**

■ **Les zones de pêche** sont localisées dans les régions où la mer est peu profonde : plateaux continentaux, mers bordières (Manche, mer du Nord) car le plancton prolifère au voisinage des côtes et dans les zones où se mêlent des eaux marines différentes par leur température et leur salinité. Le milieu aquatique procure plus de 90 millions de tonnes de poissons et de crustacés par an, provenant essentiellement du Pacifique Ouest (57 %), de l'Atlantique Nord-Est (14 %) et du Pacifique Sud-Est (10 %).

■ **La forêt** occupe, avec **41 millions de km²,** près du tiers de la surface terrestre, glaciers polaires exclus. Elle a, depuis toujours, constitué un réservoir de richesses comme combustible et comme matière première pour la construction, l'ébénisterie, la pâte à papier...

■ **Les ressources non renouvelables** sont celles qui, une fois prélevées, se reconstituent si lentement qu'on peut les considérer comme épuisées à jamais. Ces minéraux, contenus dans l'écorce terrestre, sont des **minerais métalliques** (fer, nickel...) ou **non ferreux** (cuivre, bauxite), des **métaux précieux** et des **combustibles** (charbon, pétrole, gaz naturel, uranium).

■ Depuis la fin du XIXᵉ siècle les combustibles minéraux constituent les principales **sources d'énergie primaire** (voir le croquis page 58). Pour être utilisées, ces sources d'énergie sont transformées en **énergies secondaires :** chaleur obtenue dans une chaudière, mouvement par combustion dans un moteur, et essentiellement **électricité,** elle-même transformée en lumière, chaleur ou mouvement.

■ Les substances minérales sont les **matières premières** des industries lourdes : chaux, sel, silice existent en abondance, mais la plupart sont rares.

■ Charbons et pétroles alimentent la **carbochimie** et la **pétrochimie.**

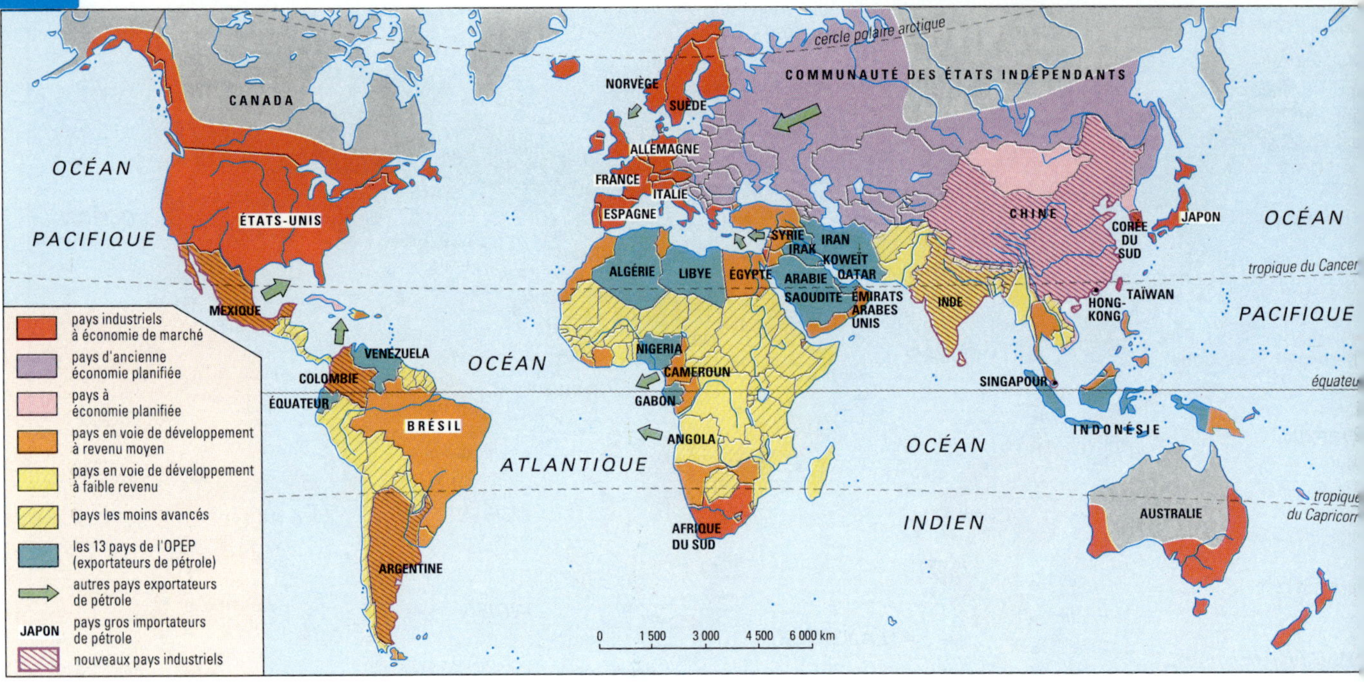

▲ **Les espaces industrialisés. Pays industriels et pays en voie de développement**

▼ **Trois révolutions industrielles**

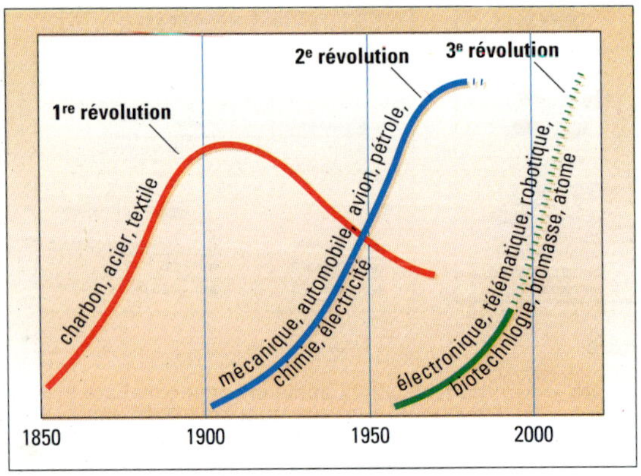

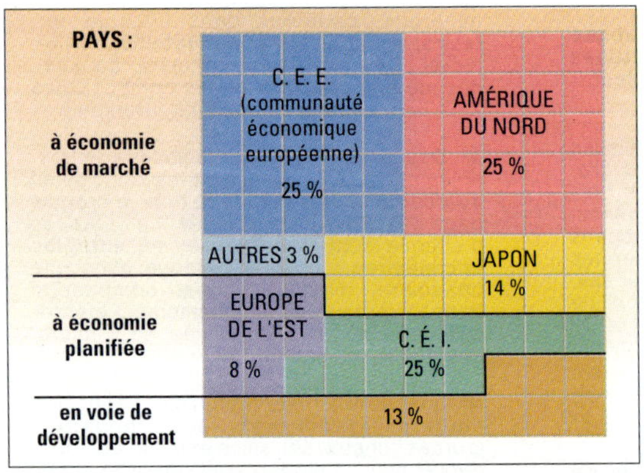

▲ **Production industrielle par grands ensembles en 1990**

■ Durant des millénaires l'agriculture fut l'activité essentielle des hommes. Depuis environ deux siècles une partie du Monde s'est industrialisée. Jusqu'au XVIIe siècle les techniques **artisanales** demeurèrent inchangées. La création, au XVIIe siècle, des **manufactures** introduisit une division des tâches, un rendement accru, une régularité dans la production d'objets de luxe.

■ **La première révolution industrielle,** fondée sur l'utilisation de la **machine à vapeur** découverte par James Watt (1783), débute en Angleterre à la fin du XVIIIe siècle. Elle se caractérise par l'essor de **trois piliers industriels :** extraction du charbon, sidérurgie et textile. Seule l'Europe est concernée, et vers 1800 la production manufacturière est partagée entre Russie (20 %), Royaume-Uni (15,3 %), France (14,9 %), Allemagne (12,5 %), Autriche-Hongrie (11,4 %), Italie (8,9 %), Espagne (5,3 %). Vers 1880 l'Europe concentre encore 60 % de la production manufacturière devenue mondiale ; mais le Royaume-Uni se détache, produisant autant que l'ensemble Allemagne, France et Russie.

■ **La seconde révolution industrielle** se développe à la fin du XIXe siècle et au début du XXe. Elle se caractérise par l'emploi de l'électricité, du pétrole et du gaz naturel, la mise au point du moteur à explosion, de la turbine et de la dynamo. La tour Eiffel est le symbole du nouvel âge du fer, l'avion illustre l'emploi de l'aluminium, l'usage des plastiques et la construction d'immeubles de verre et de béton reflètent la puissance de l'industrie chimique et pétrochimique.

■ Vers 1913, l'**Allemagne,** qui compte 66 millions d'habitants, est devenue le leader industriel de l'Europe ; mais une nouvelle puissance industrielle mondiale, les **États-Unis,** se développe depuis le début du XVIIIe siècle, en dehors de toute contrainte d'espace et de tradition. Le **coton** récolté dans le Sud alimente les **filatures** de la Nouvel Angleterre. La vigueur de la révolutic industrielle américaine bénéficie de croissance démographique (entre 182 et 1915, l'immigration de 46 millions c personnes s'ajoute à une forte natalité à une faible mortalité). Avant 1900 le États-Unis sont devenus le pays le plu riche du Monde : depuis 1890 ils vende en Europe leurs premières machines vapeur ; et en 1914 ils assurent le tiers c la production industrielle mondiale.

■ Le temps des révolutions indu trielles n'est pas achevé. Un siècle aprè l'Angleterre une nouvelle aventu débute pour le **Japon** et se développ en Russie.

■ Le principal facteur de l'industria sation japonaise est l'État qui systém tise l'adaptation des techniques occide tales, organise la course aux transfer de technologie, rémunère les coop rants étrangers en service dans le usines.

■ En Russie, avant la Révolutic d'Octobre, le gouvernement est le pr moteur de la transformation industriel financée, pour une large part, par de capitaux étrangers. Les plans quinque naux feront de l'Union soviétique seconde puissance industrielle c Monde, à la veille de la Seconde Guer mondiale.

■ **La troisième révolution industriell** qui débute dans les années 1950, s manifeste par un extraordinaire dévelo pement de la recherche fondamentale appliquée : on a pu dire qu'elle est « révolution de l'intelligence ». Les se teurs clés sont désormais la **chimie c synthèse,** la **biochimie** et surtout l'**éle tronique** qui forment une gamme c produits dont les principaux concernen la transmission des informations (rad et télévision), les machines capable de seconder l'homme (ordinateur robots...). Enfin, l'**énergie atomiq** prend le relais du charbon et du pétrol

Catastrophes géophysiques

Zone de séismes
près "La dérive des continents"
ion de "Scientific American",
ısion Belin)
Tremblement de terre
Volcanisme
Profondeur maritime

Catastrophes climatiques

Cyclones tropicaux,
heresse, froid exceptionnel et
ıdations ne sont pas cartogra-
ables.
20 ans (1960-1980) les cataclysmes
eurs (seisme, typhon ou ouragan,
anisme, inondation) sont seuls
oonsables de 1 250 000 morts et ont
asionné des pertes matérielles
luées à quatre milliards et demi de
ars (La Terre en otage, Seuil, 1989)

Catastrophes technologiques

Défaillances des installations

Pollution atmosphérique

en millions de tonnes d'oxyde de
carbone (usage des combustibles
des) en 60 ans (d'après "Time" en
vier 1989)

Destructions liées à la croissance de la population

Millions d'hectares des forêts tropicales pluvieuses non détruites, vers l'an 2000

es pluies acides sont responsables
ı Europe, de destructions concer-
ant 25 à 50 % des zones boisées
5 % aux Pays Bas, 28 % en France
en Espagne, 25 % en Finlande...etc)
a destruction de certaines espèces
nimales menace les grands
quilibres écologiques.

Protection de l'ozone

zone, ou oxygène tri-atomique (O_3)
résente une partie sur un million de
omposition de notre atmosphère.
re 12 et 40 km dans la haute
osphère, il filtre les ultra-violets.
il vienne à manquer, la vie sur la
re serait menacée.
revanche, dans les basses altitudes
8 à 17 km, une concentration
essive aurait des conséquences
ogiques et écologiques tout aussi
ves.

0 5 000 km

Échelle : 1/178 500 000

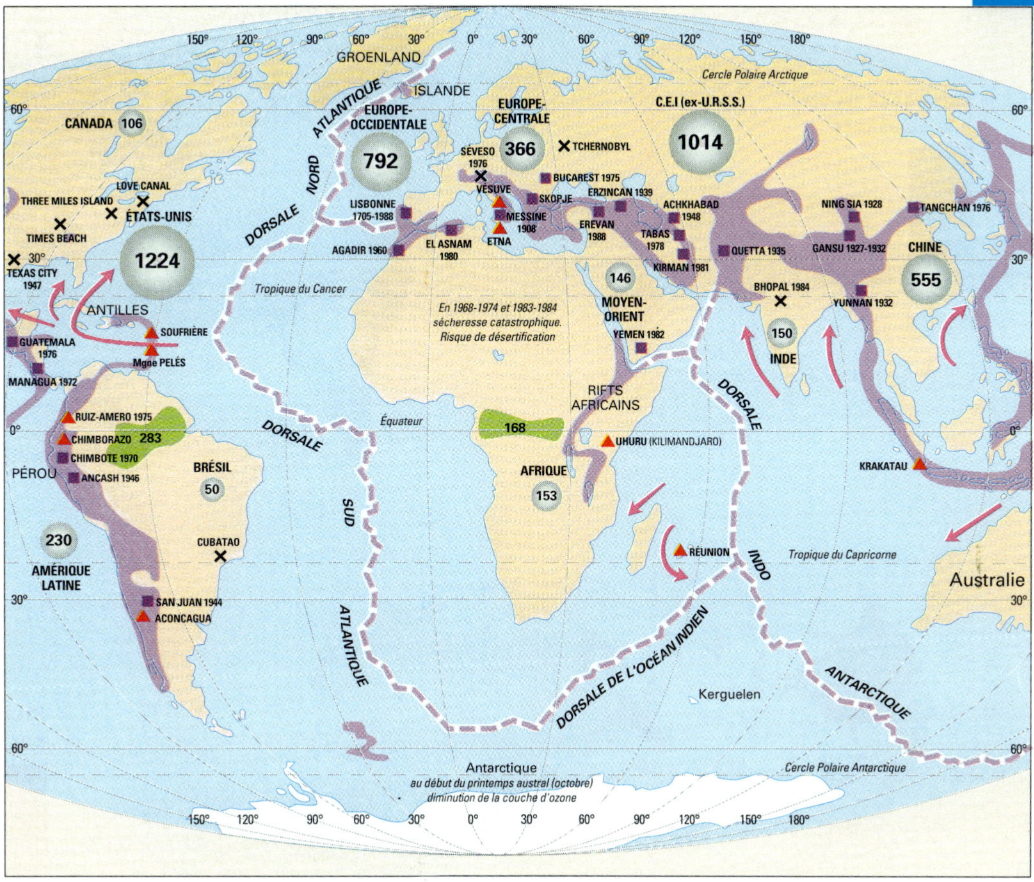

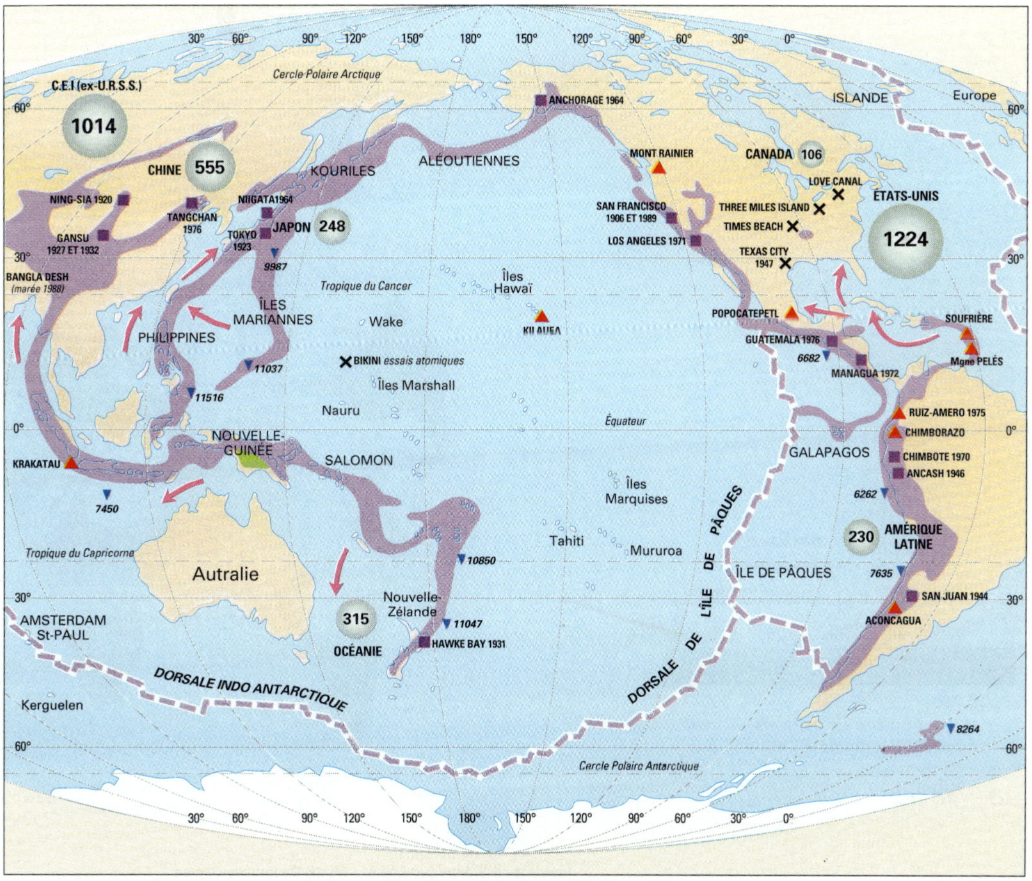

RICHES ET PAUVRES

Espérance de vie à la naissance

- plus de 75 ans
- de 68 à 75 ans
- de 61 à 68 ans
- de 55 à 61 ans
- moins de 55 ans
- régions peu habitées ou données inconnues

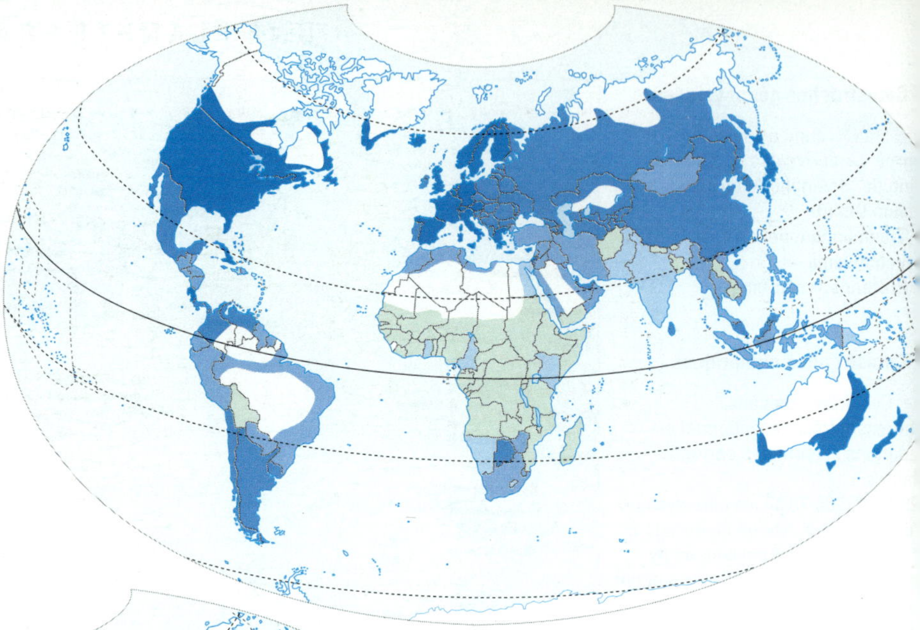

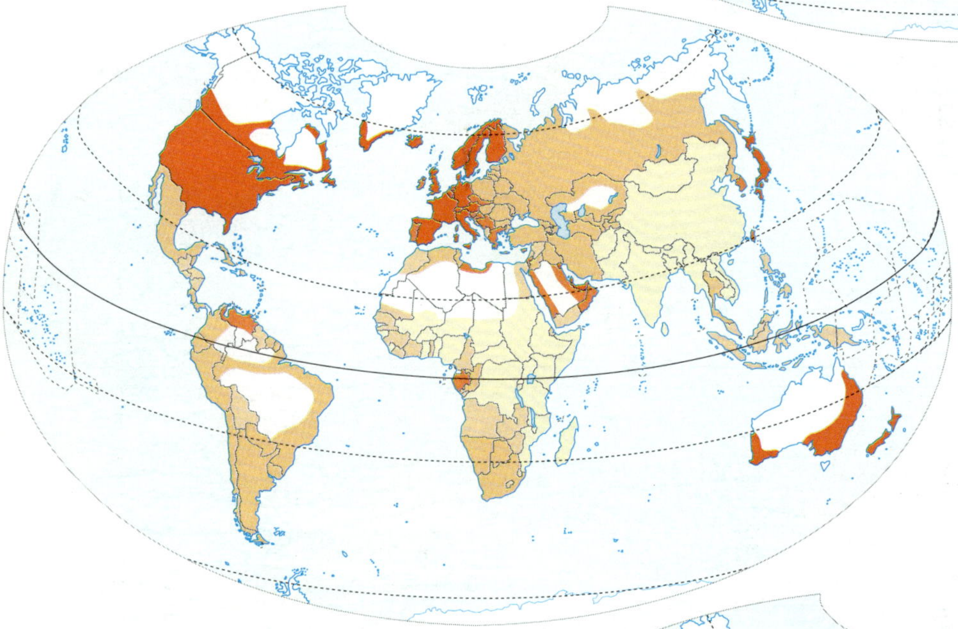

Produit National Brut par tête, en dollar U. S. (1990)

- plus de 10 000
- de 3 000 à 10 000
- de 1 000 à 3 000
- de 400 à 1 000
- moins de 400
- régions peu habitées ou données inconnues

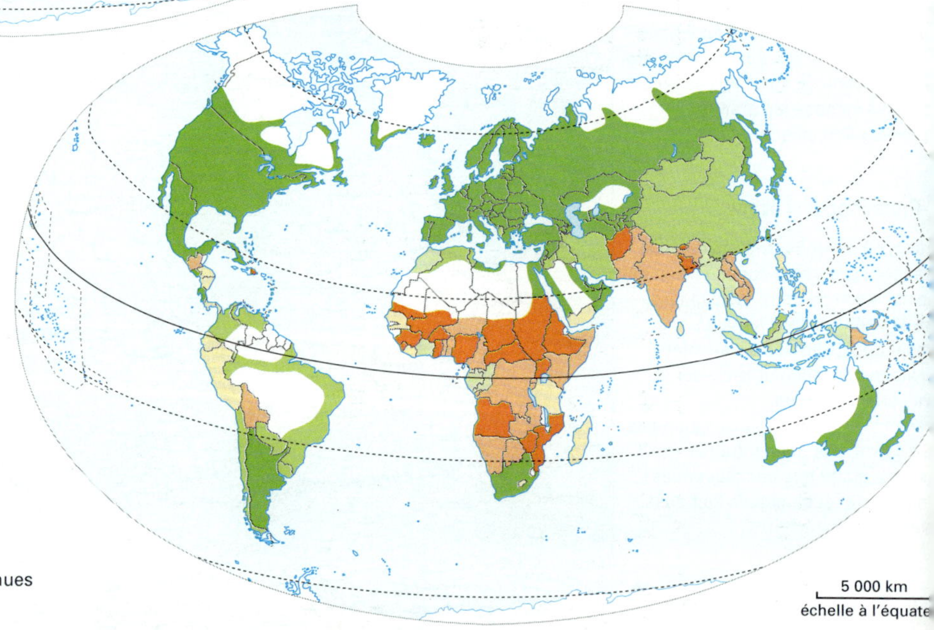

Apport calorique en % des besoins

insuffisant | excédentaire

moins de 85 | 85 | 94 | 99 | 105 | 115 | plus de 115

3 000 | 2 500 | 2 000

nombre de calories par jour et par habitants

régions peu habitées ou données inconnues

5 000 km
échelle à l'équate

Imprimé en France par I.M.E. - 25110 Baume-les-Dames
Dépôt légal n° 6637-05/1992 - Collection n° 31 - Edition n° 01
16/6359/0
ISBN 2-01-019101-3